Standard Deutsch 9

Das systematische Lernbuch

Herausgegeben von
Marianne Steigner

Erarbeitet von
Rosemarie Gerrmann-Malm
Angelika Hornfeck
Martin König
Tanja Kreischer
Bettina Lanwehr
Ruth Malaka
Regine Riedel
Christiane Robben
Toka-Lena Rusnok
Marianne Steigner
Bettina Tolle
Sarah Wagemanns
Carolin Wemhoff

Unter Beratung von
Inga Alkämper
Thomas Brand
Tanja Rencker-Stäpeler
Karin Rohde-Clare

Redaktion: Verena Walter (verantwortlich), Stefanie Schumacher, Mareike Zastrow
Bildrecherche: Angelika Wagener

Illustration: Katia Fouquet, Berlin
Gesamtgestaltung und technische Umsetzung: Visuelle Gestaltung Katrin Pfeil, Mainz

www.cornelsen.de
www.oldenbourg-bsv.de

Die Links zu externen Webseiten Dritter, die in diesem Lehrwerk angegeben sind, wurden vor Drucklegung sorgfältig auf ihre Aktualität geprüft. Der Verlag übernimmt keine Gewähr für die Aktualität und den Inhalt dieser Seiten oder solcher, die mit ihnen verlinkt sind.

Dieses Werk berücksichtigt die Regeln der reformierten Rechtschreibung und Zeichensetzung.
Bei den mit R gekennzeichneten Texten haben die Rechteinhaber einer Anpassung widersprochen.

1. Auflage, 1. Druck 2012

Alle Drucke dieser Auflage sind inhaltlich unverändert
und können im Unterricht nebeneinander verwendet werden.

© 2012 Cornelsen Verlag, Berlin;
Oldenbourg Schulbuchverlag GmbH, München

Das Werk und seine Teile sind urheberrechtlich geschützt.
Jede Nutzung in anderen als den gesetzlich zugelassenen Fällen bedarf der vorherigen schriftlichen Einwilligung des Verlages.
Hinweis zu den §§ 46, 52 a UrhG: Weder das Werk noch seine Teile dürfen ohne eine solche Einwilligung eingescannt und in ein Netzwerk eingestellt oder sonst öffentlich zugänglich gemacht werden.
Dies gilt auch für Intranets von Schulen und sonstigen Bildungseinrichtungen.

Druck: Stürtz GmbH, Würzburg

ISBN 978-3-06-061804-0

 Inhalt gedruckt auf säurefreiem Papier aus nachhaltiger Forstwirtschaft.

Inhaltsverzeichnis

Kompetenz-schwerpunkt

Sprechen und Zuhören

So ein Theater! — 7
Gesprächsverhalten untersuchen — 8
Missverständnisse vermeiden und Konflikte entschärfen — 10
Anwenden und vertiefen — 12

Konfliktgespräche konstruktiv führen

Ein neues Outfit für unsere Schule — 13
Meinungsäußerungen untersuchen — 14
Eine strukturierte Kontroverse führen — 15
Ein Statement formulieren — 16
Eine Diskussion vorbereiten und durchführen — 17
Eine Pro-Kontra-Debatte durchführen — 19
Anwenden und vertiefen — 20

argumentieren und diskutieren

Das Bewerbungsgespräch – deine Chance! — 21
Sich inhaltlich vorbereiten — 22
Die Körpersprache beachten — 23
Das Gespräch im Rollenspiel üben — 24
Sich auf ein Assessment-Center vorbereiten — 25
Anwenden und vertiefen — 26

sich im Bewerbungs-gespräch präsentieren

Zu literarischen Texten schreiben

„Warum Charlie Wallace?" — 27
Einen Romanauszug erschließen — 28
Die Hauptfigur genauer untersuchen — 31
Eine Charakterisierung schreiben — 34
Anwenden und vertiefen — 37

eine Charakterisierung verfassen

Eine lebensgefährliche Wette — 39
Den Inhalt eines Erzähltextes erschließen — 40
Aus Sicht einer literarischen Figur einen Tagebucheintrag schreiben — 43
Anwenden und vertiefen — 45

zu literarischen Texten produktiv schreiben

Ich verstehe das so ... — 47
Den Text lesen und untersuchen — 48
Die Textinterpretation schreiben — 51
Die schriftliche Interpretation überarbeiten — 54
Anwenden und vertiefen — 56

einen Text schriftlich interpretieren

Beschreiben und Berichten

Bewerbungen können Türen öffnen — 57
Das Bewerbungsschreiben — 58
Der Lebenslauf — 61
Die Online-Bewerbung — 62
Anwenden und vertiefen — 63

sich schriftlich bewerben

ein Protokoll verfassen

Eine interessante Veranstaltung — 65
Ein Protokoll untersuchen — 66
Aussagen im Protokoll wiedergeben — 68
Ein Protokoll schreiben — 70
Anwenden und vertiefen — 72

Schriftlich Stellung nehmen

eine Pro-Kontra-Erörterung schreiben

Soziale Arbeit als Unterrichtsfach? — 73
Eine Stoffsammlung anlegen — 74
Die Erörterung planen — 77
Die Erörterung schreiben — 78
Anwenden und vertiefen — 80

eine Erörterung überarbeiten

„Handys aus!" auf dem Schulgelände? — 81
Den Schreibplan überarbeiten: Inhalt und
   Anordnung der Argumente prüfen — 82
Die Erörterung sprachlich überarbeiten — 83
Einleitung und Schluss überarbeiten — 85
Anwenden und vertiefen — 86

Teste dich! Schreiben — 87
Zu literarischen Texten schreiben

Sachtexte lesen und verstehen

Sachtexte erschließen

Chancen und Gefahren im Internet — 89
Einen Sachtext erschließen — 90
Einen Vertragstext erschließen — 92
Anwenden und vertiefen — 96

argumentative Sachtexte und Diagramme erschließen

Raubkopien – geistiger Diebstahl? — 97
Argumentative Sachtexte erschließen — 98
Diagramme auswerten — 102
Anwenden und vertiefen — 104

Literarische Texte lesen

Film und Buch untersuchen

„Am kürzeren Ende der Sonnenallee" — 105
Buchauszüge lesen und untersuchen — 106
Gestaltungsmittel des Films untersuchen — 110
Anwenden und vertiefen — 113

Kurzgeschichten erschließen

Ein entscheidender Moment … — 115
Die Merkmale einer Kurzgeschichte
   untersuchen — 116
Eine Kurzgeschichte analysieren — 121
Anwenden und vertiefen — 124

Liebesgedichte erschließen und vergleichen

Himmelhoch jauchzend – zu Tode betrübt — 125
Ein Gedicht erschließen — 126
Gedichte vergleichen — 128
Anwenden und vertiefen — 130

Teste dich! Umgang mit Texten — 131
Sachtexte erschließen

Nachdenken über Sprache

Sprachwandel und Sprachbedeutung — 133
Sprache untersuchen

Früher und heute – Bedeutungswandel — 134
Sprache neu erfinden – Jugendsprachen — 137
Deutsch und Denglisch – Anglizismen — 139
„Echt authentisch" – Modewörter — 141
„Schöngeredet" – Euphemismen — 143
Anwenden und vertiefen — 145

Wortarten und Wortformen — 147
mit Wortarten umgehen

Wortarten kennen, Wortformen bilden — 148
Den Konjunktiv verwenden — 150
Aktiv und Passiv verwenden — 152
Anwenden und vertiefen — 154

Mit Sätzen umgehen — 155
Sätze gliedern, verbinden, umgestalten

Satzglieder bestimmen — 156
Arten von Nebensätzen unterscheiden — 158
Texte verständlich formulieren — 160
Anwenden und vertiefen — 162

Teste dich! Sprache untersuchen — 163
Sprache und Sprachgebrauch untersuchen

Richtig schreiben

Richtig schreiben – gewusst wie! — 165
Rechtschreibstrategien nutzen

Rechtschreibkönnen und Übungsbedarf
    feststellen — 166
Fehler erkennen, sinnvoll berichtigen und
    zum Lernen nutzen — 167
Anwenden und vertiefen — 168

Wörter aus anderen Sprachen — 169
Fremdwörter richtig schreiben

Fremdwörter kennen, richtig verwenden und
    schreiben — 170
Anwenden und vertiefen — 172

Getrennt oder zusammen? — 173
Wortgrenzen erkennen

Verbindungen aus Nomen und Verb — 174
Verbindungen aus Adjektiv und Verb — 175
Verbindungen aus Adverb und Verb — 176
Anwenden und vertiefen — 178

Groß oder klein? — 179
Wortarten kennen, Begleitwörter nutzen

Nominalisierungen — 180
Feste Wendungen — 182
Zeitangaben — 183
Zahlwörter — 184
Eigennamen und Straßennamen — 185
Anwenden und vertiefen — 186

Zeichen richtig setzen

Mit Komma oder ohne? — 187
Kommas in Aufzählungen setzen — 188
Kommas in Satzreihen und Satzgefügen — 189
Einschübe und Nachträge abtrennen — 191
Zitate richtig kennzeichnen — 192
Anwenden und vertiefen — 194

Teste dich! Rechtschreibung — 195
Richtig schreiben

Kompetenzen vernetzen
- Gedichte untersuchen und vergleichen
- Erzähltexte erschließen
- Figuren charakterisieren
- eine Umfrage auswerten
- Sachtexte und Diagramme erschließen
- eine Erörterung schreiben
- Bewerbungsschreiben überarbeiten und verfassen

Wissen sichern und vernetzen

Der Blaue Planet — 197
„Nur noch … ein Wald, ein paar Berge" — 198
Naturerfahrung – Naturbedrohung — 200
Ein naturnaher Beruf — 205

Zukunftsvisionen — 207
Es reden und träumen die Menschen viel — 208
Die perfekte Stadt der Zukunft — 210
Unsere Welt von morgen — 214

Lernstandstest

Teste dein Wissen! — 217

Orientierungswissen — 221–243

Wissen und Können — 221
Sprechen und Zuhören — 221
Schreiben — 223
Lesen – Umgang mit Texten und Medien — 228
Über Sprache nachdenken — 231
Richtig schreiben — 237

Methoden und Arbeitstechniken — 241
Lösungen der Tests — 245
Text- und Bildquellenverzeichnis — 251
Sachregister — 253

So ein Theater!
Konfliktgespräche konstruktiv führen

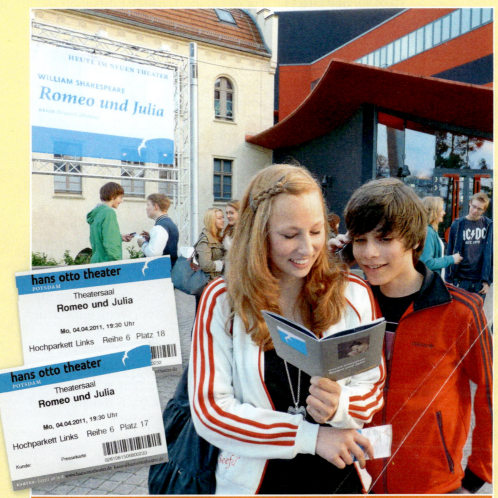

Was weißt du schon?

- In eurer Klasse soll über das Thema „Theaterbesuch" diskutiert werden. Tauscht euch über folgende Aspekte aus:
  eigene Erfahrungen mit Theaterbesuch oder Theaterspiel, Theater in eurer Umgebung, Unterschiede zwischen Theater- und Kinobesuch.

- Was wisst ihr noch über Gesprächsregeln für Diskussionen? Wiederholt sie im Think-pair-share-Verfahren:
  - think: Notiere, was zu einer konstruktiven Diskussion beiträgt und was nicht.
  - pair: Tauscht euch zu zweit aus und ergänzt eure Notizen.
  - share: Besprecht die Ergebnisse in der Klasse.

- Wie kann man Missverständnisse in Diskussionen vermeiden? Beschreibt mögliche Situationen.

Gesprächsverhalten untersuchen

Die Klasse 9 hat im Deutschunterricht das Drama „Romeo und Julia" gelesen. Die Lehrerin schlägt einen Theaterbesuch in der Nachbarstadt vor und bittet um Rückmeldung. Die Klasse diskutiert intensiv in Gruppen.

einen Diskussionsauszug mit verteilten Rollen lesen

1 Lest den Auszug aus der Diskussion mit verteilten Rollen vor.

Lena: Lasst uns überlegen, was für und was gegen den Theaterbesuch spricht. Sollen wir eine Plus-minus-Liste anlegen?
Dennis: Wer schreibt?
Jenny: Du nicht, das kann dann nachher keiner lesen.
5 **Dennis:** Was soll das denn jetzt heißen?
Jenny: Tut mir leid, war nicht persönlich gemeint.
Mehmet: Okay, okay, ich schreibe die Liste. Alle einverstanden?
Anton: Ich fände einen Theaterbesuch klasse, weil ich noch nie im Theater war. Das ist mal was Neues, was Besonderes.
10 **Hülya:** Genau – und im Theater zieht man sich schick an. Dann kann ich endlich mal mein neues Kleid tragen.
Dennis: Typisch Mädchen!
Jenny: Also ich bin abends meist beim Volleyballtraining im Verein. Das kann ich nicht ausfallen lassen, wenn ein Turnier
15 ansteht.
Anton: Das kann ich verstehen. Aber jetzt überlegen wir erst einmal, ob wir überhaupt ins Theater gehen wollen.
Lena: Ein Theaterbesuch kostet natürlich ganz schön viel Geld. Wir brauchen Eintrittskarten, Fahrkarten nach Neustadt und
20 vielleicht noch etwas Passendes zum Anziehen.
Mehmet: Mit den Eintrittskarten haben wir freie Hin- und Rückfahrt im Bus, das weiß ich von meinen Eltern.
25 **Hülya:** Und wir haben auch noch Geld in der Klassenkasse ... – Dennis, sag doch auch mal was dazu!
Dennis: Hä? Ich bin für
30 Kino, da kann man wenigstens Popcorn essen. Und zwei Stunden sitzen ohne *Action* geht gar nicht!
Hülya: Du warst bestimmt
35 noch nie im Theater! Da sind echte Schauspieler, die live vor deiner Nase spielen. Mehr *Action* geht nicht!

Dennis: Nee, war ich noch nicht und da will ich auch gar nicht
hin! Mehmet, schreib das auf die Liste!
Jenny: Und muss man auch noch abends mit der ganzen Klasse
weggehen? Tom und Cedric brauch ich nicht zweimal am Tag.
Lena: Ich finde, es spricht auch einiges für den Besuch:
Wir haben das Drama gerade gelesen, kennen den Inhalt
und sind gut vorbereitet. Ist doch spannend, wie die den Text
beim Spielen umsetzen.
Anton: Da schließe ich mich an. Frau Schulze hätte den Besuch
nicht vorgeschlagen, wenn sie glauben würde, das wird ein
Reinfall. Sie hat das Stück auch schon gesehen und fand es richtig
gut.
Mehmet: Gibt es noch weitere Argumente? Nein? –
Dann lese ich die Liste vor und wir treffen eine Entscheidung. [...]

2 Beschreibt das Gesprächsverhalten der Einzelnen: Wer ...

> bleibt beim Thema   zeigt Verständnis   hört aktiv zu
> geht auf andere ein   schlägt einen Kompromiss vor?

> weicht vom Thema ab   sagt etwas Verletzendes
> greift Diskussionspartner/innen an
> trägt dazu bei, dass sich jemand in die Enge gedrängt fühlt?

Gesprächsverhalten untersuchen

3 In der Diskussion kommt es zu einem Konflikt zwischen Dennis und
Hülya (Z. 25–41). Beschreibt, wie er verläuft.

eine Konfliktsituation untersuchen

4 a) Spielt die Szene mit unterschiedlichem Ausgang nach.
   A Beide Gesprächspartner sind am Ende wütend.
   B Dennis soll vom Theaterbesuch überzeugt werden, ohne
   sich angegriffen zu fühlen. Es gibt ein positives Ende.

eine Konfliktszene nachspielen und auswerten

b) Wertet die Spielszenen aus und vergleicht sie.
   Was hat jeweils den Konfliktverlauf beeinflusst?

5 Tauscht euch über eure Erfahrungen mit misslungenen Diskussionen
aus. Was macht euch wütend? Wie reagiert ihr?

eigene Erfahrungen reflektieren

6 a) Notiert, was sonst noch strittig sein könnte beim Thema
   „Theaterbesuch".

Konfliktszenen entwickeln und spielen

b) Spielt Konfliktszenen in der Klasse vor. Setzt dabei bewusst Mittel
   wie Körpersprache, Tonfall, Lautstärke ein.

c) Wertet die Szenen aus:
   – Wie haben sich die Streitenden gefühlt und was trug dazu bei?
   – Welche Rolle spielten Körpersprache, Tonfall, Lautstärke?

über die Bedeutung von Körpersprache und Sprechweise reflektieren

Sprechen und Zuhören

Sprechen und Zuhören

Missverständnisse vermeiden und Konflikte entschärfen

Auf Körpersprache, Tonfall und Lautstärke achten

einen Beobachtungs-bogen erstellen

1 Erstellt einen Bogen zur Beobachtung von Körpersprache und lautlichen Merkmalen in einer Diskussion. Nutzt dazu die Hinweise im Merkkasten unten.

Diskussionsverhalten von	gelingt gut	gelingt einigermaßen	muss geübt werden
schaut Redner/in an			
lächelt / freundliches Gesicht			
Stimme klingt freundlich			
...			

INFO
Körpersprache wird oft als nonverbale Kommunikation bezeichnet – im Gegensatz zum verbalen Anteil, d.h. dem Inhalt von Aussagen.

❗ Körpersprache und lautliche Merkmale bewusst einsetzen

Gerade bei Konfliktgesprächen ist nicht nur der Inhalt wichtig:
- Die **Körpersprache** ist von entscheidender Bedeutung. Dazu gehören Körperhaltung, Mimik (Gesichtsausdruck) und Gestik (Einsatz der Hände).
- Auch **lautliche Merkmale** wie Tonfall (freundlich, genervt, bestimmt ...), Betonung, Lautstärke, Pausen beeinflussen, wie das Gesagte beim Gegenüber ankommt.

eine Diskussion führen und das Gesprächs-verhalten auswerten

2 a) Diskutiert, ob ihr eine Theateraufführung besuchen wollt. Teilt dabei die Klasse in zwei bis drei Gruppen. Beobachter/innen nutzen die erarbeiteten Beobachtungsbögen und konzentrieren sich jeweils auf eine/n bestimmte/n Diskussionsteilnehmer/in.

b) Die Beobachter/innen geben im Partnergespräch eine Rückmeldung über das Diskussionsverhalten der Einzelnen.

Ich-Botschaften senden

die Wirkung von Ich- und Du-Botschaften vergleichen

3 Sprecht die Sätze laut. Vergleicht ihre Wirkung.

> **A** *Du* gehst mir auf die Nerven mit *deiner* Musik.
> **B** *Ich* mag diese Musik nicht. Sie ist *mir* auch zu laut.

> **Dennis:** Wer schreibt?
> **A Jenny:** *Du* nicht, das kann nachher keiner lesen.
> **B Jenny:** *Mir* ist wichtig, dass das jemand mit einer gut leserlichen Schrift übernimmt.

❗ Ich-Botschaften formulieren

- Bei **Du-Botschaften** fühlt das Gegenüber sich oft persönlich angegriffen, weil sie die „Fehler" des anderen betonen.
- **Ich-Botschaften** formulieren eigene Gefühle und Wünsche. Sie bewerten nicht. So tragen sie zum gegenseitigen Verständnis bei und ermöglichen oft eine einvernehmliche Konfliktlösung.

4 Ich-Botschaften könnt ihr als kurze zweiteilige oder als längere vierteilige Botschaft formulieren.

a) Lest die Ich-Botschaften und die Hinweise in der Randspalte.

b) Benennt bei den Beispielen die einzelnen Teile: *Gefühl* ...

zweiteilig:	Ich bin wütend, weil die Musik so laut ist und ich meine Ruhe brauche.
vierteilig:	Wenn du die Musik so laut drehst, bin ich wütend, weil ich meine Ruhe brauche. Ich möchte, dass du sie leiser stellst oder woanders hörst.

5 Formuliere für die folgenden Situationen Ich-Botschaften. Entscheide dich für die zweiteilige oder die vierteilige Variante.

A Du hast dir neue Schuhe gekauft.
Eine Mitschülerin macht sich über sie lustig.

B Am Tag nach einer Party erzählt jemand Sachen über dich, die nicht stimmen.

6 a) Schreibt in Partnerarbeit Dialoge zu Konflikten im Schulalltag, die durch Ich-Botschaften entschärft werden.

b) Spielt die Dialoge vor der Klasse. Wertet sie aus und beurteilt die Wirkung der Ich-Botschaften.

Das habe ich gelernt

- Das sollte man in Bezug auf Körpersprache, Tonfall und Lautstärke beim Gespräch beachten: ...

- Der Inhalt einer Aussage muss zu Körpersprache und Tonfall passen, weil ...

- Du-Botschaften sollte man vermeiden, weil ...

- Die Formulierung von Ich-Botschaften hilft dabei, ...

- Darauf achte ich bei der nächsten Diskussion besonders: ...

Schreibe in dein Heft oder Portfolio.

INFO
die Ich-Botschaft:
> beschreibt und begründet eigenes Verhalten und Fühlen
> beschreibt nicht das Gegenüber als Problemursache

Ich-Botschaften untersuchen

TIPP
zweiteilige Botschaft:
1 *Ich bin ... (Gefühl)*
2 *weil ... (Grund)*
vierteilige Botschaft:
1 *Wenn ... (Anlass)*
2 *bin ich ... (Gefühl)*
3 *weil ... (Grund)*
4 *und ich möchte ... (Erwartung, Wunsch)*

Ich-Botschaften formulieren

Konfliktszenen mit Ich-Botschaften entwickeln

Sprechen und Zuhören

Anwenden und Vertiefen

In den folgenden Situationen sind aus kleinen Konflikten größere geworden.

Ayse lacht ihre Mitschülerin Deria aus, als diese eine 4 für ihre Deutscharbeit bekommt. Derias Reaktion:
„Das ist so gemein von dir! Immer machst du dich über andere lustig, dabei hast du auch nur eine 3 geschrieben!"

Im Schulbus drängelt sich Tom an Justin vorbei und schnappt ihm den letzten Sitzplatz weg. Justins Reaktion:
(laut) „He du Hirni, was soll das? Du ewiger Drängler, steh auf!"

Mike hat Vanessa sein Lieblingsbuch geliehen. Als er es endlich zurückbekommt, hat es Wasserflecken. Mikes Reaktion:
„Jetzt weiß ich, warum du mir das Buch nicht zurückgeben wolltest! Hast du das im Regen gelesen oder in der Badewanne? Das war mein Lieblingsbuch und du kannst mich mal!"

Konfliktsituationen untersuchen

1 Tauscht euch zu zweit darüber aus, worin der jeweilige Konflikt besteht. Welches Verhalten (sprachlich und nichtsprachlich) verstärkt ihn? Beachtet dabei, was ihr in diesem Kapitel gelernt habt.

Ich-Botschaften formulieren

2 Formuliert die Du-Botschaften in zwei- oder vierteilige Ich-Botschaften um, sodass die Streitigkeiten ein einvernehmliches Ende finden. Tragt eure Lösung vor der Klasse / vor einem anderen Schülerpaar vor und vergleicht sie.

eine Diskussion durchführen und reflektieren

3 Wählt eine der drei Forderungen aus und führt dazu eine Diskussion durch.

A Schulbeginn nicht vor 9 Uhr!	B Mädchen und Jungen sollten in Mathe und Sport getrennt unterrichtet werden.	C Im Sportunterricht sollten mehr Trendsportarten wie z. B. Inlineskating angeboten werden.

a) Bildet Gruppen: jeweils zwei Teilnehmer/innen für die Pro- und Kontra-Position sowie zwei Beobachter/innen.

b) Diskutiert über das gewählte Thema. Die Beobachter/innen machen sich Notizen zum Gesprächsverlauf und -verhalten.

c) Wertet die Diskussion aus. Die Rückmeldung der Beobachter/innen dient als Grundlage.

Ein neues Outfit für unsere Schule

Argumentieren und diskutieren

Ein Kugellagergespräch führen
– Stellt euch in einem Innen- und einem Außenkreis gegenüber.
– Jede/r tauscht sich mit dem Gegenüber aus.
– Nach einer festgelegten Zeit rückt jede/r zwei Positionen nach rechts und tauscht sich mit dem neuen Gegenüber aus.

Was weißt du schon?

Tauscht euch im Kugellagergespräch über folgende Fragen aus:

- Welche Diskussionsformen kennt ihr schon?
- Wie ist ein gutes Argument aufgebaut?
- Welche Gesprächsregeln sollte man beachten?
- Wie kann man auf Gesprächsbeiträge anderer Diskussionsteilnehmer/innen eingehen?

Meinungsäußerungen untersuchen

Bei strittigen Themen diskutiert man die unterschiedlichen Ansichten und tauscht Argumente aus, um sich möglichst zu einigen. In einer Pro-Kontra-Diskussion kannst du für (pro) eine Position sein, du kannst dagegen (kontra) argumentieren oder auch einen Kompromiss vorschlagen.

Meinungsäußerungen untersuchen und bewerten

1 Untersucht in Partnerarbeit die Meinungsäußerungen zu der Frage: „Sollen Schüler/innen, Lehrer/innen und Eltern die Schulräume gemeinsam streichen?"

a) Lest die Äußerungen aufmerksam durch.

> **A** In einem schönen Klassenzimmer lernt man leichter, weil man sich wohlfühlt. Gelbe Wände sollen sogar das Denken fördern.

> **B** Am Wochenende die Schule renovieren? Nein, danke! Da kann ich endlich mal ausschlafen und mich mit meinen Freunden treffen.

> **C** Ich wollte schon immer mal lernen, wie man Wände richtig streicht. Wenn uns Fachleute zeigen, wie das geht, wäre das eine tolle Sache.

> **D** Mir gefällt die Idee. Ich finde, wir sollten dafür eine Projektwoche nutzen. Jede Klasse kann dann ihren Raum gestalten.

> **E** Also, mir reicht schon der Ordnungsdienst!

TIPP
Um zu überzeugen, benötigt man stichhaltige Argumente, die durch Beispiele/Belege untermauert werden.

b) Prüft und vergleicht die Äußerungen:
- Wer ist für, wer ist gegen die gemeinsame Renovierung? Ist auch ein Kompromiss dabei? Erklärt.
- Wie wird die Meinung jeweils begründet? Beschreibt.
- Bewertet die Äußerungen hinsichtlich ihrer Überzeugungskraft.

ein Meinungsbild erstellen

2 Wie steht ihr zu der Frage aus Aufgabe 1?

TIPP
Wer für einen Kompromiss ist (z.B.: *Streichen ja, aber unter der Bedingung, dass ...*), positioniert sich in der Mitte.
➔ Positionslinie, S. 244

a) Fangt ein Stimmungsbild der Klasse in einer Positionslinie ein.

b) Jede/r nennt ein Hauptargument für die eigene Meinung.

Eine strukturierte Kontroverse führen

Bei der strukturierten Kontroverse vertritt jede/r einmal sowohl die Pro- als auch die Kontra-Position zu einer Frage. Diskutiert auf diese Weise die Frage „Sollen Schüler/innen, Lehrer/innen und Eltern gemeinsam die Schulräume streichen?"

1 a) Bildet Vierergruppen mit jeweils zwei Paaren. Einigt euch, welches Paar zuerst die Pro- und welches die Kontra-Position vertritt.

b) Jede/r notiert in Einzelarbeit möglichst viele Argumente für die zugeordnete Position.

 Schüler/in 1: Pro   Schüler/in 2: Pro

 Schüler/in 3: Kontra   Schüler/in 4: Kontra

eine strukturierte Kontroverse vorbereiten

TIPP
Legt eine Tabelle an mit den Spalten *Pro, Kontra, Kompromiss*.

c) Die Lernpartner/innen tauschen sich aus und bauen ihre Argumente zu einer überzeugenden Argumentationskette aus.

Schüler/in 1: Pro ↔ Schüler/in 2: Pro

Schüler/in 3: Kontra ↔ Schüler/in 4: Kontra

2 a) Stellt paarweise eure Argumente vor. Die/Der Sprechende wird nicht unterbrochen! Wenn beide Paare ihre Standpunkte erläutert haben, werden ggf. Verständnisfragen gestellt.

 Schüler/in 1 und 2: Pro   Schüler/in 1 und 2: Pro

 Schüler/in 3 und 4: Kontra   Schüler/in 3 und 4: Kontra

die strukturierte Kontroverse durchführen

TIPP
› Macht euch Notizen für anschließende Rückfragen.
› Argumentiert nur für die Position, die ihr in der jeweiligen Runde vertreten sollt.

b) Diskutiert nun die Fragestellung.

c) Wechselt die Positionen und führte alle Schritte erneut durch. Tauscht auch eure Plätze, um den Rollentausch deutlich zu machen.

3 Abschließend stellt jede/r die eigene Position vor und begründet sie. Ihr müsst euch nicht auf eine gemeinsame Position einigen.

die eigene Meinung begründet formulieren

Ein Statement formulieren

Ein Statement ist eine kurze Stellungnahme, in der man den eigenen Standpunkt erklärt und argumentativ begründet. Die Fünfsatzmethode kann dabei helfen.

den Aufbau des Fünf-satzes kennen

1 Lies im Merkkasten, wie ein Fünfsatz aufgebaut ist.

> ### Einen Fünfsatz formulieren
>
> - Der **Einstiegssatz** beschreibt das Problem oder die Ausgangslage, z. B.: *Im Nachbarort wurde eine Wasserskianlage eröffnet.*
> - Es folgen **drei erklärende Sätze**, die das Problem näher beschreiben, z. B.: *Viele von uns würden gerne einmal Wasserski fahren. Die Eintrittspreise am Nachmittag sind jedoch recht hoch. Für Schulklassen gibt es aber eine Ermäßigung.*
> - Am Ende steht der **Zielsatz**, der eine Forderung oder Lösung enthält, z. B.: *Darum würden wir gerne den Wandertag nutzen, um die Wasserskianlage zu besuchen.*

Aussagen nach der Fünfsatzmethode ordnen

2 a) Ordne die folgenden Sätze nach dem Aufbau eines Fünfsatzes.

> **A** Zu Hause würde niemand in so einem Zimmer leben wollen.

> **B** Dabei sind in vielen Klassenzimmern die Wände verdreckt, an manchen Stellen bröckelt die Farbe sogar schon ab.

> **C** Wir sollten deshalb selber loslegen und unsere Schule gemeinsam wieder auf Vordermann bringen.

> **D** Eine Renovierung unserer Schule ist auch in diesem Jahr nicht geplant.

> **E** Es macht uns immer weniger Spaß, in die Klassenzimmer zu kommen.

b) Vergleicht eure Lösungen in Partnerarbeit.

Ein Statement mit der Fünfsatzmethode formulieren

3 Formuliert ein Statement zum Thema „Ein neues Outfit für unsere Schule" mit Hilfe der Fünfsatzmethode.

a) Überlegt euch einen gemeinsamen Zielsatz.

HILFE
Deshalb möchten wir ...
Diese Überlegungen führen dazu, dass ...
Darum sind wir der Meinung, dass ...

b) Formuliert in Partnerarbeit einen Einleitungssatz und drei passende erklärende Sätze.

c) Vergleicht eure Vorschläge in Gruppenarbeit. Einigt euch auf einen gemeinsamen Fünfsatz.

d) Stellt alle Statements in der Klasse vor und sprecht darüber, welches am meisten überzeugt. Begründet.

Eine Diskussion vorbereiten und durchführen

1 a) Wähle aus und begründe, welche der folgenden Aussagen zur Moderatorenrolle passen.

die Aufgaben der Moderation klären

Ein Moderator / Eine Moderatorin ...
- eröffnet eine Diskussion.
- bestimmt darüber, wer Recht und wer Unrecht hat.
- wählt aus, wer in der Diskussion reden darf.
- sorgt für Ruhe, wenn es während der Diskussion zu laut wird.
- beendet die Diskussion mit einer kurzen Zusammenfassung der Ergebnisse.
- ist unparteiisch.

INFO
der Moderator / die Moderatorin *(von lat. moderare: mäßigen, steuern):* eine Person, die ein Gespräch oder eine Diskussion leitet

b) Sprecht darüber, worauf man beim Moderieren einer Diskussion achten soll. Einigt euch auf vier Hauptaufgaben.

c) Gestaltet eine Rollenkarte mit den Aufgaben eines Moderators / einer Moderatorin.

2 Gutes Diskussionsverhalten kann man am besten lernen, wenn man eine Rückmeldung von einem Beobachter / einer Beobachterin erhält. Vergleiche die beiden Beobachtungsbögen. Welchen findest du besser gelungen? Begründe.

Beobachtungsbögen vergleichen und beuteilen

	++	+	+−	−	−−	
spricht laut und deutlich						spricht leise und nuschelt
geht auf Vorredner/in ein						beachtet andere nicht
lässt andere ausreden						fällt anderen ins Wort
bleibt beim Thema						schweift vom Thema ab
begründet mit guten Argumenten und Beispielen						stellt nur Behauptungen auf
ist kompromissbereit						ist rechthaberisch

	☺	☻	☹
spricht laut und deutlich			
geht auf Vorredner/in ein			
lässt andere ausreden			
bleibt beim Thema			
argumentiert gut			

TIPP
Tragt auf den Bögen Name, Datum und Diskussionsthema ein und gebt sie später ausgefüllt an die Beobachteten weiter. So kann jede/r den eigenen Lernzuwachs verfolgen, z. B. im Portfolio.

3 Erarbeitet einen Beobachtungsbogen, der für eure Klasse geeignet ist.

einen Beobachtungsbogen erarbeiten

Sprechen und Zuhören

Argumente prüfen und bewerten

4 Untersuche die notierten Argumente zum Diskussionsthema „Blumen und Grünpflanzen gehören in alle Klassen!" Beurteile, welche gut geeignet sind und welche weniger.

- Grünpflanzen und Blumen auf der Fensterbank sehen schön aus.
- Pflanzen sorgen für gute Luft in der Klasse.
- Niemand will die Pflanzen gießen.
- Sie können Allergien hervorrufen.
- Man kann die Pflanzen beim Wachsen beobachten.
- Wir haben gar kein Geld, um auch noch Pflanzen zu kaufen.
- Ein Klassentier würde mir besser gefallen.
- Man lernt Verantwortung zu übernehmen.

Argumente ordnen und stützen
→ Erörtern, S. 73–80

5 Bildet Gruppen mit maximal sechs Personen und tauscht euch über die Argumente aus.

a) Einigt euch, welche Argumente ihr übernehmt und welche ihr streicht. Begründet.

b) Sortiert die Argumente in einer Tabelle nach pro / kontra.

c) Unterstützt die Argumente durch passende Beispiele/Belege.

Argument	Beispiel/Beleg
Grünpflanzen und Blumen auf der Fensterbank sehen schön aus.	Manche Pflanzen bekommen tolle Blüten, die Farbe in den Klassenraum bringen.
…	…

INFO
Runder Tisch: Bildet Gruppen. Reihum notiert jede/r in die Tabelle ein Pro- oder ein Kontra-Argument oder ergänzt Beispiel/Beleg. Am Ende wertet ihr in der Gruppe die Argumentation aus (vgl. S. 82).

d) Sammelt weitere Argumente und Beispiele/Belege. Nutzt dazu die Technik „Runder Tisch".

eine Fishbowl-Diskussion durchführen

6 a) Nutzt die Argumente, um eine Fishbowl-Diskussion zum Thema „Blumen und Grünpflanzen in alle Klassen!" durchzuführen:
- Einige Schüler/innen diskutieren.
- Die anderen bilden einen Außenkreis und übernehmen die Beobachterrolle. Nutzt Beobachtungsbögen (S. 17, Aufgabe 3).

b) Wertet den Diskussionsverlauf aus mit Hilfe der Rückmeldung der Beobachter/innen aus dem Außenkreis.

Eine Pro-Kontra-Debatte durchführen

Führt eine Pro-Kontra-Debatte zum Thema „Ein neues Outfit für unsere Schule".

1
a) Formuliert eine Pro-Kontra-Frage zum Thema.

b) Kläre deinen Standpunkt und lege eine Karte mit Argumenten und Beispielen/Belegen an.

2
a) Bereitet die Debatte vor:
– Teilt die Klasse in zwei Gruppen.
– Stellt eure Tische in zwei gegenüberliegenden Reihen auf.
– Legt fest, wer die Moderation übernimmt, wer die Pro- bzw. Kontra-Seite vertritt und wer beobachtet.
– Klärt die Reihenfolge der Redner/innen in der Einleitungsphase.

b) Führt die Debatte durch wie im Merkkasten beschrieben.

> ### Eine Pro-Kontra-Debatte durchführen
> - Der Moderator / Die Moderatorin nennt einleitend das Thema der Debatte.
> - In der **Eröffnungsrunde** tragen die Redner/innen ihren Standpunkt vor. Reihenfolge und Redezeit (z. B. zwei Minuten) werden vorher vereinbart.
> - Es folgt eine **freie Aussprache** bzw. Diskussion.
> - Nach einer festgelegten Zeit beendet die Moderation die Debatte mit einer **kurzen Zusammenfassung.**
> - In der **Schlussrunde** geben die Beobachter/innen eine Rückmeldung zum Diskussionsverhalten und stimmen ab, welche Argumente sie überzeugt haben und welche nicht.

3 Wertet die Debatte aus: Was ist gut gelaufen, was war schwierig? Notiert, worauf besonders geachtet werden muss.

> ### Das habe ich gelernt
> - Argumente können besonders gut überzeugen, wenn …
> - Meine Meinung kann ich in fünf Sätzen darstellen, indem ich …
> - Diese Diskussionsformen habe ich kennen gelernt: …
> - Darauf achte ich in der nächsten Diskussion besonders: …

INFO
die Debatte (von franz. *débattre*: schlagen, niederschlagen): ein Streitgespräch nach festen Regeln, das meist mit einer Abstimmung beendet wird

Argumente zusammenstellen

eine Debatte vorbereiten und durchführen

TIPP
› **Redner/in:** Formuliere mit der Fünfsatzmethode ein Statement für die Eröffnungsrunde.
› **Moderator/in:** Mache dir Notizen zu den Beiträgen. So kannst du am Ende leichter zusammenfassen.

die Debatte auswerten

Sprechen und Zuhören

19

Anwenden und vertiefen

eine Argumentation erarbeiten

1 Wählt in einer Gruppe (ca. 6 Personen) einen der beiden Themenvorschläge A oder B aus:

A Sollte es eine von Schüler/innen durchgeführte Toilettenaufsicht geben?

B Wollen wir einen Schulgarten einrichten?

a) Welche Meinung habt ihr zu dem gewählten Thema? Tauscht euch in der Gruppe aus.

b) Sammelt am „Runden Tisch" (vgl. S. 18 Aufgabe 5 d) Pro- und Kontra-Argumente zum gewählten Thema.

c) Arbeitet die Argumente zu einer sinnvollen Folge mit Beispielen/ Belegen aus. Schreibt sie auf Argumentkarten.

einen Fünfsatz zum vorgegebenen Zielsatz formulieren

2 Formuliere ein Statement mit der Fünfsatzmethode. Wähle dafür einen Zielsatz aus, der am besten zu deiner Meinung passt:

> Deswegen bin ich der Meinung, dass wir dringend einen Toilettendienst während der großen Pausen organisieren sollten.

> Deswegen meine ich, dass ein organisierter Toilettendienst an unserer Schule nicht nötig ist.

> Ein Schulgarten wäre darum eine tolle Sache.

> Daher komme ich zu dem Schluss, dass sich ein Schulgartenprojekt nicht umsetzen lässt.

einen Fünfsatz formulieren

3 Wähle ein Thema aus und formuliere ein Statement mit der Fünfsatzmethode:
A Sollte ein Schulgarten angelegt werden?
B Leseecken in allen Klassenräumen?
C Eine neue Wandgestaltung für die Pausenhalle?

eine Pro-Kontra-Debatte durchführen

4 Führt eine Pro-Kontra-Debatte durch und wertet sie aus. Nutzt die Hinweise im Merkkasten S. 19.

Das Bewerbungsgespräch – deine Chance!

Sich im Bewerbungsgespräch präsentieren

Was weißt du schon?

- Tauscht euch in Vierergruppen darüber aus, in welchen Situationen man sich vorstellt und etwas über sich erzählt. Worauf sollte man in den verschiedenen Situationen achten?

- Habt ihr schon einmal ein Vorstellungsgespräch gehabt, z. B. für ein Praktikum oder einen Ferienjob? Berichtet von euren Erfahrungen.

- Beschreibt, welche Rolle die Kleidung bei einem Bewerbungsgespräch spielt.

- Was unterscheidet ein persönliches Bewerbungsgespräch von einem telefonischen?

- Was bedeutet „adressatengerechtes Sprechen"? Erkläre.

Sich inhaltlich vorbereiten

Sprechen und Zuhören

Informationen über das Unternehmen sammeln
→ Sich bewerben, S. 57 ff.

1 Informiere dich – zum Beispiel im Internet – über ein Unternehmen, das für dich als Ausbildungsbetrieb interessant sein könnte.

a) Finde heraus, welche Ausbildungsberufe das Unternehmen anbietet, und entscheide dich für einen davon.

b) Informiere dich über das Einstellungsverfahren in diesem Unternehmen. Schreibe Stichworte dazu auf.

c) Erstelle eine Liste mit allgemeinen Informationen über das Unternehmen: Anzahl der Mitarbeiter/innen und Auszubildenden, angebotene Produkte/Dienstleistungen ...

Fragen vorwegnehmen

TIPP
Orientiere dich an deiner Bewerbung. Welche Informationen liegen dem Gegenüber vor, wo könnte er oder sie nachhaken?

2 Wenn du nach der schriftlichen Bewerbung zum Vorstellungsgespräch eingeladen wirst, hast du die erste Hürde bereits genommen: Die Arbeitgeberin / Der Arbeitgeber ist interessiert und will dich nun besser kennen lernen.

a) Überlege, was den Arbeitgeber interessieren könnte. Formuliere mögliche Fragen.

b) Welche Fragen hast du selbst an den Arbeitgeber, z. B. zur Ausbildung, zum Unternehmen?

Frageabsichten reflektieren

3 Was will eine Personalchefin / ein Personalchef mit den folgenden Fragen herausfinden? Notiert in Partnerarbeit.
  – Aus welchem Grund haben Sie sich bei uns beworben?
  – Was können Sie uns über sich selbst erzählen?
  – Warum haben Sie sich gerade für diesen Ausbildungsberuf entschieden?
  – Wo liegen Ihre Stärken und Schwächen?
  – Was machen Sie in Ihrer Freizeit?
  – Welche Schulfächer liegen Ihnen besonders?

Der Arbeitgeber möchte herausfinden,
– ob ich mich gut über das Unternehmen informiert habe.
– ...

eine Checkliste erstellen

4 Schreibt die Checkliste zur Vorbereitung eines Bewerbungsgesprächs ab und ergänzt sie in Partnerarbeit.

TIPP
Denkt auch an:
› Pünktlichkeit
› Informationen im Einladungsschreiben
› ...

☐ Informationen über den Betrieb nochmals lesen
☐ Bewerbungsunterlagen noch einmal durchlesen
☐ sich über den Kleidungsstil in der Branche informieren

Die Körpersprache beachten

1 Beschreibe die Körpersprache der abgebildeten Personen. Welche Wirkung hat sie vermutlich auf den Gesprächspartner? Begründe.

Körpersprache und ihre Wirkung beschreiben
→ Körpersprache, S. 10

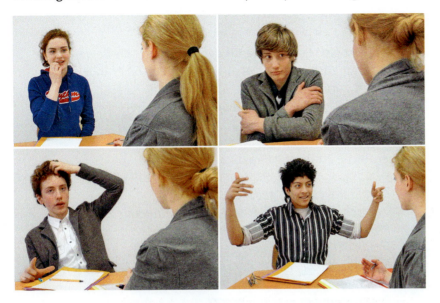

2 a) Erprobt selbst die dargestellte Körpersprache und ihre Wirkung:
– Denkt euch Kommunikationssituationen zu den Fotos aus (z. B. Bewerbungsgespräch mit Frage – Antwort) und stellt sie nach.
– Wertet aus: Wie fühlt ihr euch dabei? Wie wirken Mimik, Gestik und Körpersprache auf die anderen?

b) Probiert weitere Möglichkeiten aus. Achtet dabei auf Körperhaltung, Mimik und Gestik. Beschreibt die Wirkung.

Mimik, Gestik und Körperhaltung erproben

3 Erläutert die Bedeutung der Kleidung bei einem Bewerbungsgespräch. Bezieht euch auf bestimmte Berufe.

die Bedeutung der Kleidung reflektieren

4 Erstelle eine Checkliste: „Worauf ich beim Bewerbungsgespräch achte". Schreibe in dein Heft.

eine Checkliste erstellen

Mimik
– Gesprächspartner/in beim Reden anschauen
– ...

Gestik
– entspannt sitzen, aber nicht zu lässig
– nicht auf der Stuhlkante sitzen
– ...

Kleidung
– saubere Kleidung und Schuhe
– nicht zu gestylt und nicht zu lässig
– ...

Sprechen und Zuhören

Das Gespräch im Rollenspiel üben

Sprechen und Zuhören

1 Sammelt Stellenanzeigen, die euch interessant erscheinen. Sie sollen Grundlage für ein Rollenspiel „Bewerbungsgespräch" sein.

2 a) Bildet Dreiergruppen und einigt euch auf eine Anzeige.

b) Entwerft eine Rollenkarte für den Bewerber / die Bewerberin. Ihr könnt euch selbst spielen oder eine Person erfinden. Notiert zum Beispiel
- Vor- und Familiennamen, Geburtsdatum,
- Zeugnisnoten,
- Hobbys und Interessen,
- berufliche Erfahrung (Praktikum, Babysitten ...).

---

ein Rollenspiel vorbereiten

TIPP
> Überlegt euch mögliche Fragen und Antworten zu euren Daten, z.B. zu einer schlechten Note, zu Erfahrungen beim Nebenjob usw.
> Rechnet jedoch auch mit Fragen zu euren Stärken und Schwächen, euren Zielen, Ansichten zu einem Thema o.Ä.

> - Carola Hoffmann, geboren am ...
> - Deutsch/Englisch 3, Mathe 4, Biologie/Chemie 2, Physik 4, Sport/Kunst/Musik 2, Erdkunde 4, Geschichte/Politik 3
> - Hobbys: Inliner, Musik hören, chatten, mit Freunden treffen, Jugendgruppe
> - Praktikum: bei einem Tierarzt
> - Nebenjob: Hundesitterin
> - ...

c) Gestaltet eine Rollenkarte für den Personalchef oder die Personalchefin. Notiert zum Beispiel
- Informationen zum Unternehmen,
- Verlauf der Ausbildung,
- Erwartungen an Bewerber/innen.

d) Erstellt einen Beobachtungsbogen für das Rollenspiel. Berücksichtigt vor allem
- die Gesprächsinhalte,
- die Körpersprache der Bewerberin/des Bewerbers,
- das Gesprächsverhalten.

---

das Rollenspiel durchführen und auswerten

HILFE
> *In Ihrer Anzeige/ Bewerbung steht, dass ...*
> *Zu dem Punkt habe ich noch eine Frage: ...*
> *Habe ich richtig verstanden, dass ...?*

---

3 a) Verteilt die Rollen und bereitet euch vor. Jede/r notiert Fragen, die dem Gegenüber dann im Gespräch gestellt werden.

b) Führt das Rollenspiel durch. Tauscht dabei die Rollen: Jede/r spielt einmal Bewerber/in, Personalchef/in und Beobachter/in.

c) Wertet das Rollenspiel aus:
- Beschreibt und beurteilt Gesprächsverhalten und -inhalte: Hat die Bewerberin / der Bewerber souverän auf Fragen reagiert und inhaltlich sowie sprachlich überzeugt?
- Beschreibt die Körpersprache und ihre Wirkung (S. 23).
- Was hat nicht so gut geklappt? Formuliert Tipps.
- Wen hättet ihr für die Stelle ausgewählt? Begründet.

Sich auf ein Assessment-Center vorbereiten

1 Zu Beginn eines Assessment-Centers muss man sich oft vor allen Teilnehmern vorstellen. Bereite eine Selbstpräsentation vor, die zu deinem angestrebten Ausbildungsberuf passt.

a) Notiere, welche Punkte du unbedingt ansprechen willst.

b) Prüft eure Stichpunkte in Partnerarbeit. Bringt sie in eine sinnvolle Reihenfolge und notiert sie auf einer Karteikarte.

c) Bildet Gruppen. Jede/r stellt sich vor; die anderen beurteilen die Selbstvorstellung und begründen ihre Einschätzung.

> ### Sich auf ein Assessment-Center vorbereiten
>
> - Das **Assessment-Center** (AC, von engl. *to assess:* beurteilen, einschätzen) ist ein Gruppenverfahren zur Personalauswahl.
> - **Typische Aufgaben** in einem Assessment-Center sind:
> – eine Selbst- oder Partnerpräsentation durchführen,
> – einen Fragebogen zu Allgemeinwissen, Deutsch, Mathematik usw. beantworten,
> – eine Gruppenaufgabe mit anschließender Präsentation lösen,
> – einen Kurzvortrag zu einem vorgegebenen Thema halten,
> – eine Gruppendiskussion führen.

2 Probiert die klassische Gruppenaufgabe „Brückenbauen" aus.

a) Lest die Arbeitsanleitung in der Randspalte durch.

b) Bildet Sechsergruppen und lost die Rollen aus: zwei Beobachter/innen und vier Brückenbauer/innen.

c) Löst die Gruppenaufgabe. Beobachtet werden soll:
– Wer übernimmt die Kontrolle und wie (dominant ...)?
– Wer bringt konstruktive Vorschläge ein?
– Wer geht auf andere ein und arbeitet kooperativ?
– Wer bleibt eher im Hintergrund?

d) Tauscht euch über die Arbeitsphase aus mit Hilfe der Rückmeldung der Beobachter/innen.

> ### Das habe ich gelernt
>
> - Zur Vorbereitung eines Bewerbungsgesprächs gehören ...
> - Während des Gesprächs achte ich auf ...
> - Ein Assessment-Center beinhaltet ...
>
> Schreibe in dein Heft oder Portfolio.

Sprechen und Zuhören

eine Selbstpräsentation vorbereiten und durchführen

TIPP
Notiere Sätze und Satzanfänge, mit denen du dich vorstellst.

gemeinsam eine Lösung erarbeiten

INFO
„Brückenbauen"
Material: Zeitungen, Klebeband, ein Glas Wasser, Schuhkarton
Aufgabe: Baut eine Brücke, auf der man ein gefülltes Glas Wasser abstellen kann. Sie soll so hoch sein, dass man die Schachtel darunter durchschieben kann.
Zeit: 15 Minuten

Anwenden und vertiefen

eine Partnerpräsentation durchführen

 1 Bildet Sechsergruppen und führt Partnerpräsentationen durch.

a) Teilt die Gruppe in Lernpaare und befragt euch gegenseitig zu folgenden Punkten:
 – Wer bist du? Warum möchtest du ... von Beruf werden?
 – Was weißt du über den Beruf? Was interessiert dich besonders?
 – Was kannst du einbringen (Erfahrungen, Eigenschaften)?

b) Stellt der Gruppe anschließend euren Lernpartner / eure Lernpartnerin vor.

eine Präsentation durchführen und auswerten

 2 Führt Partnerpräsentationen durch und wertet sie aus.

a) Stellt euch gegenseitig vor wie in Aufgabe 1. Zeichnet die Partnerpräsentationen mit einer Videokamera auf.

b) Wertet die Aufnahmen aus. Achtet dabei besonders auf:
 – adressatengerechtes Sprechen,
 – Körpersprache und ihre Wirkung,
 – Sprache und Stil (klar formuliert, standardsprachlich ...),
 – Verständlichkeit (deutlich, laut genug).

3 Gestaltet ein Bewerbungsgespräch für eine Ausbildungsstelle zur Gärtnerin / zum Gärtner als Rollenspiel.

ein Rollenspiel vorbereiten

 a) Erstellt anhand der Stellenanzeige Rollenkarten für die Gesprächspartner (Bewerber/in, Gärtnerei-Inhaber/in).

> **Hast du einen grünen Daumen? Dann bist du bei uns genau richtig!**
> Wir, die Firma Frobheim Garten- und Landschaftsbau, suchen zum 1.8. eine/n motivierte/n
>
> **Auszubildende/n zum Gärtner / zur Gärterin – Fachrichtung Garten- und Landschaftsbau.**
>
> Das solltest du mitbringen: Vorliebe für den Umgang mit unterschiedlichen Werkstoffen (z. B. Pflanzen, Naturstein, Beton und Holz), Spaß an praktisch-zupackender Arbeit selbst bei Wind und Wetter (z. B. Grünpflege, Blumen oder Gehölze pflanzen), technisches Verständnis und einen guten Hauptschulabschluss oder Realschulabschluss.

ein Rollenspiel durchführen

 b) Führt das Rollenspiel durch. Ihr benötigt zwei Gesprächspartner/innen sowie 2–3 Beobachter/innen.

ein Rollenspiel auswerten

c) Alle Beteiligten formulieren ihren Eindruck vom Gesprächsverlauf und werten gemeinsam das Rollenspiel aus.

ein Lernplakat gestalten

→ S. 242

 4 Sammelt Informationen zum Thema Assessment-Center und gestaltet ein Lernplakat dazu.

„Warum Charlie Wallace?"
Eine Charakterisierung verfassen

Alle fragten sich, was der Neue tun würde. Charlie blieb gelassen, und ich hatte den Eindruck, dass er genau wusste, was los war. Dass er Wainwrights Spielchen jetzt schon durchschaute.
5 Er blieb einfach stehen. Turnschuhe, verwaschene Jeans, dunkelblaues T-Shirt. Weder groß noch klein, weder dick noch dünn. Ein durchschnittlicher Junge mit klaren Gesichtszügen und
10 dunklem Haar. Nichts Besonderes. Bis man ihm in die Augen sah. Sie machten ihn zu etwas Besonderem. Überdurchschnittliche Intelligenz lag in Charlies Augen. Eine ganze Menge Humor.
15 Verständnis. Es ist schwer zu erklären. Sie wirkten wahnsinnig aufgeweckt. Es war, als wären seine Augen weiter als der Rest seines Körpers. Irgend so was. Einen winzigen Moment dachte ich,
20 dass er nichts sagen, den einfachen, sicheren Weg wählen würde. Doch dann blickte er Wainwright an und sagte: „Hängt das nicht davon ab, was man unter Literatur versteht?"

INFO
„Warum Charlie Wallace?" (2009) ist das erste Jugendbuch des niederländischen Autors Stan van Elderen (geb. 1963).

Was weißt du schon?

- Lies den Auszug aus dem Buch „Warum Charlie Wallace?". Um welche Situation könnte es hier gehen? Belege am Text.
- Nenne die Figuren, die hier eine Rolle spielen.
- „Ohne Figuren keine Geschichten!" – Erkläre, warum Figuren für eine Geschichte so wichtig sind.
- Welchen Eindruck macht Charlie auf dich?
- Wer „spricht" im Text von Charlie? Inwieweit ist das für deinen Eindruck von Charlie wichtig?
- Notiere stichwortartig, welche Informationen du für eine Personenbeschreibung von Charlie benötigen würdest.
- „Eine Charakterisierung ist immer mehr als eine Personenbeschreibung." Tauscht euch über diesen Satz aus.

Einen Romanauszug erschließen

einen Romanauszug lesen

1 Lies den Anfang des Romans „Warum Charlie Wallace?".

Das erste Mal bin ich Charlie an einem Montagmorgen begegnet, auf dem Weg zur Schule. Ich stand in der Schlange für meinen täglichen Schuss Koffein, und er stand neben mir, in der anderen Schlange. Einfach nur einer von denen, die herumstanden und
5 warteten.
Unsichtbar. Bis das Mädchen hinter dem Tresen ihn ziemlich gehetzt fragte, was er wollte. Da sagte er nicht etwa: „Einen doppelten Espresso mit viel Zucker" oder so, nein, er lächelte und hielt ihr die Hand hin. „Guten Morgen", sagte er. Es klang,
10 als wäre es das Normalste der Welt.
Irgendwie war es witzig. Sie hatte keine Ahnung, wie sie reagieren sollte. Einen Augenblick sah es aus, als würde sie wütend werden. Wahrscheinlich weil sie dachte, dass Charlie sie anbaggern wollte. Oder dass er sie in aller Öffentlichkeit lächerlich machen wollte.
15 Sie warf ihrer Kollegin einen kurzen, nervösen Blick zu, dann gab sie ihm leicht verlegen die Hand.
„Hallo."
Charlie nickte, als wäre es das Netteste, was er je gehört hatte.
„Charlie", sagte er. Er machte einen vollkommen aufrichtigen
20 Eindruck.
Als er seinen Namen nannte, wurde sie erst recht verlegen.
Sie wusste, dass es nur einen Ausweg gab. „Allison."
Sie arbeitete schon in der Kaffeebar, solange ich dorthin ging, doch sie war mir noch nie aufgefallen. Sie hatte glattes, blondes
25 Haar und ein Gesicht, das irgendwie zu rund war. Eigentlich nicht hübsch, fast schon unattraktiv. Ich hätte wetten können, dass sie so etwas noch nie erlebt hatte.
„Freut mich", sagte Charlie. Es klang, als würde er es ehrlich meinen, als fände er es wirklich schön, sie kennen zu lernen.
30 Allison fand das offenbar auch, denn zum ersten Mal lächelte sie. Kein aufgesetztes „Ja, bitte?"-Lächeln, sondern ein echtes Lächeln,

weil sie sich gut fühlte. Mit schiefen, weißen, echten Zähnen,
sodass sie gleich um einiges hübscher aussah.
Charlie lächelte zurück. „Einen großen Kaffee, bitte. Schwarz,
35 ohne Zucker."
„Schon unterwegs." Allison drehte sich um und Charlie blickte
zu mir herüber. Wahrscheinlich hatte er gemerkt, dass ich
die ganze Szene verfolgt hatte. Ich wollte wegschauen, doch dafür
war es zu spät.
40 „Ich habe ihr einen Schreck eingejagt."
„Sieht ganz so aus", hörte ich mich zu meiner eigenen Überra-
schung sagen. Ich hätte den Mund halten können. Ehrlich gesagt,
wäre das meine übliche Reaktion gewesen. Ich hasse Gespräche
mit Leuten, die ich nicht kenne, vor allem wenn die halbe Welt
45 drum herumsteht und jedes Wort mithört, das man sagt.
Doch aus irgendeinem Grund antwortete ich diesmal. […]

2 In dieser Szene treffen Charlie und der Ich-Erzähler Jonathan das erste
Mal aufeinander. Formuliere deinen Leseeindruck von der Szene.

> **den Leseeindruck
> formulieren**

3 Erarbeitet in Partnerarbeit den Inhalt des Textes.
Wählt ein für euch passendes Vorgehen aus. Ihr könnt zum Beispiel:
– W-Fragen zum Text beantworten (Wer? Was? Wo? …),
– die wichtigsten Handlungsschritte notieren,
– euch gegenseitig die Handlung nacherzählen.

> **den Inhalt erschließen**

4 Als Autor/in hat man verschiedene Möglichkeiten, literarische Figuren
„zum Leben zu erwecken" und etwas über ihre Eigenschaften und
ihren Charakter auszusagen.

> **Textstellen wieder-
> geben**
> ➜ S. 53

a) Lies die beiden folgenden Textstellen. Was sagen sie jeweils
über Charlies Eigenschaften bzw. seinen Charakter aus?
Notiere deine Deutung in Stichworten.

Da sagte er nicht etwa: „Einen doppelten Espresso mit viel
Zucker" oder so, nein, er lächelte und hielt ihr die Hand hin.
„Guten Morgen", sagte er. (S. 28, Z. 7–9)

Charlie nickte, als wäre es das Netteste, was er je gehört hatte.
[…] Er machte einen vollkommen aufrichtigen Eindruck.
(S. 28, Z. 18–20)

> **INFO**
> ❯ So zitierst du Text-
> stellen (wörtliche
> Wiedergabe): *„Es
> klang, als wäre es
> das Normalste der
> Welt." (S. 28, Z. 9 f.)*
> ❯ So verweist du auf
> eine Textstelle
> (indirekte Wieder-
> gabe): *Charlies
> Äußerung wirkt laut
> Jonathan ganz
> normal. (vgl. S. 28,
> Z. 9 f.)*
> ❯ Z. 9 f. = Zeile 9 und
> folgende Zeile
> ❯ vgl. = vergleiche
> ❯ So kennzeichnest du
> Auslassungen: […]

b) Beschreibe, wie direkt oder indirekt etwas über Charlies Charakter
ausgesagt wird.

5 a) Schreibe zwei weitere Textstellen (mit Zeilenangaben) heraus,
in denen es um Charlies Verhalten geht.

b) Notiert in Partnerarbeit Stichpunkte zu folgenden Fragen:
– Wie beschreibt der Ich-Erzähler Charlies Verhalten?
– Wie wirkt Charlies Verhalten auf den Ich-Erzähler?

> **Textstellen
> interpretieren**

Zu literarischen Texten schreiben

29

INFO
- **äußere Handlung**: die **Außensicht** auf die Figuren, z.B.: *Sie gab ihm leicht verlegen die Hand.*
- **innere Handlung**: die **Innensicht**; Gefühle oder Wünsche einer Figur, z.B.: *Sie hatte keine Ahnung, wie sie reagieren sollte.*

eine Figurenkarte untersuchen

Figurenkarten anlegen

TIPP
Notiere auf der Figurenkarte Zitate mit Seiten- und Zeilenangaben. Fasse auch Informationen in eigenen Worten zusammen.

Zu literarischen Texten schreiben

❗ Textstellen interpretieren

Das **Verhalten** von literarischen Figuren offenbart etwas über ihren Charakter. Auch wenn der Text nur die **äußere Handlung** wiedergibt, kann man daraus oft Rückschlüsse auf Eigenschaften einer Figur ziehen, z.B.:
Charlie lächelte und hielt ihr die Hand hin.
→ mögliche Interpretation: Charlie ist offen und kontaktfreudig.

6 Auf Figurenkarten kannst du Informationen zu den einzelnen Figuren sammeln, z.B. zum Äußeren, zum Verhalten usw.

a) Untersuche die folgende Figurenkarte:
– Welche Art von Informationen wurde hier gesammelt?
– Was wurde direkt aus dem Text zitiert, was wurde indirekt wiedergegeben bzw. mit eigenen Worten formuliert? Ordne zu.

> Figurenkarte für: Charlie
> Gesichtspunkt: Aussehen (Äußeres)
> – „Weder groß noch klein, weder dick noch dünn"
>   (S. 27, Z. 7 f.)
> – sieht eher normal, durchschnittlich aus
>   (vgl. S. 27, Z. 7–10)
> – …

b) Erstelle eine Figurenkarte zum Aussehen wie im Beispiel. Ergänze Informationen aus den Textauszügen auf den vorigen Seiten.

c) Vergleicht und überprüft eure Figurenkarten in Partnerarbeit.

7 Erstelle weitere Figurenkarten zu Charlie. Lege eine Karte für jeden der Gesichtspunkte aus dem Merkkasten an. Ergänze dann jeweils neue Informationen aus den folgenden Seiten.

❗ Eine Figurenkarte erstellen

Figurenkarten helfen beim Sammeln von Informationen zu einer literarischen Figur, z.B. zu folgenden Gesichtspunkten:

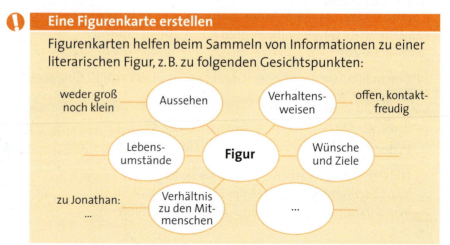

Die Hauptfigur genauer untersuchen

1 a) Lies den folgenden Auszug aus dem Roman.

b) Schreibe drei aussagekräftige Textstellen zu Charlie mit Zeilenangaben (wichtig bei Zitaten) in dein Heft.

aussagekräftige Textstellen notieren

Es stellt sich heraus, dass Charlie Wallace der neue Mitschüler des Ich-Erzählers Jonathan Lowell ist. Im Englischunterricht verbünden sich die beiden gegen den autoritären Mr. Wainwright und kommen danach miteinander ins Gespräch. Sie beschließen, die Schule zu schwänzen und den Tag in der Stadt (New York) zu verbringen. Anschließend lädt Charlie Jonathan zu sich nach Hause ein.

Überall standen Kartons – auf dem Tisch, auf der Anrichte und an den Wänden hochgestapelt. Manche waren geöffnet und ihr Inhalt lag auf den Schränken, den Stühlen und dem Boden ausgebreitet. Das totale Chaos. Charlies Mutter war eine
5 erwachsene Ausgabe von Felicity*. Sie stand mitten in dem ganzen Durcheinander und rauchte seelenruhig eine Zigarette. Es haute mich um. Sie rauchte! Als Frau eines Krebsarztes!
„Hallo, Jonathan. Willkommen im Hause Wallace." […]
Ich gab ihr die Hand und stellte mich vor, ganz wie es sich
10 gehörte.
Ein gefährliches Lächeln. „Ich habe gehört, dass euer Tag, Charlies und deiner, hochinteressant war." Ihre strahlend blauen Augen ließen mich nicht los und ich wurde sehr unsicher. Sie testete mich und ich wusste, dass Charlie mich beobachtete. Ich musste
15 etwas sagen, die Frage war nur: Was?
„Hochinteressant", begann ich zögerlich, „interessante Fächer. Wir hatten Italienischunterricht."
„Italienisch?"
Ich hörte Charlie leise lachen.
20 „Ja", sagte ich, „eine Kochstunde. Frische Zutaten, das ist am wichtigsten. Und wir hatten Kunstgeschichte, eine Lehrstunde
25 über den Wahnsinn der modernen Kunst."
Ein etwas freundlicheres Lächeln. „In Zukunft haltet ihr euch an die normalen
30 Unterrichtsfächer. In Ordnung?"
„In Ordnung." Ich war erleichtert. Ich hatte das Gefühl, bestanden zu
35 haben.

Felicity ist Charlies jüngere Schwester.

Zu literarischen Texten schreiben

31

Zu literarischen Texten schreiben

„Bestens", sagte sie, „dann dürft ihr euch jetzt ins Wohnzimmer begeben. Dann könnte ich nämlich nachsehen, ob wir noch irgendwo einen Kochtopf haben."
Auch das Wohnzimmer stand voll Umzugskartons.

40 „Du hast dich gut aus der Affäre gezogen", sagte Charlie. „Meine Mutter mag selbstsichere Menschen."
Ich wollte sagen, dass ich alles andere als selbstsicher war, aber ich konnte es mir gerade noch verkneifen. […]
Charlies Vater hatte ein sanftmütiges Gesicht und freundliche

45 Augen. Kein Wichtigtuer. Charlie hatte zwar eine gewisse Ähnlichkeit mit ihm, aber genau wie Felicity kam er eher nach seiner Mutter, während Mike* und Andy* das Ebenbild ihres Vaters waren.
„Könntet ihr, du und Jonathan, mal ein paar Kartons zur Seite

50 stellen, Charlie? So können wir nicht essen."
Ab dem Moment gehörte ich dazu. Einfach so. Keine blöden Fragen, gar nichts. Ich war einfach da und genauso gingen sie mit mir um. Ich half Charlie mit den Umzugskartons und dann setzten wir uns alle an den Küchentisch. Es wurde geredet

55 und gelacht und gegessen und mir ging es richtig gut.
Ganz so, als wäre nie etwas passiert.

Mike und Andy sind Charlies Brüder.

Figuren und Figurenkonstellation untersuchen

2 a) Notiert weitere Figuren, die in diesem Auszug vorkommen. Besprecht in Partnerarbeit folgende Fragen:
– Was erfahrt ihr über die anderen Figuren?
– Wie ist das Verhältnis der Figuren zueinander?

b) Welche dieser Überschriften passt am besten zum Textauszug oben? Begründet.

Familienanschluss	Ein bisschen zu perfekt

Jonathan im Paradies	Charlies Welt

Überraschung am Abend

Regieanweisungen formulieren

INFO
Regieanweisungen geben Anregungen, wie sich die Figuren auf der Bühne bewegen, wie sie sprechen sollen usw.

3 Stell dir vor, der Textauszug oben soll als Theaterszene gespielt werden. Notiere Regieanweisungen für Charlie, z. B.:

Regieanweisungen für Charlie
– sieht Jonathan kommen, beobachtet ihn (S. 31, Z. …)
– hört Gespräch zwischen Jonathan und … (S. 31, Z. …)
– …

Figurenkarten ergänzen

4 Ergänze auf deinen Figurenkarten zu Charlie (von S. 30, Aufgabe 7) weitere Stichworte aus dem Text mit Zeilenangaben.

5 a) Lies den folgenden Auszug aus dem Roman. Achte besonders darauf, was du über Charlies Wünsche und Ziele erfährst.

Jonathan lernt Charlie immer besser kennen und freundet sich mit ihm an. Er besucht ihn ein zweites Mal. Die beiden beschließen, gemeinsam in den Zoo zu fahren, in dem Jonathan als Aushilfe arbeitet. An der Tür verabschieden sie sich von Charlies Mutter.

„Und du benimmst dich, Charlie, verstanden?", sagte Ms Wallace. „Keinen Unfug machen, okay, Charles?"
„Ich werde mir Mühe geben", sagte Charlie.
„Passt du ein bisschen auf ihn auf, Jonathan?"
5 „Mach ich."
Charlie schüttelte den Kopf.
„Was sollte das?", fragte ich ihn im Aufzug.
„Ach, gar nichts", sagte Charlie.
10 „Vor ein paar Monaten wollte ich zu einem Rockkonzert gehen. Haben sie mir nicht erlaubt. Sie fanden, dass ich zu jung dafür bin."
15 „Viel zu jung."
„Fängst du auch schon damit an?"
Ich schmunzelte. „Du wärst nicht mal
20 reingekommen."
„Klar doch. Ich hatte sogar schon eine Karte. Im Internet gekauft."
„Bist du trotzdem gegangen?"
Charlie nickte. „Ich war damals stinkwütend auf sie."
„Wieso?"
25 „Was glaubst du? Sie hatten ja auch ohne mich beschlossen, dass wir umziehen." Anscheinend war er noch immer wütend deswegen.
Ich hatte keine Sekunde darüber nachgedacht, ob er vielleicht darunter litt. Das lag daran, dass bei ihm alles selbstverständlich
30 zu gehen schien, aber vielleicht tat er nur so und war genauso unsicher wie jeder andere. Für ihn war das hier schließlich eine fremde Stadt, in der er keinen kannte. Und die Schule zu wechseln war auch nicht ohne. Er hatte seine Freundin verloren und all seine Freunde. Vielleicht war er sogar froh, dass er mich
35 kennen gelernt hatte. […]

b) Ergänze weitere Informationen aus dem Text auf den passenden Figurenkarten zu Charlie.

6 Inwiefern sind die Lebensumstände einer Figur wichtig für ihre Charakterisierung und ihre Bewertung? Nehmt Stellung und bezieht euch auf Charlie.

Figurenkarten ergänzen
➜ Charakterisierung, S. 226

Zu literarischen Texten schreiben

Eine Charakterisierung schreiben

Durch die bisherigen Romanauszüge hast du die Hauptperson Charlie kennen gelernt. Charlie wird im Text direkt (durch Aussagen über sich selbst oder Aussagen anderer) und indirekt (z. B. durch sein Verhalten) charakterisiert. Im Folgenden fasst du diese Informationen in einer Charakterisierung zusammen. Gehe dabei nach diesen Schritten vor:

Schritt 1: Informationen zur Figur auswerten und ordnen

1 Werte zunächst die gesammelten Informationen zur Figur aus.

a) Erklärt in Partnerarbeit, warum bei folgender Figurenkarte Informationen gestrichen oder markiert wurden:

> Figurenkarte für: Charlie
> Gesichtspunkt: Verhaltensweisen
> – reagiert bei Schwierigkeiten gelassen (vgl. S.27, Z.2–5)
> – ~~lässt sich von Mr Wainwright nicht aus der Ruhe bringen~~
>   (vgl. S.27, Z.19–24)
> – hat Humor (vgl. S.27, Z.14)
> – ist höflich und freundlich (vgl. S.28, Z.9, 28 f. und S.29,
>   Z.34 f.)
> – macht Situationen durch sein Verhalten zu etwas Besonderem
>   (vgl. S.28, Z.7–16)
> – ~~ist lustig~~ (vgl. S.27, Z.14)
> – aufmerksam, kontaktfreudig (vgl. S.28, Z.7–10, 28 f.,
>   S.29, Z.34 f.)
> – ~~spricht Kellnerin einfach an~~ (vgl. S.28, Z.9)
> – kann leicht auf andere zugehen (vgl. S.28, Z.7–29)
> – ~~bringt andere leicht zum Sprechen~~ (vgl. S.29, Z.41–46)
> – beobachtet gerne (vgl. S.31, Z.14)
> – ermutigt und lobt andere (vgl. S.32, Z.40 f.)

b) Prüfe nun die Informationen auf deinen eigenen Figurenkarten zu Charlie. Streiche dabei inhaltliche Wiederholungen und Einzelheiten, die wenig aussagen.

2 Wähle die Informationen, die zu einem umfassenden Eindruck von Charlie beitragen. Ordne die Informationen durch Nummerieren.

Informationen auswerten

Werte deine Informationen zu einer Figur (z. B. auf Figurenkarten) aus, bevor du eine Charakterisierung schreibst.

- Fasse Informationen zusammen.
- Markiere Informationen, die zu einem umfassenden Eindruck von der Figur beitragen. Streiche unwichtige Einzelheiten.

Zu literarischen Texten schreiben

Informationen auswerten und Deutungsansätze formulieren

Informationen ordnen

34

Schritt 2: Die Charakterisierung planen

3 Wenn du eine Charakterisierung als eigenständigen Text schreibst, benötigt sie Einleitung, Hauptteil und Schluss.

   a) Was gehört in die Einleitung, was in den Hauptteil, was in den Schluss? Ordne zu.

> Informationen zu einer Figur (Aussehen, Verhaltensweisen ...)
> abschließende Beurteilung der Figur   Titel des Buches
> Autor/in   Textsorte   Thema

   b) Kläre anhand des Merkkastens auf Seite 36, in welcher Reihenfolge du die ausgewerteten Informationen zu einer Figur aufführst.

4 **a)** Erstelle einen Schreibplan in deinem Heft.

   b) Ergänze in deinem Schreibplan Stichworte für eine Charakterisierung von Charlie.

   c) Vergleicht und überarbeitet eure Schreibpläne in Partnerarbeit.

einen Schreibplan für die Charakterisierung erstellen

HILFE
Schreibplan: Charakterisierung „Charlie"
1. Einleitung
– ...

Schritt 3: Den Text formulieren

5 Untersucht in Partnerarbeit das folgende Beispiel aus einer Charakterisierung. Klärt diese Fragen:
– Wie werden Textstellen wiedergegeben?
– Welche Formulierung macht deutlich, dass es um die Sicht einer anderen Textfigur geht?
– In welcher Zeitform ist die Charakterisierung geschrieben?

Charlie ist ein normaler, durchschnittlicher Jugendlicher, der sich wenig von anderen unterscheidet (vgl. S.27, Z. 7–10). Seine Augen wirken laut Jonathan „wahnsinnig aufgeweckt" (S.27, Z. 16).

6 Eine Charakterisierung soll Verhaltensweisen deuten. Welches der folgenden Beispiele aus einer Charakterisierung erzählt einfach nach, welches enthält eine Deutung?

Charlie versucht seinen Willen gegen strikte Verbote durchzusetzen. So erzählt er Jonathan, dass er einmal trotz eines Verbots ein Rockkonzert besucht hat.

Charlie beschließt, mit Jonathan zum Zoo zu fahren. Er erzählt seinem Freund, dass er einfach zum Rockkonzert gegangen ist.

sprachliche Mittel untersuchen

TIPP
sprachliche Mittel, die die Sicht einer Figur deutlich machen:
laut J. ...
aus der Sicht von J. ...
in den Augen von J. ...
nach J.s Ansicht ...

Nacherzählen und Interpretieren unterscheiden

Zu literarischen Texten schreiben

die Erzählsituation berücksichtigen

eine Charakterisierung schreiben
➔ S. 226

HILFE
Formulierungen für den Schlussteil:
› Es wird deutlich, dass Charlie in vielem ganz anders als Jonathan ist. Im Vergleich zu …
› Charlie ist alles andere als durchschnittlich. Er …

eine Charakterisierung überarbeiten
➔ Schreibkonferenz, S. 244

7 Die Geschichte von Charlie und Jonathan wird aus der Ich-Perspektive erzählt. Inwiefern ist das wichtig für Aussagen über die Figuren im Text? Besprecht und erläutert in Partnerarbeit.

8 Schreibe nun eine Charakterisierung von Charlie. Nutze dazu deine Figurenkarten, deinen Schreibplan sowie die Informationen aus dem Merkkasten.

Charlie (Charakterisierung)
Charlie ist die Hauptfigur in Stan van Elderens Roman „Warum Charlie Wallace?" …

> **❗ Eine Charakterisierung schreiben**
>
> In einer Charakterisierung beschreibt und deutet man eine literarische Figur möglichst genau und anhand von Textbelegen.
> - In der **Einleitung** nennt man: Titel des Textes, Autor/in, Textsorte, Thema.
> - Im **Hauptteil** führt man in dieser Reihenfolge aus: allgemeine Angaben (z. B. Name, Alter), Aussehen, Lebensumstände (z. B. Familie, Schule/Beruf), Verhaltensweisen und Eigenschaften, Wünsche und Ziele, Verhältnis zu den Mitmenschen.
> - Im **Schlussteil** kann man die Figur und ihr Verhalten beurteilen, z. B. im Vergleich zu anderen Figuren.
>
> Eine Charakterisierung schreibt man im **Präsens.**

Schritt 4: Die Charakterisierung überarbeiten

9 a) Erstellt in einer Schreibkonferenz eine Checkliste zu Inhalt, Aufbau und sprachlichen Merkmalen einer Charakterisierung.

b) Überarbeite deine Charakterisierung anhand der Checkliste.

c) Lest eure Charakterisierungen vor. Gebt euch gegenseitig eine Rückmeldung und berücksichtigt ggf. Hinweise der anderen für eine weitere Überarbeitung.

> **Das habe ich gelernt**
>
> - Erkläre einer Lernpartnerin / einem Lernpartner, in welchen Schritten du beim Schreiben einer Charakterisierung vorgehst.
> - Beschreibe den Unterschied zwischen einem direkten und einem indirekten Zitat. Nenne jeweils ein Beispiel.
> - „Charakterisieren ist mehr als Nacherzählen und Beschreiben." Erkläre, was damit gemeint ist.
> - Was kannst du schon gut? Woran musst du noch arbeiten?
>
> Schreibe in dein Heft oder Portfolio.

Anwenden und vertiefen

In den beiden folgenden Auszügen aus dem Roman „Warum Charlie Wallace?" geht es um Charlies Schwester Felicity.

1 Lies die beiden Textauszüge und notiere stichwortartig, was du über Felicity erfährst (Aussehen, Verhalten …).

Ich brauchte nicht lange zu warten. Libby öffnete die Tür. „Hallo, du bist bestimmt Jonathan", sagte sie sehr vorwitzig. Sie hielt mir die Hand hin. „Und ich bin Felicity. Felicity Wallace."
Meine Nervosität war schlagartig verschwunden. Sie hatte einen
5 wahnsinnig schelmischen Blick und Haare wie Charlie, aber
schulterlang. Ich sah, dass sie barfuß war. Sie trug ein Top und
eine Schlaghose*. Ich schätzte sie auf etwa acht oder neun Jahre.
Ich gab ihr die Hand. „Freut mich, dich kennen zu lernen,
Felicity", sagte ich und versuchte, mindestens so
10 vorwitzig zu klingen wie sie.
Sie nickte und trat beiseite, um mich herein-
zulassen. Der Flur stand voll Umzugskartons.
„Mach dir nichts aus dem Chaos. Charlie
kommt gleich."
15 Sehr höflich, dachte ich. Doch dann
brüllte sie: „Charles! Besuch für
dich!"
Ich lachte und sie lachte zurück.
„Warst du heute in der Schule?",
20 fragte ich.
Sie nickte.
„Und? Wie war's?"
Sie zuckte die Achseln. „Ich habe
alle meine besten Freundinnen verloren. Ich muss wieder ganz
25 von vorn anfangen."
„Das schaffst du", sagte ich, „du wirst schon sehen, bald hast du
wieder neue."
Das würde wirklich so sein, dessen war ich mir sicher. In einer
Woche hätte sie mehr Freundinnen, als sie gebrauchen konnte.
30 Sie nickte. „Ich weiß, aber es ist trotzdem ungerecht."
Ich wollte sagen, dass es noch mehr Dinge gab, die ungerecht
waren, doch ich tat es natürlich nicht. So etwas kann man einem
kleinen Mädchen nicht sagen. Obwohl sie wahrscheinlich damit
hätte umgehen können.
35 „Hallo, da bist du ja schon." Charlie lächelte. „Libby nervt dich
doch nicht, oder? Wenn sie nämlich …"
„Ich heiße nicht Libby, Charles", protestierte sie. „Ich heiße
Felicity. Und ich nerve zufällig überhaupt nicht. Jonathan und ich
haben uns unterhalten. Bis du dich eingemischt hast."
40 Ich musste lachen, Charlie auch. […]

Informationen zu einer literarischen Figur sammeln

die Schlaghose: Hose, die ab dem Knie nach unten weiter wird

Zu literarischen Texten schreiben

Eines Tages holt Jonathan Charlie ab und trifft Libby.

[...] Libby kam in die Küche geschlurft. An ihren Füßen steckten große, flauschige Kaninchenpantoffeln. „Guten Morgen allerseits." Sie setzte sich neben mich an den Tisch und rieb sich die Augen. „Ich will ein Glas Milch."

45 „Schön für dich, Süße", sagte Ms Wallace. Libby seufzte und sah mich an, als wollte sie sagen: „Siehst du? So geht es mir immer."

Dann stand sie auf und schlurfte

50 übertrieben resigniert* zum Kühlschrank. Ms Wallace grinste mich an. Ich konnte mir das Lachen nicht verkneifen. Sie waren großartig. „Müsst ihr zwei nicht los?", fragte sie.

55 „Ihr verpasst sonst noch den Bus." Ich warf einen Blick auf meine Uhr und nickte Charlie zu. „Wo fahrt ihr hin?", fragte Libby mit einem Milchbart. „Zu einer Art Zoo, wo es nur Affen gibt." „Affen! Darf ich mit?"

60 „Das geht nicht, Schätzchen", sagte Ms Wallace. „Du gehst heute mit mir einkaufen. Du brauchst was zum Anziehen." Libby war anzusehen, dass sie nicht die geringste Lust dazu hatte. „Wann kommst du zurück?", fragte sie Charlie. „Nachmittags oder abends."

65 „Spielen wir dann zusammen?" „Klar." „Versprichst du es mir? Versprochen ist versprochen." „Ich verspreche es dir", sagte Charlie lächelnd. „Gehen wir?", fragte er mich. Ich stand auf. [...]

resigniert:
schicksalsergeben, niedergeschlagen

Zu literarischen Texten schreiben

---

die Wirkung beschreiben

2 Wie wirkt Felicity auf dich?
Formuliere deinen persönlichen Leseeindruck.

eine Charakterisierung schreiben

3 Schreibe eine Charakterisierung von Felicity.

a) Notiere mit einer Lernpartnerin / einem Lernpartner Informationen aus dem Text, die ihr verwenden wollt.

b) Lege einen Schreibplan an und notiere Stichworte.

c) Schreibe anhand eurer Notizen und des Schreibplans einen zusammenhängenden Text. Baue passende Zitate ein.

4 Schreibe eine Charakterisierung von Felicity. Gehe vor, wie du es in diesem Kapitel gelernt hast, oder wähle ein anderes Vorgehen, das für dich günstig ist.

eine Charakterisierung überarbeiten

5 Überarbeitet eure Charakterisierungen in einer Schreibkonferenz. Nutzt zum Überprüfen eure Checklisten (S. 36, Aufgabe 9).

38

Eine lebensgefährliche Wette
Zu literarischen Texten produktiv schreiben

Fjodor M. Dostojewski
Die Wette

Der Junge Kolja verbringt die Ferien bei einer Verwandten, deren Mann bei einer Eisenbahnstation arbeitet.

Das Erste, was Kolja bei seinen Verwandten tat, war, dass er sich genau die Lokomotiven besah, sich mit der Maschine vertraut machte, alle Räder untersuchte usw., denn er sagte sich, dass er mit diesen Kenntnissen seinen Mitschülern imponieren werde. Es
5 fanden sich noch ein paar andere Knaben ein, mit denen er sich anfreundete; die einen von ihnen wohnten daselbst auf der Station, die anderen in der Nachbarschaft – im Ganzen hatten sich sechs oder sieben Jungen im Alter zwischen dreizehn und fünfzehn Jahren zusammengetan, darunter zwei Gymnasiasten aus unserer
10 Stadt. Diese Knaben spielten und tollten zusammen, und siehe da, am vierten oder fünften Tag des Besuchs […] kam es unter ihnen zu einer ganz unglaublichen Wette um zwei Rubel, und zwar handelte es sich um Folgendes:
Kolja, der Jüngste unter ihnen, und daher von den anderen etwas
15 herablassend Behandelte, hatte aus knabenhaftem Ehrgeiz oder aus unverzeihlicher Tollkühnheit vorgeschlagen, nachts, wenn der Elfuhrzug käme, zwischen den Schienen liegen zu bleiben, bis der Eilzug über ihn hinweggedonnert wäre. […]

Was weißt du schon?

- Lies den Anfang des literarischen Textes. Fasse seinen Inhalt zusammen.
- Erklärt den Ausdruck „aus unverzeihlicher Tollkühnheit" (Z. 15 f.).
- Stellt Vermutungen darüber an, wie die Geschichte weitergehen könnte.
- Das gestaltende bzw. produktive Schreiben kann dabei helfen, einen literarischen Text besser zu verstehen. Welche Erfahrungen habt ihr mit solchen Schreibaufgaben schon gemacht? Berichtet.

Den Inhalt eines Erzähltextes erschließen

1 a) Lies die Fortsetzung des Erzähltextes und vergleiche den Erzählfortgang mit euren Vermutungen.

b) Notiere deinen ersten Leseeindruck von der Hauptfigur Kolja.

Leseeindrücke notieren

INFO
Fjodor M. Dostojewski (1821–1881): russischer Schriftsteller. „Die Wette" stammt aus seinem berühmten Roman „Die Brüder Karamasow".

Allerdings waren verschiedene Versuche gemacht worden, die ergeben hatten, dass man sehr wohl so zwischen den Schienen liegen und sich an den Boden drücken konnte, ohne vom Zug berührt zu werden, der dann in der größten Geschwindigkeit
5 über einen hinwegsauste. Allein, wer brächte es fertig, liegen zu bleiben! Kolja aber behauptete steif und fest, er werde sich hinlegen und liegen bleiben. Er wurde zuerst ausgelacht, ein Prahlhans, ein Aufschneider genannt, und durch diese Neckereien nur noch mehr zu seinem Vorhaben gereizt. Das Entscheidende
10 dabei war, dass diese Fünfzehnjährigen schon gar zu wichtig vor ihm taten und ihn zuerst als „Kleinen" überhaupt nicht in ihrer „Clique" hatten aufnehmen wollen, was ihm unerträglich beleidigend erschien.
Und so ward beschlossen, am Abend aufzubrechen, ungefähr eine
15 oder zwei Werst* längs dem Eisenbahndamm weiterzugehen, um dann bis elf den Zug, der dort von der Station aus bereits in Gang gekommen sein würde, zu erwarten. Der Abend kam, man versammelte sich und machte sich auf den Weg. Die Nacht brach an: Es war eine mondlose, nicht nur dunkle, sondern fast
20 pechschwarze Nacht. Kurz vor elf legte Kolja sich zwischen den

die Werst: russisches Längenmaß, ca. 1 km

40

Schienen hin. Die übrigen fünf, die die Wette eingegangen waren, warteten zuerst mit beklommenem Herzen, zuletzt aber in Angst und Reue unten am Bahndamm im Gebüsch.

Endlich – ein Pfiff und fernes Rollen zeigten an, dass der
25 Schnellzug die Station verließ. Da tauchten auch schon in der Nacht zwei feurige Augen auf und fauchend raste das Ungetüm heran.

„Lauf, Kolja! Lauf fort!", schrien fünf angsterstickte Stimmen aus dem Gebüsch. Es war aber schon zu spät: Der Zug war schon da
30 und sauste vorüber. Die Jungen stürzten den Damm hinauf zu Kolja: Er lag regungslos zwischen den Schienen. Man rüttelte ihn, rief ihn an und versuchte ihn schließlich aufzuheben. Da stand er plötzlich von selbst auf und ging schweigend vom Bahndamm hinab. Unten angelangt, erklärte er, er sei absichtlich unbeweglich
35 liegen geblieben, um ihnen Angst zu machen. Das war nicht ganz wahrheitsgetreu: Er hatte tatsächlich das Bewusstsein verloren, wie er später, nach langer Zeit seiner Mama gestand. So hatte er sich denn den Ruhm, ein „Tollkühner" zu sein, für alle Zeiten erworben. Er kehrte nur sehr bleich zur Station zurück und
40 erkrankte am Tag darauf an einem leichten Fieber, war aber trotzdem sehr guter Laune, lustig und zufrieden.

2 a) Lies den Text noch einmal genau.

b) Klärt zu zweit unbekannte Wörter und schwierige Ausdrücke durch Nachdenken (Klären anhand des Kontextes), Nachfragen und Nachschlagen.

> schwierige Ausdrücke klären

3 Verschafft euch einen Überblick über die Handlung.
Wählt eine der folgenden Möglichkeiten:
– den Textinhalt abschnittsweise in Stichworten zusammenfassen,
– eine Inhaltszusammenfassung schreiben,
– ein Handlungsgerüst skizzieren,
– eine Schrittfolge notieren.

> den Handlungsablauf wiedergeben

Die Figuren untersuchen

4 Notiere Textstellen, die zu folgenden Aussagen über die Hauptfigur Kolja passen. Gib jeweils die Zeilen mit an.
A Kolja gibt gerne vor seinen Mitschülern an.
B Kolja will von den anderen Jungen anerkannt werden.
C Kolja verhält sich leichtsinnig.
D Kolja ist stur.

> Textstellen zur Hauptfigur notieren

A „Das Erste, was Kolja bei seinen Verwandten tat, war, dass er sich genau die Lokomotiven besah [...], denn er sagte sich, dass er mit diesen Kenntnissen seinen Mitschülern imponieren werde."
(S. 39, Z. 1–4).

HILFE
zum Zitieren von Textstellen vgl. S. 29

5 a) Formuliere in Anlehnung an Aufgabe 4 weitere Aussagen über Koljas Charakter. Belege sie mit passenden Textstellen.

b) Tauscht euch zu zweit über eure Ergebnisse aus.

c) Formuliere deinen Eindruck von der Hauptfigur Kolja. Begründe ihn anhand der notierten Textstellen. Gib jeweils die Zeilen an.

die Entwicklung einer Figur untersuchen

6 Untersuche die Hauptfigur Kolja im Erzählverlauf, indem du folgende Fragen beantwortest und Textbelege notierst.
– War sich Kolja am Anfang darüber klar, wie gefährlich die Wette ist?
– Wie ist Koljas Verhalten am Ende der Erzählung zu deuten?

7 Schreibe eine vollständige Charakterisierung von Kolja. Nutze dabei die Ergebnisse aus den Aufgaben 4–6.

Figuren und Figurenkonstellation untersuchen

8 Untersucht in Partnerarbeit die weiteren Textfiguren.

a) Klärt folgende Fragen und belegt eure Aussagen mit Textstellen:
– Welchen Einfluss hat das Verhalten der anderen Jungen auf die Wette?
– Was erfährt man im Text über die beteiligten Jungen?

b) Zeichnet zwei Skizzen, die das Verhältnis zwischen Kolja und den anderen Jungen deutlich machen: einmal am Erzählanfang, einmal am Ende.

Erzählanfang

| Kolja: der Jüngste | ← behandeln Kolja ... | die anderen Jungen: ... |

c) Deutet folgende Textstelle. Notiert mögliche Gedanken der Jungen.

Die übrigen fünf, die die Wette eingegangen waren, warteten zuerst mit beklommenem Herzen, zuletzt aber in Angst und Reue unten am Bahndamm im Gebüsch. (S. 40, Z. 22–31)

Aus Sicht einer literarischen Figur einen Tagebucheintrag schreiben

Einen Tagebucheintrag aus Sicht einer literarischen Figur zu schreiben, setzt voraus, dass du dich mit dem Text und der Figur eingehend beschäftigt hast. Umgekehrt hilft das Schreiben dabei, dich in die Figur hineinzuversetzen und den Text besser zu verstehen.

1 An einigen Stellen sagt der Text deutlich, was Kolja fühlt, an anderen Stellen nicht. Füllt die „Leerstellen" in Gruppenarbeit:

sich in eine literarische Figur hineinversetzen

a) Versetzt euch in Kolja hinein. Jede/r notiert in Ich-Form, was der Junge in den folgenden Situationen jeweils fühlen oder denken könnte.

A Kolja schlägt die Wette vor und hält daran fest. (S. 39, Z. 14–18)
B Kolja liegt zwischen den Schienen und hört die ängstlichen Stimmen der anderen Jungen. Trotzdem bleibt er liegen. (S. 41, Z. 28–31)
C Kolja steht auf und geht schweigend den Bahndamm hinab. (S. 41, Z. 32–34 f.)

b) Lest eure Notizen reihum vor. Diskutiert jeweils, ob die Gedanken und Gefühle „stimmig" sind, d. h. zum Erzähltext passen.

c) Passen diese Gedanken Koljas am Tag nach der Wette zum Text? Begründe deine Ansicht und formuliere gegebenenfalls um.

Denen habe ich es gezeigt! Aber ich hätte das niemals machen sollen, es hätte schlimm ausgehen können! Ich habe Angst, dass ich jetzt oft davon träume, auf den Schienen zu liegen. ...

2 Schreibt nun jede/r einen Tagebucheintrag aus Koljas Sicht und beachtet dabei den Merkkasten auf der folgenden Seite.
Teilt die Klasse in drei Gruppen auf:
 A ein Tagebucheintrag, den Kolja vor der Wette verfasst. Er schreibt über seine Situation als „der Kleine" in der Clique.
 B ein Tagebucheintrag am Abend nach der Wette. Kolja liegt krank zu Hause und reflektiert die aufregenden Ereignisse und ihre Folgen.
 C ein Tagebucheintrag aus größerem Abstand: Kolja hat gerade seiner Mutter die ganze Wahrheit erzählt (vgl. S. 41, Z. 36–38) und denkt nochmals über sein Verhalten damals nach.

einen Tagebucheintrag schreiben

Einen Tagebucheintrag aus Sicht einer Figur schreiben

- Versetze dich in die Figur hinein und schreibe in der **Ich-Form.** Ein Tagebucheintrag darf als **persönlicher Text** Gedanken- und Zeitsprünge, Fragen und Ausrufe enthalten.
- Am Anfang kannst du kurz die momentane Gefühlslage der schreibenden Figur schildern (z. B.: *Ich bin noch ganz durcheinander / Ich fühle mich ...*). **Schildere Erlebtes** in der Vergangenheitsform und **reflektiere** darüber aus Sicht der Figur, formuliere ihre möglichen Gedanken und Gefühle.
  Am Ende kannst du Wünsche oder Hoffnungen aus Sicht der Figur formulieren.
- Prüfe, ob Inhalt und Sprache des Tagebucheintrags zu den Textaussagen über die Figur passen: Alter, Einstellungen, Ziele und Wünsche usw.

HILFE
Schreibe im Präteritum. Erzähle Vorvergangenes im Plusquamperfekt: *Meine Mutter, die von allem nichts gewusst hatte, war entsetzt.*

einen Tagebucheintrag überarbeiten

3 a) Bildet aufgabengleiche Gruppen (A, B oder C aus Aufgabe 2).
Lest eure Texte reihum und notiert jeweils Anmerkungen am Rand. Orientiert euch an folgenden Fragen:
  – Passen die Aussagen im Tagebucheintrag zum Erzähltext (Figur Kolja, Handlungsablauf)? Falls nein, warum nicht?
  – Wird die Tempusform einheitlich und korrekt verwendet?
  – Gibt es Korrekturbedarf bei Stil (Wie drückt sich Kolja aus?), Grammatik, Rechtschreibung?

b) Überarbeite deinen eigenen Text anhand der Anmerkungen.

Tagebucheinträge vergleichen

4 Lest einige der Tagebucheinträge A, B und C vor und vergleicht sie. Beurteilt, ob eine Entwicklung Koljas im Erzählverlauf deutlich wird.

einen Tagebucheintrag aus Sicht einer weiteren Figur verfassen

5 a) Schreibe einen Tagebucheintrag aus Sicht eines der älteren Jungen am Abend nach der Wette. Nutze dazu deine Ergebnisse von Seite 42, Aufgabe 4.

b) Vergleicht und überarbeitet eure Ergebnisse in Partnerarbeit.

Das habe ich gelernt

- Erkläre einer Lernpartnerin / einem Lernpartner, warum es für das Textverständnis hilfreich sein kann, einen Tagebucheintrag aus der Sicht einer Figur zu schreiben.

- Was musst du beachten, damit der Tagebucheintrag „stimmig" wird, d. h. zum Text und zur Figurengestaltung passt? Notiere in Stichworten.

- Notiere, was man inhaltlich und sprachlich beim Schreiben eines Tagebucheintrags aus Sicht einer Figur beachten muss.

Schreibe in dein Heft oder Portfolio.

Anwenden und vertiefen

1 Lies die folgende Erzählung und notiere deinen ersten Leseeindruck von den beiden Hauptfiguren.

Irmela Brender
„Eine"

Eine drehte sich um nach ihm, als alle anderen die Köpfe schon wieder über die Bücher beugten. Er nahm das den anderen nicht übel, er wusste, ein Neuer in der Klasse ist nicht so interessant, dass man ihn die ganze Stunde hindurch anstarren könnte,
5 schließlich ging der Unterricht weiter, und er musste eben da sitzen und sich eingewöhnen.
Aber die eine im blauen Kleid sah immer wieder hin zu ihm, nicht neugierig, noch nicht einmal lächelnd. Das Profil, das sie ihm zeigte, manchmal auch noch ein bisschen Wangenfläche dazu,
10 war ernst und aufmerksam, als habe sie über ihn nachzudenken. Das halbe Klassenzimmer lag zwischen ihnen und er konnte ihre Augenfarbe nicht erkennen. Braun, schätzte er, und ein paar Sommersprossen auf der Nase, und das ganze Gesicht ein bisschen zu mager. Die gehört nicht zu den Niedlichen, dachte er,
15 die sich um einen Neuen kümmern, weil das so gut passt zu ihrer Niedlichkeit und weil sie dann noch einen haben, der sie nett findet. Die gehört vielleicht noch nicht mal zu den Netten.
Eine Struppige ist das, überlegte er, eine, die kicken kann, fast wie ein Junge, und plötzlich wegläuft, wenn man glaubt, sie sei ein
20 Kumpel. Eine, die nicht mit Freundinnen kichert und tuschelt, sondern viel allein herumläuft, nicht spazieren geht, sondern eben herumläuft, und die allerhand kennt in der Stadt. Eine, von denen man manches erfahren kann, aber nicht unbedingt das, was zählt.
25 Es fiel ihm ein, dass er sich irren könnte, aber er glaubte es nicht. Ich werde ihr ein Zeichen geben, sagte er sich, und wenn sie reagiert, dann habe ich mich nicht geirrt. Dann ist sie eine, die ich mögen könnte, zumindest mögen.

Zu literarischen Texten schreiben

Als sie sich wieder umsah, lächelte er. Da stand sie auf und
30 brachte ihm ihr Buch. Fast unfreundlich legte sie es vor ihm
auf den Tisch; er sah dabei, dass sie magere Finger hatte
mit ganz kurzen Nägeln, das passte auch. „Danke, ich geb's dir
nachher wieder", sagte er schnell, bevor sie etwas sagen konnte.
Sie nickte und ging zurück an ihren Platz.
35 Alle beugten die Köpfe über die Bücher, er auch. Aber er gab Acht,
dass er den Augenblick nicht verpasste, in dem sie sich noch
einmal nach ihm umschaute und beinah lächelte.

das Figurenverhalten untersuchen

2 Untersuche, wie sich das Mädchen dem Jungen gegenüber verhält. Notiere entsprechende Textstellen mit Zeilenangaben.

das Verhältnis der Hauptfiguren untersuchen

3 Welche Schlüsse zieht der Junge aus dem Verhalten des Mädchens? Notiere und belege anhand von Textstellen.

die Figurensicht in eigenen Worten formulieren

4 Gib in eigenen Worten das Bild wieder, das sich der Junge von dem Mädchen macht. Notiere jeweils in Klammern die Zeilenangaben der Textstellen, auf die du dich beziehst.

sich in eine Figur hineinversetzen

5 a) Was könnte das Mädchen denken, als der Neue in die Klasse kommt? Schreibe drei bis vier Sätze in der Ich-Form dazu auf.

b) Wähle drei bis vier geeignete Textstellen aus und schreibe mögliche Gedanken des Mädchens dazu.

einen Tagebucheintrag schreiben

6 Wähle einen der folgenden Schreibaufträge A oder B:

A Schreibe einen Tagebucheintrag aus der Sicht des Jungen am Abend des ersten Tages in der Klasse. Darin erinnert er sich daran, was er über das Mädchen gedacht hat.

B Schreibe einen Tagebucheintrag aus der Sicht des Mädchens am Abend. Daraus soll deutlich werden, warum das Mädchen zu dem Jungen hingesehen und ihm das Buch gegeben, ihn aber nicht angelächelt hat.

einen Tagebucheintrag überarbeiten

7 Überarbeite deinen Tagebucheintrag mit Hilfe des Merkkastens auf Seite 44.

Zu literarischen Texten schreiben

Ich verstehe das so ...
Einen Text schriftlich interpretieren

Max Frisch

Vorkommnis

<u>Kein Grund zur Panik.</u> Eigentlich kann gar nichts passieren. Der Lift hängt zwischen dem 37. und 38. Stockwerk. Alles schon vorgekommen. Kein Zweifel, daß der elektrische Strom jeden Augenblick wieder kommen wird. <u>Humor der ersten Minute, später Beschwerden über die Hausverwaltung allgemein.</u> Jemand macht kurzes Licht mit seinem Feuerzeug, vielleicht um zu sehen, wer in der finsteren Kabine steht. <u>Eine Dame</u> mit Lebensmitteltaschen auf beiden Armen hat Mühe zu verstehen, daß es nichts nützt, wenn man auf den Alarm-Knopf drückt. <u>Man</u> rät ihr vergeblich, ihre Lebensmitteltaschen auf den Boden der Kabine zu stellen; es wäre Platz genug. <u>Kein Grund zur Hysterie</u> [...] R

Randbemerkungen:
- Überschrift: sehr allgemein, distanziert
- offener Anfang Ort: Wolkenkratzer in USA?
- Sätze ohne Prädikat
- Figur: unsicher, unruhig
- weitere Figuren, ohne Namen

Was weißt du schon?

- Wie könnte der Text weitergehen? Formuliere deine Leseerwartung.
- Was bedeutet es, einen Text zu interpretieren? Erkläre und stelle dabei das Lesen, das Untersuchen und das Deuten gegenüber.
- „Nicht Worte sollen wir lesen, sondern das, was hinter den Worten steht!" Beziehe diese Aussage auf das Interpretieren von Texten.
- Eine Schülerin hat den Textauszug mit Randbemerkungen und Markierungen versehen. Erläutere, was sie untersucht und was sie bisher herausgefunden hat.
- Wie gehst du vor, wenn du einen literarischen Text erschließt? Beschreibe deine Lesestrategie.

Den Text lesen und untersuchen

1 Decke die Randbemerkungen ab.
Lies den Text und vergleiche mit deinen Leseerwartungen.

Max Frisch
Vorkommnis

Kein Grund zur Panik. Eigentlich kann gar nichts passieren. Der Lift hängt zwischen dem 37. und 38. Stockwerk. Alles schon vorgekommen. Kein Zweifel, daß der elektrische Strom jeden Augenblick wieder kommen wird. Humor der ersten Minute,
5 später Beschwerden über die Hausverwaltung allgemein. Jemand macht kurzes Licht mit seinem Feuerzeug, vielleicht um zu sehen, wer in der finsteren Kabine steht. Eine Dame mit Lebensmitteltaschen auf beiden Armen hat Mühe zu verstehen, daß es nichts nützt, wenn man den Alarm-Knopf drückt. Man rät ihr vergeblich,
10 ihre Lebensmitteltaschen auf den Boden der Kabine zu stellen; es wäre Platz genug. Kein Grund zur Hysterie; man wird in der Kabine nicht ersticken, und die Vorstellung, daß die Kabine plötzlich in den Schacht hinunter saust, bleibt unausgesprochen; das ist technisch wohl nicht möglich. Einer sagt überhaupt nichts.
15 Vielleicht hat das ganze Viertel keinen elektrischen Strom, was ein Trost wäre; dann kümmern sich jetzt viele, nicht bloß der Hauswart unten in der Halle, der vielleicht noch gar nichts bemerkt hat. Draußen ist Tag, sogar sonnig. Nach einer Viertelstunde ist es mehr als ärgerlich, es ist zum Verzagen langweilig.
20 Zwei Meter nach oben oder zwei Meter nach unten, und man wäre bei einer Türe, die sich allerdings ohne Strom auch nicht öffnen ließe; eigentlich eine verrückte Konstruktion.
25 Rufen hilft auch nichts, im Gegenteil, nachher kommt man sich verlassen vor. Sicher wird irgendwo alles unternommen, um die
30 Panne zu beheben; dazu verpflichtet ist der Hauswart, die Hausverwaltung, die Behörde, die Zivilisation. Der Scherz, schließlich werde
35 man nicht verhungern mit den Lebensmitteltaschen der Dame, kommt zu spät; es lacht niemand.

Randbemerkungen:

Überschrift sehr allgemein, distanziert

offener Anfang
Sätze ohne Prädikat
Ort: Wolkenkratzer in USA?

Thematik(?)
Zeitform: Präsens

Figuren: mindestens 5: Frau, junges Paar, jemand, Erzähler; Figuren ohne Namen (Kurzgeschichte?)

Frau: älter (?), war einkaufen, ängstlich, verstört, beunruhigt, aufgeregt, will sich Panik nicht anmerken lassen (?), hält die Taschen wie ein Schutzschild vor sich

Verhalten der Fahrgäste ändert sich

Erzählsituation:
Er-Erzähler oder auktorialer Erzähler?

Schreibstil: sachlich, distanziert, Pronomen „man"

ironischer/spöttischer Ton

Zu literarischen Texten schreiben

Nach einer halben Stunde versucht **ein jüngeres Paar** sich zu
40 unterhalten, so weit das unter fremden Zuhörern möglich ist,
halblaut über Alltägliches. Dann wieder Stille; manchmal seufzt
jemand, die Art von betontem Seufzer, der Vorwurf und Unwillen
bekundet, nichts weiter. Der Strom, wie gesagt, muß jeden
Augenblick wieder kommen. Was sich zu dem Vorkommnis sagen
45 läßt, ist schon mehrmals gesagt. Daß der Strom-Ausfall zwei
Stunden dauert, sei schon vorgekommen, sagt jemand.
Zum Glück ist der Jüngling mit Hund vorher ausgestiegen;
ein winselnder Hund in der finsteren Kabine hätte noch gefehlt.
Der Eine, der überhaupt nichts sagt, ist vielleicht ein Fremder, der
50 nicht genug Englisch versteht. Die Dame hat ihre Lebens-
mitteltaschen inzwischen auf den Boden gestellt. Ihre Sorge,
daß Tiefkühlwaren tauen, findet wenig Teilnahme. Jemand
anders vielleicht müßte auf die Toilette. Später, nach zwei
Stunden, gibt es keine Empörung mehr; auch keine Gespräche, da
55 der elektrische Strom jeden Augenblick kommen muß; man weiß:
So hört die Welt nicht auf.
Nach drei Stunden und elf Minuten (laut späteren Berichten in
Presse und Fernsehen) ist der Strom wieder da: Licht im ganzen
Viertel, wo es inzwischen Abend geworden ist, Licht in der Kabine,
60 und schon genügt ein Druck auf die Taste, damit der Lift steigt
wie üblich, wie üblich auch das langsame Aufgehen der Türe.
Gott sei Dank! Es ist nicht einmal so, daß jetzt alle beim ersten
Halt sofort hinaus stürzen; jedermann wählt wie üblich sein
Stockwerk. [R]

2 Tauscht euch in Partnerarbeit über eure Leseeindrücke aus:
– Was hat euch gefallen? Was hat euch erstaunt?
– Was habt ihr nicht ganz verstanden?

3 **a)** Notiere das Geschehen in Stichworten.

b) Fasse den Text mit Hilfe der Stichworte in drei Sätzen zusammen.

4 **a)** Lege eine Liste der Figuren an. Notiere zu jeder Figur, was dir zu ihr
nach dem ersten Lesen im Gedächtnis geblieben ist.

b) Gib auf einer Zeitleiste an, wie sich das Verhalten der Fahrgäste
mit der Zeit verändert.

erste Minuten:
humorvolle
Reaktion

5 Hat euch der Schluss des Textes überrascht?
Wie hätte der Text anders enden können?
Sprecht zu zweit darüber.

Marginalien:

junges Paar: versucht
sich „normal" zu
verhalten, überspielt
Unsicherheit

indirekte
Redewiedergabe

Erzähler: beobachtet,
versucht zu beruhigen,
macht Scherze, gibt
Erklärungen,
kommentiert das
Verhalten der Figuren,
überspielt eigene
Angst (?)

spöttische
Bemerkungen

erzählte Zeit:
über drei Stunden

Wortwiederholung
überraschender
Schluss: Man „hat sich
im Griff", will sich vor
anderen nicht
blamieren (?)

über erste Lese-
eindrücke sprechen

die äußere Handlung
wiedergeben

die Figuren unter-
suchen
➜ Charakterisie-
rung, S. 27 ff.

Seitenrand: Zu literarischen Texten schreiben

49

Zu literarischen Texten schreiben

die Textsorte bestimmen
➤ Kurzgeschichten, S. 115 ff.

6 Zu welcher Textsorte gehört dieser Text? Begründet eure Entscheidung.

Bericht	Nachricht	Kurzgeschichte	Roman

den Text untersuchen

7 **a)** Lies den Text „Vorkommnis" nochmals, diesmal mit den Randbemerkungen einer Schülerin.

b) Erkläre, welche Aspekte die Schülerin untersucht und welche Arbeitstechniken sie angewendet hat (z. B. Stichworte notieren, wichtige Stellen unterstreichen ...)

c) Prüfe, ob und wie die Randbemerkungen dein Textverständnis beeinflusst haben. Erläutere anhand von Beispielen.

d) Lies die Bemerkungen, die die Schülerin mit einem Fragezeichen versehen hat. Versuche ihre Fragen zu beantworten, indem du deine Deutung der entsprechenden Textstellen aufschreibst.

8 **a)** Was seht ihr anders als die Schülerin? Diskutiert in der Gruppe.

b) Welche Randbemerkung hättet ihr noch ergänzt? Nennt die Textstellen und erklärt der Gruppe euer Textverständnis.

die Textanalyse strukturieren

9 Ordnet in Partnerarbeit die Randbemerkungen der Schülerin und eure eigenen den folgenden Oberbegriffen zu. Schreibt in euer Heft.

Inhalt	Textsorte	Erzählsituation	Handlungsaufbau
sprachliche Merkmale		Figuren	Thema/Kernaussage

Inhalt
— Ort: Wolkenkratzer in USA (?)

10 **a)** Lest den Text noch einmal aufmerksam durch.

b) Ergänzt in Partnerarbeit weitere Beispiele zu den Oberbegriffen.

➤ Texte interpretieren, S. 227

> **❗ Einen literarischen Text analysieren und interpretieren**
>
> Bei der **Textanalyse** werden folgende Aspekte untersucht:
> - das **Thema** und die **Kernaussage** des Textes,
> - der **Inhalt,**
> - der **Handlungsaufbau**, die Struktur,
> - die **Erzählsituation** (personaler/auktorialer Erzähler ...),
> - die **Figuren** und die Figurenkonstellation (Beziehung der Figuren untereinander),
> - **sprachliche Merkmale.**
>
> Die Ergebnisse der Textanalyse werden in einer **Textinterpretation** schriftlich zusammengefasst.

Die Textinterpretation schreiben

Einen Schreibplan entwickeln

Eine schriftliche Interpretation hat wie fast alle Schreibaufgaben drei Teile: die Einleitung, den Hauptteil und den Schluss. Mit einem Schreibplan kannst du deinen Text strukturieren.

Schreibplan „Vorkommnis"
– Einleitung
  – Titel
  – Autor
  – ...
– Hauptteil
  – ...

Schreibplan: „Vorkommnis"		
Einleitung – Titel – Autor – ...	Hauptteil – ...	Schluss – ...

1 Zur Einleitung einer Interpretation gehören z.B. Titel, Autor/in, ggf. Entstehungszeit des Textes, Thema, Textsorte.
Bringt in Partnerarbeit diese Elemente in eine sinnvolle Reihenfolge. Notiert in Stichworten die entsprechenden Angaben für den Text „Vorkommnis".

die Einleitung planen

2 **a)** Bringe die Oberbegriffe aus Aufgabe 9 auf der vorigen Seite in eine sinnvolle Reihenfolge.

b) Stellt eure Gliederung für den Hauptteil gegenseitig vor und erläutert, wie ihr vorgegangen seid. Geht auf Rückfragen ein und verändert eure Gliederung, wo nötig.

den Hauptteil planen

TIPP
Versetze dich in die Rolle einer Leserin / eines Lesers: Was möchtest du zuerst wissen, was danach ...?

3 Im Schlussteil einer Interpretation gehst du zum einen nochmals auf die Kernaussage des Textes ein, zum anderen kannst du persönlich Stellung nehmen.

den Schluss planen

a) Welche Aspekte passen in den Schlussteil der Interpretation des Textes „Vorkommnis"? Wähle unten drei Beispiele aus.

b) Mache dir Notizen zu den gewählten Aspekten.

– mit anderen Texten desselben Autors vergleichen
– einen Vergleich zu Texten mit ähnlicher Aussage ziehen
– einen persönlichen Bezug herstellen:
  Was hat der Text mit mir als Leserin/Leser zu tun?
– die Glaubwürdigkeit der Figuren beurteilen
  (Sind sie überzeugend gezeichnet?)
– die Wirkung beschreiben (Wie wirkt der Text auf mich?)
– das Verhalten der Figuren bewerten

Zu literarischen Texten schreiben

Den Hauptteil der Interpretation schreiben

Stichpunkte für die Interpretation notieren

4 a) Arbeitet in Gruppen. Jede Gruppe teilt die Schwerpunkte der Textanalyse (Merkkasten S. 50) unter ihren Mitgliedern auf.

b) Lest noch einmal den Text „Vorkommnis", dazu eure Bemerkungen sowie die der Schülerin.

c) Notiert im Heft die Bemerkungen, die zu den ausgewählten Schwerpunkten der Analyse passen. Falls euch weitere Deutungsmöglichkeiten einfallen, ergänzt sie stichpunktartig.

d) Stellt eure Ergebnisse in der Gruppe vor.
Geht auf Rückfragen ein und ergänzt Anregungen der Gruppe.

in ganzen Sätzen formulieren

5 a) Formuliere die Ergebnisse zu den von dir bearbeiteten Schwerpunkten nun in ganzen Sätzen. Verwende das Präsens.

b) Stelle deine Ergebnisse einer Lernpartnerin / einem Lernpartner vor. Überarbeite sie, wo notwendig.

in der Gruppe überarbeiten

6 a) Stellt eure Schreibergebnisse in der Tischgruppe vor. Wendet dabei die Methode der Gruppenanalyse an.

b) Arbeite die Stellungnahmen deiner Mitschülerinnen und Mitschüler in deinen Text ein.

INFO
Gruppenanalyse
- Jeder Text wird reihum weitergereicht.
- Alle schreiben nacheinander ihren Kommentar darunter.
- In mehreren Runden werden die Kommentare der anderen ihrerseits kommentiert.
- Wenn man den eigenen Text wieder vor sich hat, kann man verändern oder ergänzen.

> **Der Hauptteil der schriftlichen Interpretation**
>
> So verfasst du den Hauptteil einer schriftlichen Interpretation:
> - Fasse den **Inhalt** knapp zusammen.
> - Beschreibe den **Handlungsaufbau.**
> - Charakterisiere die **Figuren**, beschreibe ihre Beziehung zueinander und bewerte ihr Verhalten.
> - Zeige **sprachliche und formale Besonderheiten** auf und erkläre ihre Bedeutung.
>
> Beachte beim Schreiben:
> - Schreibe im **Präsens**.
> - **Gliedere** deine Interpretation übersichtlich in Absätze.
> - Begründe dein Textverständnis anhand des Textes. Stütze es durch **Zitate** (mit Zeilenangaben).

7 Mit Zitaten erklärst und belegst du dein Textverständnis. Wichtig ist das korrekte Zitieren. Du kannst folgende Satzmuster verwenden:

- *„Kein Grund zur Panik."* – *Mit diesem Gedanken beginnt der Text.*
- *Die „Dame mit Lebensmitteltaschen" (Z. 7 f.) hat offenbar Angst.*
- *Die Frau mit den Lebensmitteltaschen scheint Angst zu haben: „Man rät ihr vergeblich, ihre ..." (Z. 9 f.).*

a) Beschreibe, wie die Zitate in die Interpretation eingebaut wurden.

b) Welches Zitiermuster wird im folgenden Textabschnitt verwendet?

Eine mit Einkaufstüten beladene Frau wirkt ängstlich: „Man rät ihr vergeblich, ihre Lebensmitteltaschen auf den Boden der Kabine zu stellen; es wäre Platz genug." (Z. 9 ff.) Die Frau scheint ihre Taschen wie einen Schutzschild zu halten.

c) Wähle für deine Interpretation (vgl. S. 52, Aufgabe 6 b) passende Zitate und baue sie ein.

> **Zitate aus dem Text einbauen**
> - Mit Zitaten begründest du dein Textverständnis.
> - Übernimm die Textstelle unverändert und kennzeichne sie durch Anführungszeichen. Markiere Auslassungen durch drei Punkte in eckigen Klammern [...].
> - Notiere hinter dem Zitat die Zeilenangabe, z. B.: *Z. 8* (bedeutet Zeile 8), *Z. 8 f.* (bedeutet Zeile 8 und folgende, also Zeilen 8 und 9).

Den Schluss der Interpretation gestalten

8 **a)** Wähle zwei Möglichkeiten der Gestaltung für den Schlussteil (vgl. S. 51, Aufgabe 3) aus und formuliere sie in ganzen Sätzen.

b) Überarbeite den Schlussteil gemeinsam mit einer Lernpartnerin / einem Lernpartner. Beachtet dabei den Merkkasten und begründet eure Änderungsvorschläge.

> **Der Schluss der schriftlichen Interpretation**
> Aspekte im Schlussteil einer Textinterpretation können sein:
> - die **Wirkung** des Textes,
> - die **Glaubwürdigkeit** der Figurenzeichnung,
> - der **Bezug** zur eigenen Lebenswelt,
> - ein **Vergleich** mit anderen Texten (z. B. ein Text derselben Autorin / desselben Autors oder ein Text mit ähnlicher Aussage),
> - die **Wertung** des Verhaltens der Figuren.
> Alle Urteile solltest du **begründen.**

Zitiermuster kennen und verwenden
→ S. 29, Aufgabe 4

einen Schluss formulieren

Zu literarischen Texten schreiben

Die schriftliche Interpretation überarbeiten

Sidebar (left column):

Zu literarischen Texten schreiben

eine Einleitung überarbeiten

TIPP
> Die Einleitung soll zum Thema hinführen, aber noch nichts vom Hauptteil vorwegnehmen.
> Nutze deinen Schreibplan (S.51).

TIPP
Gehe auf Autor, Titel, Erscheinungsjahr und Thema ein.

den Hauptteil überarbeiten

TIPP
Du kannst ein Blatt Papier danebenlegen und Anmerkungen notieren.

Die folgenden Einleitungsbeispiele müssen noch überarbeitet werden.

1 a) Lies die Einleitungen und notiere Verbesserungsvorschläge. Achte auf Inhalt und Sprache (z.B. Tempus).

A *Der vorliegende Text stammt von Max Frisch. Max Frisch zählt zu den wichtigsten deutschsprachigen Autoren des 20. Jahrhunderts. Er wurde am 15. Mai 1911 geboren und starb 1991 in Zürich. Zu seinen bekanntesten Werken gehören „Andorra", „Biedermann und die Brandstifter", „Homo Faber". Der Text „Vorkommnis" wurde 1972 veröffentlicht. Er beschreibt darin die Reaktion von Menschen in einer außergewöhnlichen Situation. Er schreibt aus der Sicht eines Er-Erzählers.*

B *Max Frisch, einer der wichtigsten deutschsprachigen Autoren des vergangenen Jahrhunderts, beschrieb in seiner Kurzgeschichte „Vorkommnis", wie sich Menschen in einer außergewöhnlichen Situation verhalten. Sein Er-Erzähler beobachtete die unterschwellige Angst der Leute im Fahrstuhl, die sie aber zu verdecken versuchten.*

b) Wähle ein Einleitungsbeispiel aus und überarbeite es. Schreibe den überarbeiteten Text in dein Heft.

2 Überarbeite diesen Entwurf für den Hauptteil. Beachte dabei das Merkwissen auf den vorigen Seiten.

Max Frischs Text ist eine Kurzgeschichte. Das merkt man daran, dass er auf eine besondere Einleitung verzichtet. Das Geschehen beginnt plötzlich, so plötzlich, wie der Lift stehen geblieben ist. Max Frisch gibt seinen Textfiguren keine Namen, sodass sie für jeden stehen könnten.
5 *Seine Kurzgeschichte endet offen, die Leserinnen und Leser erfahren nicht, wie die Menschen im Lift dieses Vorkommnis verarbeiten. Mindestens fünf Menschen waren für dreieinhalb Stunden in dem Lift „gefangen". Die ältere Dame zum Beispiel. Sie ist ängstlich. Das merkt man daran, wie sie ihre Lebensmitteltaschen vor die Brust presste.*
10 *Vielleicht suchte sie so Halt. Sie reagierte zunächst auch nicht auf die Hinweise und Ratschläge der anderen. Das zeigt, dass sie sich auf sich selbst konzentriert und mit dieser Situation nicht zurechtkommt. Sie war unsicher, beunruhigt, der Lage nicht gewachsen. Das junge Pärchen war bestimmt auch ängstlich, verhielt sich aber*
15 *anders als die Dame. Die beiden unterhielten sich über Belangloses, aber ich meine, das taten sie etwas verkrampft. Auch sie sind nur nach außen hin ruhig und gelassen. Sie überdeckten ihre innere Unruhe. Sie versuchten nicht mit den anderen in Kontakt zu treten, sondern blieben für sich.*

a) Notiere zunächst, was dir am Textentwurf gelungen scheint.

b) Benenne dann „Schwachstellen" dieses Textes.

c) Vergleiche deine Anmerkungen mit denen deiner Lernpartnerin / deines Lernpartners.

d) Überarbeite den Text und schreibe ihn in dein Heft.

3 Diese Stelle ist mit dem Einbau des Zitats zu lang geraten. Schreibe einen gekürzten Vorschlag in dein Heft.

Zitate geschickt einbauen

An dem Satz „Nach einer halben Stunde versucht ein jüngeres Paar sich zu unterhalten, soweit das unter fremden Zuhörern möglich ist, halblaut über Alltägliches" (Z. 39 ff.) erkennt man, dass sich das junge Paar so unauffällig und normal wie möglich verhalten will.

4 a) Dieser Schlussteil wirkt abgehackt. Beschreibe, woran das liegt.

b) Macht Verbesserungsvorschläge in Partnerarbeit.

den Schluss überarbeiten

Max Frisch schreibt sehr glaubwürdig. Die Situation im Fahrstuhl kann jedem passieren. Die Menschen im Fahrstuhl sind beunruhigt. Sie verdecken ihre Angst aber. Das geht vielen in einer ähnlichen Situation so. Man möchte sich nicht vor anderen blamieren. Man kann sich gut in die Figuren hineinversetzen. Max Frisch hat die Figuren gut beschrieben.

Das habe ich gelernt

Mache dir Notizen im Heft oder im Portfolio zu folgenden Fragen:

- Wie hat die intensive Auseinandersetzung mit dem Text dein erstes Textverständnis verändert?

- Welche Analyseschwerpunkte sind dir leicht-, welche schwergefallen?

- Wo hat dir die Arbeit zu zweit geholfen, was machst du lieber allein?

- An welcher Stelle des Schreibprozesses brauchst du noch Hilfe?

Anwenden und vertiefen

Kurt Marti
Happy End

Sie umarmten sich und alles ist wieder gut. Das Wort ENDE flimmert über ihrem Kuss. Das Kino ist aus. Zornig schiebt er sich zum Ausgang, seine Frau bleibt im Gedrängel hilflos stecken, weit hinter ihm. Er tritt auf die Straße, bleibt aber nicht stehen und
5 geht, ohne sie abzuwarten, geht voll Zorn, und die Nacht ist dunkel. Atemlos, mit kleinen, verzweifelten Schritten holt sie ihn ein, er geht und sie holt ihn wieder ein und keucht. Eine Schande, sagt er im Gehen, eine Affenschande, wie du geheult hast. Mich nimmt nur wunder, warum, sagt er. Sie keucht. Ich hasse diese
10 Heulerei, sagt er, ich hasse das. Sie keucht noch immer. Schweigend geht er und voller Wut, so eine Gans, denkt er, und wie sie nun keucht in ihrem Fett. Ich kann doch nichts dafür, sagt sie endlich, ich kann wahrhaftig nichts dafür, es war so schön, und wenn's schön ist, muss ich halt heulen. Schön, sagt er, dieser
15 elende Mist, dieses Liebesgewinsel, das nennst du schön, dir ist ja nun wirklich nicht mehr zu helfen. Sie schweigt und geht und keucht. Was für ein Klotz, denkt sie, was für ein Klotz.

Wähle einen der folgenden Texte für eine Interpretation aus:
„Happy End" (oben), „Die Wette" (S. 39 ff.), „Hauptsache weit" (S. 121 ff.).
Kopiere den Text.

einen Schreibplan entwerfen

1 a) Lies den gewählten Text mehrmals. Halte deine Gedanken dazu in Randbemerkungen fest und markiere wichtige Stellen.

b) Entwirf einen Schreibplan für die Interpretation des Textes.

vom Schreibplan zum Ausformulieren übergehen

2 a) Entwirf einen Schreibplan zum gewählten Text.

b) Formuliere zwei Aspekte des Hauptteils aus.

eine Interpretation verfassen

3 Schreibe eine Interpretation des gewählten Textes. Beachte dabei, was du in diesem Kapitel gelernt hast.

Bewerbungen können Türen öffnen

Sich schriftlich bewerben

Was weißt du schon?

- Nimm Stellung zur Behauptung „Bewerbungen können Türen öffnen".
- Welche Angaben gehören deiner Meinung nach in ein Bewerbungsschreiben? Notiere in Stichworten.
- Welche Arten von Bewerbungsschreiben kennst du? Nenne Beispiele.
- Auf eine Stellenanzeige gehen meist viele Bewerbungen ein. Nach welchen Kriterien würdest du als Arbeitgeber/in eine Vorauswahl treffen? Begründe.

Das Bewerbungsschreiben

1 Ordne folgende Bestandteile des Bewerbungsschreibens unten zu und schreibe sie in der richtigen Reihenfolge in dein Heft: Anrede, Betreffzeile, Empfänger/in, Absender/in, Ort und Datum, Name mit Unterschrift, Brieftext, Anlagen, Grußformel.

① *Absender/in*

…

Bestandteile eines Bewerbungs-schreibens klären

TIPP
Rand links: 2,5 cm
Rand rechts: 2,5 cm
Schrift: Arial oder
Times New Roman
Schriftgröße: 12 pt

Beschreiben und Berichten

---

① Pauline Engel
Hauptstr.45
67876 Trippstadt
01503 2496
pauline.engel@provider.de

③ Trippstadt, 28.04.20..

② Sport- und Fitness-Park
Hr. Karl Karsten
Am Sportpark 59
67876 Trippstadt

④ **Bewerbung um eine Ausbildungsstelle zur Fitnesskauffrau**

⑤ Sehr geehrter Herr Karsten,

⑥ vielen Dank für das informative Telefongespräch und für Ihr Interesse an meiner Bewerbung. Der ausgeschriebene Ausbildungsplatz entspricht meinem lang gehegten Berufswunsch: Ich möchte den Beruf der Fitnesskauffrau ergreifen. Ihrer Homepage habe ich entnommen, dass Ihr Fitnesscenter das größte und modernste in unserer Stadt ist und viele Niederlassungen hat. Deshalb bewerbe ich mich bei Ihnen.
Im Januar dieses Jahres habe ich ein Betriebspraktikum beim Fitness-center Sportalive absolviert. Hier gewann ich einen Einblick in das vielseitige Aufgabenfeld einer Fitnesskauffrau. Ich lernte, wie man Kunden berät und ein individuelles Sportangebot zusammenstellt. Auch bei der Einweisung der Kunden an die Geräte war ich dabei. Der persönliche Kundenkontakt hat mir gut gefallen.
Meine Ferien verbrachte ich in den letzten Jahren in Wellnesshotels. Hier nahm ich mehrmals am Tag an sportlichen Animationsangeboten teil, z.B. Aqua-Jogging und Yoga. So gewann ich auch einen Überblick über die Anforderungen an eine Sport- und Fitnesskauffrau in einem Hotel. In meiner Freizeit begeistere ich mich für Steppaerobic, Tanzen und Radfahren.
Zur Zeit besuche ich die 9. Klasse der Realschule plus in Trippstadt, die ich im Sommer mit dem Abschluss der Berufsreife verlassen werde. Ich interessiere mich sehr für die angebotene Ausbildungsstelle und bitte Sie, mich in die Auswahl mit einzubeziehen.

Ich würde mich freuen, wenn ich mich bald persönlich bei Ihnen vorstellen dürfte.

⑦ Mit freundlichen Grüßen

⑧ *Pauline Engel*
Pauline Engel

⑨ Anlagen: Lebenslauf, Zeugniskopie

Grund des Schreibens

Begründung für Wahl des Unternehmens

praktische Erfahrungen

Motivation und Eignung

zum Beruf passende Interessen

Schulsituation und Abschluss

Bitte um Gespräch

2 Pauline hat in ihrem Bewerbungsschreiben alle formalen Kriterien erfüllt und ihm auch eine persönliche Note gegeben.

Inhalt und sprachliche Gestaltung untersuchen

a) Notiere in Stichworten, worüber Pauline im ersten Abschnitt (Z.1–6) schreibt.

b) Notiere die praktischen Erfahrungen und die Freizeitbetätigungen, die Pauline in der Bewerbung anführt.

c) Wie begründet Pauline ihre Eignung für den gewünschten Beruf?

d) Untersucht zu zweit, wie Pauline um ein Vorstellungsgespräch bittet. Formuliert sprachliche Alternativen und vergleicht ihre Wirkung.

e) An welchen Stellen gibt Pauline ihrem Bewerbungsschreiben eine persönliche Note? Beurteilt die Wirkung dieser Sätze.

3 In einer Stellenanzeige findest du viele Informationen, die für dein Bewerbungsschreiben wichtig sind.

den Bezug zur Stellenanzeige beachten

a) Lies die folgende Stellenanzeige. Schreibe die Angaben heraus, auf die du dich unbedingt beziehen solltest.

b) Wie könnt ihr auf die Anforderungen in der Anzeige Bezug nehmen, ohne alles wörtlich zu wiederholen? Schreibt in Partnerarbeit mögliche Formulierungen auf und vergleicht ihre Wirkung.

Das Culinaris Hotel in der Mainzer Altstadt ist ein Hotel auf höchstem Niveau. Die 60 Zimmer bieten den Gästen aus aller Welt besonderen Komfort. Die Culinaris Hotels sind eine renommierte Hotelkette mit vielen Hotels in Deutschland, Österreich und der Schweiz.

Wir bilden aus ab 1. August 20..:

Hotelkaufmann/-frau

Als Hotelkaufmann/-frau arbeiten Sie im Service, in der Küche und in der kaufmännischen Abteilung.
Wir erwarten: einen guten mittleren Bildungsabschluss oder (Fach-) Abitur, freundlichen Umgang mit unseren Gästen, Teamfähigkeit, Flexibilität, gute Englischkenntnisse. PC-Kenntnisse wären von Vorteil.

Ihre Bewerbung richten Sie bitte an:

Culinaris Hotel
Frau Rösner
Domplatz 25
55116 Mainz

Ein Bewerbungsschreiben formulieren

- Beachte die **formalen Vorgaben** für ein Bewerbungsschreiben. Richte es möglichst an einen **persönlichen Ansprechpartner**.
- Nenne **einleitend** den Grund deines Schreibens und deine Informationsquelle (z. B. Anzeige, Webseite). Gehe im **Hauptteil** auf deine Fähigkeiten und Erfahrungen im Hinblick auf die geforderten Qualifikationen ein. Formuliere deine Motivation. Bitte im **Schlussteil** um ein persönliches Gespräch.
- Denke daran, die Anredepronomen *(Sie, Ihr, Ihnen)* großzuschreiben. Achte auf abwechslungsreiche Satzanfänge.

ein Bewerbungsschreiben überarbeiten

4 a) Prüft in Partnerarbeit Toms Bewerbungsschreiben. Notiert:
– Nimmt es hinreichend Bezug auf die Stellenanzeige S. 59?
– Welche Angaben sollte Tom noch ergänzen?
– Welche positiven Aspekte seht ihr in Toms Bewerbungsschreiben?
– Welche Formulierungen sollte er ändern und wie?

Tom Koch
Burgstr. 59
55130 Mainz
E-Mail: tomkoch@provider.de

Culinaris Hotel
Domplatz 25
55116 Mainz

Bewerbung um einen Ausbildungsplatz zum Hotelkaufmann

Sehr geehrte Damen und Herren,

mein Berufswunsch ist Hotelkaufmann. Deshalb bewerbe ich mich bei Ihnen.

Die langjährige Teilnahme in der Schülerfirma Berthas Bistro zeigte mir erste Einblicke, wie ein Betrieb geführt wird. Begriffe wie Kalkulation, Saldo, Umsatz, Gewinn habe ich hier kennen gelernt. Das Bedienen der Lehrer und Mitschüler gehörte ebenfalls zu meinen Tätigkeiten.

Mein Praktikum absolvierte ich im Ringhotel in Koblenz. Hier hatte ich die Möglichkeit, Einblicke in das Berufsbild des Hotelkaufmanns zu gewinnen. Ich arbeitete an der Rezeption, bediente manchmal die Gäste und erledigte einfache Bürotätigkeiten.

Die Erwartung, die Sie an Ihren künftigen Auszubildenden stellen, kann ich erfüllen. Ich bin zuverlässig, teamfähig und flexibel.

Geben Sie mir bitte Gelegenheit, mich persönlich bei Ihnen vorzustellen.

Mit freundlichen Grüßen

Tom Koch

---

b) Schreibe eine überarbeitete Fassung des Textes auf.

Der Lebenslauf

Der Lebenslauf ist ein weiterer Bestandteil der schriftlichen Bewerbung. Die Lebensdaten sollten lückenlos, chronologisch (nach Datum) geordnet und klar gegliedert sein.

1 **a)** Notiere, welche der Angaben in einen Lebenslauf gehören, welche nicht und welche nur in bestimmten Fällen. Begründe.

> PC-Kenntnisse   angestrebter Beruf   Lieblingsfächer
> Praktikum   Notendurchschnitt   Lieblingslehrkraft
> Kindergarten   Grundschule   Geburtsort   Mailadresse
> Name der aktuell besuchten Schule   Telefonnummer   Hobbys
> Eltern   Geschwister   Schulabschluss

b) Gibt es weitere Angaben, die in einen Lebenslauf gehören?

2 Bewerte Toms Lebenslauf hinsichtlich Form und Inhalt.

> **Lebenslauf**
>
> **Persönliche Daten**
> Tom Koch
> Burgstr. 59
> 55130 Mainz
> Tel. 06131/
> E-Mail: tomkoch@provider.de
> Geburtsdatum,- ort: 15.06.1998 in Mainz
>
> **Angestrebte Ausbildung:** Hotelkaufmann
>
> **Schulbildung**
> 2004–2008   Grundschule Mainz
> seit 2008   Bertha-von-Suttner-Realschule plus in Mainz
> Schulische Aktivität Schülerfirma Berthas Bistro
> Schulabschluss   Sekundarabschluss I, Juni 20..
>
> **Praktika**
> Jan. 2010: Restaurant Aktuell (Restaurantkaufmann)
> Juni 2010: Ringhotel Koblenz (Hotelkaufmann)
>
> **Besondere Kenntnisse**
> PC-Kenntnisse, Grundkenntnisse in Englisch
>
> **Freizeitinteressen**
> Mitglied in einer Kochschule, Radfahren, Lesen, Tanzen
>
> Mainz, 15.05.20..
>
> *Tom Koch*

3 Erstelle deinen eigenen Lebenslauf für deine Wunschausbildung.

TIPP
Interessen und Hobbys im Lebenslauf sollten zum Ausbildungsberuf passen.

einen Lebenslauf untersuchen und bewerten

HILFE
> Sind die Überschriften hervorgehoben?
> Sind die Daten übersichtlich und chronologisch angeordnet?
> Sind die Angaben für die gewünschte Stelle von Bedeutung?
> Sind Ort, Datum und Unterschrift vorhanden?

Beschreiben und Berichten

Die Online-Bewerbung

Immer mehr Unternehmen bevorzugen eine Online-Bewerbung: entweder per elektronischem Formular oder durch Angabe einer E-Mail-Adresse, an die man Anschreiben und Anlagen sendet.

1 Tauscht euch über folgende Fragen aus:
- Wann muss, wann kann man sich online bewerben?
- Welche Vor- und Nachteile haben Online-Bewerbungen für Unternehmen, welche Vor- und Nachteile für Bewerber/innen?

sich über Online-Bewerbungen austauschen

❗ Eine Online-Bewerbung schreiben

- Bewirb dich nur online, wenn vom Unternehmen gewünscht. Nutze elektronische Bewerbungsformulare, falls angeboten.
- Deine E-Mail-Adresse sollte neutral und seriös sein (nicht *hasi@hotspot.com*). Gib im Anschreiben wie auch im Lebenslauf zusätzlich deine Postadresse und Telefonnummer an.
- In die Betreffzeile gehören: das Wort „Bewerbung", Titel der Anzeige (ggf. gekürzt) und Kennziffer.
- Erkundige dich ggf., welche Anlagen und Dateiformate gewünscht sind (z. B. alles in einem einzigen PDF-Dokument).

2 Vervollständige dieses Anschreiben per E-Mail. Nutze dazu die Hinweise im Merkkasten.

ein Anschreiben per E-Mail verfassen

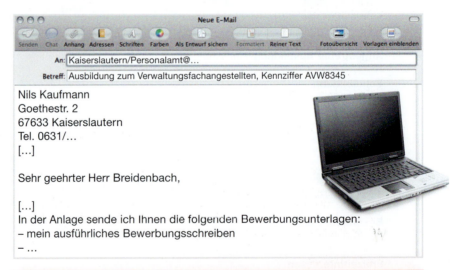

Das habe ich gelernt

- Welche Bestandteile muss ein Bewerbungsschreiben haben?
- Notiere, was formal und inhaltlich beim Erstellen des Lebenslaufs zu beachten ist.
- Notiere, was bei einer Online-Bewerbung zu berücksichtigen ist.

Anwenden und vertiefen

1 Lies die folgende Anzeige und das Bewerbungsschreiben dazu.

Wir sind das größte Möbelhaus in der Region und bieten zum 1. August 20.. einen

Ausbildungsplatz zur/zum Einzelhandelskauffrau/-mann.

Sie haben einen mittleren Bildungsabschluss, Grundkenntnisse in Word und Power Point, Grundkenntnisse in Englisch und in Deutsch mindestens „befriedigend"? Sie sind freundlich, gehen gerne mit Kunden um und möchten in einem jungen Team arbeiten? Dann bewerben Sie sich mit den üblichen Unterlagen.

Möbel Baumann
Herrn Bauer
Baumschulstr. 14
69870 Baumholder
E-Mail: Möbelbauer@...

Conny Sander
Brechtstraße 88
69870 Baumholder

Datum

Möbel Baumann
Baumschulstraße 14
69870 Baumholder

Sehr geehrte ~~Damen und Herren,~~ *Hern Bauer*

Ihre Anzeige in der Pfalz-Zeitung am Samstag, den 10. Juni 20.. habe ich mit großem Interesse gelesen. Ich möchte gerne bei Ihnen arbeiten, denn ich bin die Richtige für diesen Job.

Meine PC-Kenntnisse sind sehr groß, denn ich bin jeden Tag im Internet. In Englisch bin ich auch ziemlich gut. Meine mittlere Reife werde ich erreichen, denn ich kann ausgleichen. In der Gruppe kann ich ebenfalls gut arbeiten, denn ich mache viel mit meinen Freunden. Wenn Sie mich persönlich kennen lernen wollen, dann melden Sie sich bei mir.

Herzliche Grüße
Conny Sander
Conny Sander

---

2 Untersucht beide Texte in Partnerarbeit.
Notiert, welche Angaben in Connys Bewerbungsschreiben fehlen.

ein Bewerbungs-
schreiben untersuchen

ein Bewerbungsschreiben untersuchen und überarbeiten

 3 a) Lies beide Texte (Aufgabe 1).

b) Prüfe Connys Bewerbungsschreiben. Untersuche
– den Bezug zur Stellenanzeige,
– die Vollständigkeit der notwendigen Angaben,
– inhaltliche Aspekte (z. B. Nennung von zur Stelle passenden Interessen und Fähigkeiten ...),
– sprachliche Aspekte (z. B. Stil).

c) Überarbeite Connys Bewerbungsschreiben.

 4 a) Welche Anforderungen an Bewerber/innen werden in der Anzeige unten formuliert? Nenne sie.

 b) Notiere Stichworte für ein Bewerbungsschreiben. Nimm Bezug auf die Anforderungen in der Anzeige, ohne sie wörtlich zu wiederholen.

 c) Verfasse ein Bewerbungsschreiben, das gute Aussichten auf Erfolg hat. Erfinde dazu die/den idealen Bewerber/in für diese Stelle und schreibe aus ihrer/seiner Sicht.

> **Ausbildung 20..**
>
> ### Industriekauffrau/-mann
> ### Mechatroniker/in
>
> Unsere Firma bietet ihren Kunden technisch anspruchsvolle und beratungsintensive Produkte und Dienstleistungen an.
> Wir erwarten:
> – Engagement und Flexibilität, sicheres und gepflegtes Auftreten, Freude am Umgang mit Kunden.
> – einen mittleren Bildungsabschluss, Grundkenntnisse in Englisch, Word und Power Point, mindestens befriedigende Leistungen in Deutsch.
> Sollten Sie sich angesprochen fühlen, dann bewerben Sie sich für eine Ausbildung mit Zukunft. Senden Sie aussagekräftige Bewerbungsunterlagen an:

Bewerbungsschreiben und Lebenslauf formulieren

 5 Suche eine Stellenanzeige, die dich anspricht, und formuliere dafür eine schriftliche Bewerbung.

a) Verfasse das Bewerbungsschreiben.
Beachte den Bezug zur Stellenanzeige.

b) Schreibe deinen Lebenslauf.
Führe auch passende Interessen und Fähigkeiten auf.

Bewerbungsschreiben und Lebenslauf untersuchen und überarbeiten

 6 a) Untersucht und bewertet das Bewerbungsschreiben und den Lebenslauf einer Lernpartnerin / eines Lernpartners. Markiert zu überarbeitende Stellen am Rand und notiert Verbesserungsvorschläge.

b) Überarbeite deine Unterlagen mit Hilfe der Anmerkungen.

Eine interessante Veranstaltung
Ein Protokoll verfassen

Ziel des Ada-Lovelace-Projektes ist es, Mädchen für naturwissenschaftlich-technische Berufe zu interessieren.

Ada Countess of Lovelace (1815–1852) entwickelte erste Programme zur Bedienung von Rechenmaschinen.

Das Ada-Lovelace-Projekt verfügt über 11 Koordinierungsstellen an Hochschulen in Rheinland-Pfalz. Über 50 000 Schülerinnen haben bisher an Workshops und Aktionen teilgenommen.

Was weißt du schon?

- Informiere dich über Ziele und Inhalte des Ada-Lovelace-Projekts oder ähnlicher Projekte in deiner Gegend und stelle sie vor.

- Welche Projekte, die Jungen für soziale Berufe gewinnen wollen, kennst du? Berichte.

- Findest du Initiativen sinnvoll, die Mädchen naturwissenschaftlich-technische Berufe und Jungen soziale Berufe nahebringen wollen? Nimm Stellung.

- Schlage die Begriffe „Protokoll" und „protokollieren" nach und beschreibe Textform bzw. Schreibaufgabe.

- Wann ist es sinnvoll, zu protokollieren? Nenne Anlässe.

- Ein Protokoll ist eine Sonderform des Berichts. Welche W-Fragen werden im Protokoll beantwortet?

Ein Protokoll untersuchen

1 Lies das folgende Protokoll einer Diskussion in einer Schulklasse.

Verlaufsprotokoll: Besprechung zum Ada-Lovelace-Projekt

Datum:	19.05.20..
Zeit:	9:35–10:20 Uhr (3. Unterrichtsstunde)
Ort:	Altenglan, Realschule plus, Klassenzimmer der 9c (R 201)
Teilnehmerinnen:	15 Schülerinnen der Klasse 9c
Tagesordnung:	TOP 1: Vorstellung des Ada-Lovelace-Projekts
	TOP 2: Diskussion über Teilnahme am Projekt
Leitung:	Frau Kissinger
Protokoll:	Michelle Dick

TOP 1: Vorstellung des Ada-Lovelace-Projekts
Frau Kissinger stellt die Ziele und den Ablauf des Ada-Lovelace-Projekts vor. Sie informiert darüber, dass für die Schülerinnen der 9c die Möglichkeit besteht, an diesem Projekt teilzunehmen.

TOP 2: Diskussion über eine mögliche Teilnahme am Projekt
In der lebhaften Diskussion über eine mögliche Teilnahme am Ada-Lovelace-Projekt der Universität Kaiserslautern werden u. a. die folgenden Argumente eingebracht:
Emilia betont die einmalige Chance für Jugendliche, in einem Universitätslabor zu arbeiten. Andere finden es gut, dass die Leitung der Workshops bei Expertinnen liegt. Viele verweisen darauf, dass die Veranstaltung Anstöße für die Berufswahl geben kann und dass in den angebotenen Workshops interessante Experimente, z. B. forensische Verfahren, durchgeführt werden. Marie merkt an, dass Unterricht außerhalb der Schule aufschlussreich sei und dass das Arbeiten in Workshops Spaß mache. Das Präsentieren der Ergebnisse vor der Ministerin sehen viele als eine Herausforderung und eine gute Übung an. Kritische Diskussionsbeiträge befassen sich mit dem zusätzlichen Zeitaufwand und dem starken Leistungsdruck durch die anstehenden Klassenarbeiten.
Die anschließende Abstimmung bringt mit 14 Ja-Stimmen bei einer Stimmenthaltung ein eindeutiges Ergebnis für die Teilnahme am Ada-Lovelace- Projekt.

Altenglan, den 20.05.20..

Michelle Dick

> **HILFE**
> TOP: Abkürzung für Tagesordnungspunkt

---

den Protokollkopf untersuchen

2 Der Einleitungsteil eines Protokolls, der sogenannte Protokollkopf, ist festgelegt.

a) Welche W-Fragen werden im Protokollkopf beantwortet? Notiere in deinem Heft die W-Fragen und die Antworten dazu.
Wann? Am 19.05.20.. von 9:35–10:20 Uhr
Wo? ...

b) Tauscht euch darüber aus, warum diese Angaben wichtig sind und im Protokollkopf stehen müssen.

3 Im Hauptteil eines Protokolls werden Ablauf und Inhalt einer Besprechung oder einer Veranstaltung wiedergegeben.

den Hauptteil untersuchen

a) Untersucht in Partnerarbeit den Hauptteil des Protokolls zur Klassendiskussion:
– Wie sind die Inhalte gegliedert?
– Was erfahrt ihr über die Diskussion?

b) Prüft nach, ob man sich anhand des Protokolls ein Bild von der Diskussion machen kann, wenn man nicht dabei war.

4 Auch für den Schlussteil eines Protokolls gibt es klare Regeln.
– Nenne die Angaben im Schlussteil.
– Erkläre die unterschiedlichen Datumsangaben im Protokollkopf und im Schlussteil.

den Schlussteil untersuchen

Ein Protokoll schreiben

- Ein Protokoll gibt **Verlauf und/oder Ergebnisse** einer Besprechung, einer Unterrichtsstunde, eines Experiments usw. wieder. Es dokumentiert Beschlüsse verbindlich, dient als Gedächtnisstütze für die Teilnehmer/innen und zur Information für Abwesende. Es sollte sachlich, genau und ohne Wertung formuliert sein. Das Tempus ist das Präsens (beim Verlaufsprotokoll ggf. auch das Präteritum).
- Im Protokollkopf stehen **Thema, Datum/Uhrzeit, Ort, Teilnehmerkreis** und **Tagesordnung.** Zum Schluss unterschreibt die Protokollantin / der Protokollant und vermerkt Ort und Datum der Abfassung.
- Ein **Ergebnisprotokoll** hält nur die wichtigsten Ergebnisse, Beschlüsse, Termine usw. fest. Ein **Verlaufsprotokoll** gibt zusätzlich den zeitlichen Ablauf wieder.

Beschreiben und Berichten

Aussagen im Protokoll wiedergeben

ein Ergebnisprotokoll schreiben

1 Das Protokoll auf Seite 66 ist ein Verlaufsprotokoll.

a) Schreibe das Protokoll in ein Ergebnisprotokoll um.
Beachte dazu die Hinweise im Merkkasten auf S. 67.
... TOP 2: In der Diskussion über die Projektteilnahme werden folgende Argumente angeführt: Auf der Pro-Seite ...

b) Vergleicht und überarbeitet eure Ergebnisse in Partnerarbeit.

Aussagen einleiten und kennzeichnen

TIPP
Auch im Protokoll auf Seite 66 findest du redeeinleitende Verben.

2 a) Schreibe die redeeinleitenden Verben in dein Heft und ergänze weitere: erläutern, erklären ...

b) Schreibe in dein Heft und ergänze sprachliche Alternativen:
an eine Äußerung anknüpfen: *sich beziehen auf, aufgreifen* ...
zustimmen: *bestätigen, bekräftigen* ...
kritisieren bzw. anzweifeln: *in Zweifel ziehen, dass ... / bezweifeln, dass ...*

Aktiv und Passiv verwenden

3 Wird die Sprecherin / der Sprecher einer Äußerung nicht genannt, wird meist das Passiv verwendet. Entscheide: Aktiv oder Passiv? Schreibe in dein Heft.

Frau Kahn begrüßt die Teilnehmer/innen.	**Aktiv**
oder: Die Teilnehmer/innen werden begrüßt.	**Passiv**

- Teilnehmerinnen und Teilnehmer vorstellen (Frau Kahn)
- Argumente vorbringen
- Meinung lautstark vertreten (Henry)
- andere Auffassung gelten lassen
- Vorschläge einbringen (Alina)
- über Vorschläge abstimmen

Formulierungen überarbeiten

4 Nominalisierungen wie „auf die Notwendigkeit hinweisen" sollten im Protokoll nicht gehäuft vorkommen. Schreibe eine sprachliche Alternative für den folgenden Satz auf:
Marvin weist auf die Notwendigkeit hin, auch Unterrichtsorte außerhalb der Schule zu nutzen.

5 Die Redebeiträge bei einer Besprechung müssen im Protokoll in der indirekten Rede wiedergegeben oder umschrieben werden.

Äußerungen indirekt wiedergeben
→ indirekte Rede, S. 150 f.

a) Wandle die Aussagen in den Sprechblasen in indirekte Rede um oder gib sie sinngemäß wieder. Gehe so vor:
– Übertrage die Aussagen in dein Heft.
– Formuliere sie jeweils in die indirekte Rede um.
  Leite die indirekte Rede mit einem passenden Verb ein, z. B.:
  Lena meint, sie fühle sich gemobbt und wolle, dass der Zickenkrieg aufhöre.
– Notiere einen Vorschlag für eine Umschreibung, z. B.:
  Lena beklagt Mobbing und wünscht, dass die heftigen Streitereien aufhören.

Lena: Ich fühle mich gemobbt und will, dass der Zickenkrieg aufhört.
Tom: Man darf nicht alles gleich auf sich beziehen.
Maria: Wir müssen mehr gemeinsam unternehmen, dann lernen wir uns besser kennen.
Kenan: Ich wünsche mir einen festen Lernpartner.

b) Vergleicht in Partnerarbeit eure Formulierungen in indirekter Rede. Korrigiert falsche Formen.

c) Vergleicht indirekte Rede und Umschreibung. Welche Form passt besser für ein Protokoll? Begründet.

6 Ein Protokoll gibt auch die Ergebnisse von Abstimmungen wieder. Drücke das folgende Abstimmungsergebnis auf unterschiedliche Arten aus. Schreibe die Sätze in dein Heft.
Die Abstimmung führt mit 14 Zustimmungen bei einer Enthaltung zu einer eindeutigen Mehrheit für die Teilnahme am Projekt.

Abstimmungsergebnisse wiedergeben

HILFE
votieren für, stimmen für, für etwas sein; Für-/Gegenstimmen erhalten

Ein Protokoll schreiben

1 Im Rahmen des Ada-Lovelace-Projekts (vgl. S. 65 f.) gab es auch den Workshop „Forensik" (Gerichtsmedizin), bei dem die Sicherung von Fingerabdrücken erklärt und geübt wurde.

sich über eine Veranstaltung informieren

a) Lies die Notizen einer Mitschrift zum Workshop und sieh dir die Bilder dazu an.

> Workshop „Forensik"
> – Frau Erhard weist Arbeitsplatz für Gruppen zu
> – Arbeitsregeln: sauber und präzise arbeiten, keine Materialien verschwenden
> – Schülerinnen legen Arbeitsplatz mit Papier aus
> – rechten Zeigefinger eincremen, auf Glasplättchen festdrücken → Abdruck
> – Pinsel vorsichtig in Graphitpulver tauchen, ein wenig Pulver vorsichtig mit Pinsel auf den Fingerabdruck „streichen"
> – überflüssiges Graphitpulver abklopfen
> – durchsichtigen Klebestreifen auf Fingerabdruck drücken
> – Klebestreifen auf Arbeitsblatt übertragen
> – mit Fingerabdrucktypen vergleichen

b) Entwirf den Hauptteil eines Verlaufsprotokolls zum Ablauf des Workshops „Forensik".

ein Verlaufsprotokoll verfassen

c) Vergleiche diesen Auszug aus einem Ergebnisprotokoll mit deinem Verlaufsprotokoll: Auf welche Informationen wurde verzichtet, wie wurden Schritte zusammengefasst?

Verlaufs- und Ergebnisprotokoll vergleichen

> *Nach der Einweisung an die Arbeitsplätze und einer Information über die Arbeitsregeln sichern und vergleichen die Schülerinnen Fingerabdrücke. So gehen sie dabei vor: Sie*
> *– drücken die eingecremte Fingerkuppe fest auf ein sauberes ...*

d) Schreibe das Ergebnisprotokoll zu Ende.

ein Ergebnisprotokoll schreiben

2 Als Protokollant/in muss man rasch und knapp das Wichtigste notieren.

a) Übt das Mitschreiben eines Klassengesprächs oder einer Unterrichtsstunde.

das Mitschreiben üben

b) Vergleicht und überarbeitet in Gruppenarbeit eure Mitschriften.

c) Tauscht euch über Tipps zum schnellen Mitschreiben aus: Abkürzungen, eigene Symbole usw.

3 a) Gib den Verlauf des Gesprächs oder der Unterrichtsstunde zusammenfassend wieder.
– Leite die Wiedergabe von Äußerungen mit passenden Verben ein (vgl. Seite 68, Aufgabe 2).
– Formuliere, falls notwendig, umgangssprachliche Wendungen um.

ein Protokoll schreiben

b) Schreibe ein Ergebnisprotokoll des Klassengesprächs oder der Unterrichtsstunde.

c) Vergleicht und überarbeitet eure Ergebnisse in Partnerarbeit.

Das habe ich gelernt

- Wozu braucht man Protokolle? Erkläre anhand von Beispielen.

- Notiere Stichworte zum Aufbau und zu den Inhalten von Verlaufs- und Ergebnisprotokollen.

- Erkläre an Beispielen die Verwendung von Aktiv/Passiv sowie von direkter/indirekter Rede in Protokollen.

- Diese Methoden haben mir die Schreibaufgabe erleichtert: ...

- Das muss ich noch üben: ...

Schreibe in dein Heft oder Portfolio.

Beschreiben und Berichten

Anwenden und vertiefen

Protokoll einer Klassenratssitzung

Streitschlichtungsprotokoll

Protokoll einer Klassen-
sprecherwahl

Protokoll einer Sitzung
des Jugendparlaments

Unterrichtsprotokoll,
z. B. Sportunterricht

SV-Protokoll

Protokoll einer Sitzung
der Jugendfeuerwehr

Versuchsprotokoll

Protokoll im Zusammenhang
mit Projekten, z. B. ...

Protokoll der Beratung über
eine Klassenfahrt

Protokoll einer Gruppenarbeit

...

das Protokollieren vorbereiten

1 Wähle aus den obigen Angeboten aus und mache dir Notizen über Verlauf und Ergebnis der betreffenden „Veranstaltung".

partielles Schreiben: Ergebnisprotokoll

2 Schreibe ein Ergebnisprotokoll mit Protokollkopf, stichwortartigem Hauptteil und Schluss. Arbeite mit einer Lernpartnerin oder einem Lernpartner zusammen.

eine Checkliste für ein Protokoll erstellen

3 Entwirf eine Checkliste für das Verfassen eines Ergebnisprotokolls.

ein Ergebnisprotokoll schreiben

4 Schreibe ein Ergebnisprotokoll zu dem gewählten Anlass. Beachte dabei, was du in diesem Kapitel gelernt hast, und nutze deine Checkliste.

Verlaufs- und Ergebnisprotokoll schreiben

5 Schreibe ein Verlaufs- und ein Ergebnisprotokoll zu dem gewählten Anlass. Beachte dabei, was du in diesem Kapitel gelernt hast.

in einer Schreibkonferenz überarbeiten

6 Überarbeitet eure Texte in einer Schreibkonferenz.

Soziale Arbeit als Unterrichtsfach?
Eine Pro-Kontra-Erörterung schreiben

Was weißt du schon?

- Welche sozialen Einrichtungen oder Projekte kennt ihr an eurem Wohnort, z. B. Altenheim, Kinder-/Jugendeinrichtungen …?
- Habt ihr euch schon einmal sozial engagiert oder kennt ihr jemanden, der dies tut? Tauscht euch darüber aus.
- Wie stellt ihr euch ein Schulfach „Soziale Arbeit" vor?
- Wiederholt: Was wisst ihr schon zum schriftlichen Argumentieren?

Schriftlich Stellung nehmen

Eine Stoffsammlung anlegen

einen Text zum Thema erschließen

innovativ: Erneuerung schaffend

1 a) Lies den folgenden Text über ein Projekt, das als eines der 25 innovativsten* Sozialprojekte in Deutschland ausgezeichnet wurde.

Schüler leisten Sozialarbeit

„Für mich war besonders wichtig, auch einen Teil meiner Scheu vor den alten und erkrankten Menschen zu verlieren", schreibt Marlene Borcherding, 16, in ihrem Abschlussbericht. Die Schülerin der Gesamtschule Bremen-Mitte war eine der Ersten, die sich im
5 Wahlpflichtfach „Helping Hands" ins reale Leben stürzte. Schüler der 9. und 10. Jahrgangsstufe lernen dabei für zwei Schulstunden pro Woche soziale Einrichtungen kennen; und das nicht nur mal eben zum Reinschnuppern, sondern über zwei Schuljahre hinweg. Marlene ging zunächst in ein Altenheim und empfand ihre
10 Tätigkeit dort als Glück: „Zu erfahren, dass man mit Kleinigkeiten einem Menschen so viel Freude schenken kann, war schon etwas Besonderes." Danach arbeitete sie bei einem Internetportal für Frauen.
Ausgedacht hatte sich das Projekt der Sport- und Geschichts-
15 lehrer Andreas Kraatz-Röper. Drei Dinge wollte er erreichen: den Einblick in unbekannte Lebenswelten, die Vermittlung gesellschaftlicher Zusammenhänge, die Stärkung ehrenamtlicher Tätigkeit. Die Schüler/innen arbeiten in Kindertagesstätten und in der Behindertenhilfe, in der Jugendarbeit oder auch im
20 Tierheim. Entscheidend dabei: Die Helfer werden nicht alleingelassen, sondern von den Lehrern vorbereitet und begleitet. In einem Tagebuch dokumentieren die Schüler ihre Arbeit, in regelmäßigen Treffen mit einem Ehrenamt-Experten besprechen sie Probleme und Fortschritte. Die Abschlussberichte, manche
25 nachdenklich, andere begeistert, werden dann in der 10. Klasse öffentlich gemacht und diskutiert. [...]

b) Erschließe den Text und erkläre in Stichworten:
- Worin besteht das Projekt „Helping Hands"?
- Wie entstand das Projekt und welchen Zielen dient es?
- Wie wird die soziale Tätigkeit begleitet und nachbereitet?

ein Meinungsbild einholen

2 Sollte es ein Unterrichtsfach „Soziale Arbeit" geben?

a) Erstellt dazu ein Meinungsbild mit einer Positionslinie: Jede/r stellt sich auf einer gedachten Linie im Klassenzimmer zwischen „Ja-Ende" und „Nein-Ende" auf, je nachdem, wie stark man zu welcher Position neigt. Unentschiedene stellen sich in die Mitte.

b) Jede/r nennt je ein Hauptargument für die eigene Position.

3 Informiere dich weiter zum Thema „Soziale Arbeit als Unterrichtsfach", z.B. durch eine Internetrecherche. Notiere deine Ergebnisse in Stichworten.

zum Thema recherchieren

4 a) Beschreibe, inwiefern deine Recherche deine Ansicht zur Frage „Soziale Arbeit als Unterrichtsfach?" beeinflusst hat (vgl. Aufgabe 2).

Argumente sammeln und austauschen
➜ Diskutieren, S.13 ff.

b) Bildet Gruppen mit unterschiedlichen Ansichten (Pro/Kontra). Tauscht euch über eure Argumente aus und diskutiert sie.

5 Untersucht die folgenden Argumente in Partnerarbeit:

Argumente prüfen und überarbeiten

a) Sind die Argumente inhaltlich richtig und stichhaltig? Sind sie verständlich und überzeugend formuliert?

b) Beschreibt, wie die Pro-Argumente jeweils gestützt werden durch ein Beispiel oder durch einen Beleg (allgemein akzeptierte Tatsache, Umfrageergebnis, wissenschaftliche Studie ...).

Soziale Arbeit als Unterrichtsfach?

Pro-Argumente:
1. Die Arbeit der jungen Menschen ist sehr wertvoll für die hilfs-bedürftigen Menschen in sozialen Institutionen. Sie kann eine Verbesserung der zwischenmenschlichen Ebene bewirken.
2. Soziale Arbeit als Unterrichtsfach erhöht auch die Chancen bei einem Vorstellungsgespräch. Der Präsident der Bundes-vereinigung der Arbeitgeberverbände (BDA), Dieter Hundt, fordert auf Grund seiner Erfahrungen dieses Fach.
3. Die Entwicklung von Jugendlichen wird maßgeblich unterstützt, weil sie hier immer neue Bewährungsproben erleben. Studien haben bestätigt, dass sich vielfältige neue Erfahrungen positiv auswirken.

Kontra-Argumente:
1. Man soll frei entscheiden können, ob man soziale Arbeit leisten will. Wenn es einen Zwang gibt, besteht die Gefahr, dass man von der Tätigkeit überfordert ist. Zum Beispiel ...
2. Für ein Fach „Soziale Arbeit" ist die Zeit doch zu knapp, in den Schulstunden muss doch der Unterrichtsstoff behandelt werden.
3. Schüler/innen sind einfach zu jung und unreif für soziale Tätigkeiten. Das sieht man an ...

---

c) Überarbeitet die Kontra-Argumente inhaltlich und sprachlich. Ergänzt gegebenenfalls ein Beispiel oder einen Beleg.

Schriftlich Stellung nehmen

eine Stoffsammlung anlegen

6 Lege eine Stoffsammlung für eine Pro-Kontra-Erörterung zur Frage „Soziale Arbeit als Unterrichtsfach?" an.
– Nutze dabei deine Ergebnisse aus den Aufgaben 2–5.
– Stütze jedes Argument durch ein Beispiel oder einen Beleg.

Soziale Arbeit als Unterrichtsfach?
Pro:
– Schüler/innen gewinnen Einblick in verschiedene Lebenswelten, können zum Beispiel ein Altenheim, eine Kindertagesstätte, ein Tierheim kennen lernen
– …
Kontra:
– Schultag ist schon lang genug –> keine Zeit für soziale Projekte: unsere Klasse hat fast jeden Tag Unterricht bis …

Schriftlich Stellung nehmen

Argumente prüfen und überarbeiten

7 a) Prüft und beurteilt eure Argumente in Partnerarbeit.
b) Überarbeite deine Stoffsammlung.

Eine Erörterung schreiben

Die Erörterung ist die schriftliche Form der Argumentation.
- Bei der **Pro-Kontra-Erörterung** wägt man Argumente und Gegenargumente zu einer strittigen **Entscheidungsfrage** ab, z. B.: *Sollte soziale Arbeit als Unterrichtsfach eingeführt werden?* Als Fazit kann z. B. ein Kompromiss formuliert werden.
- Bei der **linearen Erörterung** wird eine **Ergänzungsfrage** erörtert, um einen Sachverhalt zu klären oder Lösungen zu finden, z. B.: *Wie kann man Jugendliche für soziale Tätigkeiten gewinnen?*

Die Erörterung planen

Um andere von deiner Position zu überzeugen, kannst du den folgenden wirkungsvollen Aufbau für deine Erörterung wählen:

> **❗ Die Erörterung wirkungsvoll aufbauen**
>
> Führe zunächst die Argumente der Gegenposition zur Ausgangsfrage bzw. These (Behauptung) auf, und zwar vom stärksten zum schwächsten Argument. Führe dann die Argumente für deine Position an, und zwar steigernd.

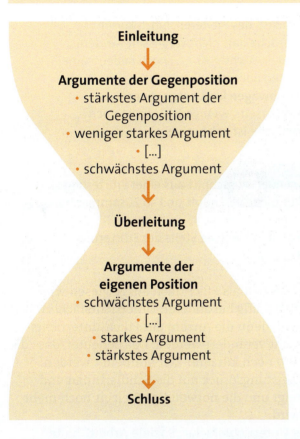

TIPP
Greife Argumente der Gegenseite auf und **entkräfte** sie:
Zwar …, aber … / Wenn auch …, so ist doch …

TIPP
Stütze deine Argumente durch **Beispiele oder Belege.**

INFO
Am Schluss einer Pro-Kontra-Erörterung kann auch ein **Kompromiss** stehen, z. B.: *Das ist nur sinnvoll, wenn Folgendes beachtet wird: …*

Argumente gewichten und ordnen

1 a) Bewerte und gewichte deine gesammelten Argumente: Welche überzeugen deiner Ansicht nach am meisten, welche findest du eher schwach?

b) Begründe deine Einschätzung einer Lernpartnerin / einem Lernpartner und lass dir eine Rückmeldung dazu geben.

c) Überarbeite deine Gewichtung gegebenenfalls.

d) Ordne deine Argumente an wie im Merkkasten ausgeführt.

2 Notiere mögliche Formulierungen für die Überleitung. Schreibe z. B.:
Alle diese Punkte sprechen für/gegen …
Vieles spricht aber dagegen/dafür: …

Die Erörterung schreiben

Indem du alle Argumente geprüft und nach ihrer Gewichtung angeordnet hast, hast du den Schreibplan für den Hauptteil erarbeitet. Beim Ausformulieren sind Verknüpfungsmittel wichtig.

Den Hauptteil formulieren

sprachliche Mittel der Verknüpfung kennen

TIPP
Die Überleitung zum nächsten Argument kann aus einem Wort, einer Wortgruppe oder auch einem ganzen Satz bestehen.

1 Schreibe die Mittel zur Verküpfung der Argumente in dein Heft ab und ergänze jeweils weitere Möglichkeiten.

- **aufzählen:** zunächst, des Weiteren, hinzu kommt ...;
  Eine weitere Tatsache darf nicht vergessen werden: ...
- **steigern:** besonders wichtig ist ..., ... noch bedeutsamer ist ...;
  Ganz entscheidend aber ist ...
- **gegeneinander abwägen bzw. entgegnen:**
  einerseits – andererseits, wenn auch – so ist doch ...;
  Auf der anderen Seite ist es aber so: ...

2 Untersuche den folgenden Ausschnitt aus einer Erörterung.
- Beschreibe, wie die Sätze verknüpft und so Zusammenhänge verdeutlicht werden.
- Erkläre und begründe, an welche Stelle der Erörterung dieser Ausschnitt passt.

> [...] Wenn soziale Arbeit als Pflichtfach ausgewiesen wird, dann muss zwangsläufig bei anderen Unterrichtsfächern Zeit eingespart werden, denn die Anzahl der Pflichtunterrichtsstunden kann nicht verändert werden. Das bedeutet, dass der Unterrichtsstoff in noch kürzerer Zeit erarbeitet werden muss, dass der Leistungsdruck auf die Schülerinnen und Schüler noch steigt und die notwendige Freizeit noch mehr eingeschränkt wird.
> Befürworter des Unterrichtsfachs „Soziale Arbeit" halten dagegen und verweisen darauf, dass mit einem solchen Engagement die enge Folge der Fächer aufgebrochen wird. Jugendliche können durch den Wechsel der Aufgabenbereiche zusätzlich motiviert werden, auch dadurch, dass sie viel Lob und Anerkennung für ihr Tun bekommen.

den Hauptteil ausformulieren

3 Verfasse den Hauptteil deiner Erörterung.
Lass darüber Platz für die Einleitung.
- Führe die Argumente in der von dir festgelegten Reihenfolge auf.
- Verknüpfe die Argumente mit sprachlichen Mitteln.

Einleitung und Schluss formulieren

4 a) Schreibe auf, welche Funktion die Einleitung einer Erörterung hat.

b) Es gibt verschiedene Möglichkeiten der Einleitung.
Ordne die Beispiele A–D den Möglichkeiten 1–4 zu:
1 aktueller Bezug, 2 persönliches Erlebnis, 3 Begriffsklärung,
4 Fakten oder Zahlen, auf die man später zurückgreift.

> **A** In Bremen wurde kürzlich Sozialarbeit als Unterrichtsfach eingeführt. Die Jugendlichen ziehen eine sehr positive Bilanz. Dies wirft die Frage auf, ob …

> **B** Eine Dimap-Studie von 2011 zeigt, dass immer weniger Menschen in Deutschland ehrenamtlich soziale Arbeit übernehmen. Gerade junge Menschen …

> **C** Im Winter habe ich in einer Suppenküche für Obdachlose ausgeholfen. Die Arbeit dort hat mich persönlich bereichert. Sollten eine ähnliche Erfahrung nicht alle …

> **D** Soziale Arbeit beinhaltet die Zuwendung zu Menschen durch verschiedene Tätigkeiten. Sie ist ein enorm wichtiger Teil unseres gesellschaftlichen Lebens. …

5 Schreibe eine eigene Einleitung zu der Frage, ob Schülerinnen und Schüler ein Unterrichtsfach „Soziale Arbeit" brauchen.

6 a) Schreibe einen passenden Schluss zu deiner Erörterung.
Beachte folgende Kriterien für einen guten Schluss:
– eventuell die Einleitung nochmals aufgreifen,
– ein Fazit ziehen, die eigene Meinung nochmals formulieren,
– eventuell das wichtigste Argument wiederholen,
– eventuell einen Kompromiss formulieren,
– einen Ausblick geben / eine Forderung äußern o. Ä.

b) Prüft und überarbeitet den Schluss in Partnerarbeit.

Das habe ich gelernt

- Das hilft mir bei der Stoffsammlung für eine Erörterung: …

- Bei der Formulierung meiner Argumente achte ich auf …

- So baue ich meine Pro-Kontra-Erörterung wirkungsvoll auf: …

- Diese sprachlichen Verknüpfungsmittel kann ich verwenden: …

- So runde ich meine Erörterung mit einem guten Schluss ab: …

Funktion und Möglichkeiten der Einleitung kennen

TIPPS
> Schreibe die Einleitung zusammen mit dem Schluss. Beide zusammen bilden den Rahmen deiner Erörterung.
> Formuliere eine Frage. Das weckt das Leserinteresse.

eine Einleitung schreiben

einen Schluss formulieren und überarbeiten

TIPP
Einen Kompromiss formulieren:
> *Ich finde das Fach sinnvoll, jedoch unter folgenden Voraussetzungen: …*
> *Ein sinnvoller Kompromiss wäre: Das Fach „Soziale Arbeit" wird angeboten, aber als Wahlpflichtfach. …*

Schriftlich Stellung nehmen

Anwenden und vertiefen

Thema A: Sollen die Schulstunden von 45 auf 60 Minuten verlängert werden?

- mehr Zeit zu üben
- nicht so häufige Lehrerwechsel
- Studien zeigen, dass ständiger Themenwechsel das Lernen erschwert
- Stoff kann in 60 Minuten vertiefter behandelt werden
- weniger Schulbücher zu tragen, da weniger Stunden
- eine Stunde sitzen ist zu lang
- …

Thema B: Ist es sinnvoll, Jungen und Mädchen in bestimmten Fächern zeitweise getrennt zu unterrichten?

- Themen können sich nach geschlechtsspezifischen Interessen richten
- Studien zeigen Förderbedarf von Jungen in Sprachfächern
- Mädchen- und Jungenschulen haben sich bewährt
- Studien belegen, dass Mädchen von getrenntem Unterricht in Naturwissenschaften profitieren
- Mädchen und Jungen sollen partnerschaftlichen Umgang miteinander lernen
- Es gibt keine reinen Mädchen- oder Jungeninteressen
- …

Schriftlich Stellung nehmen

eine Stoffsammlung anlegen und einen Schreibplan erstellen

 1 a) Lege für eines der Themen A oder B eine Stoffsammlung an. Du kannst einige der Stichworte oben nutzen. Ergänze weitere Argumente.

b) Erstelle einen Schreibplan für eine Pro-Kontra-Erörterung. Ordne darin die Argumente wie auf S. 77 beschrieben.

eine Pro-Kontra-Erörterung schreiben

 2 a) Legt in Partnerarbeit eine Stoffsammlung zu Thema A oder B an. Prüft und überarbeitet die gesammelten Argumente.

b) Jede/r erstellt für sich einen Schreibplan mit den gesammelten Argumenten und schreibt eine Pro-Kontra-Erörterung.

eine Pro-Kontra-Erörterung schreiben

3 Schreibe eine Pro-Kontra-Erörterung zu Thema A oder B. Beachte dabei, was du in diesem Kapitel gelernt hast.

eine lineare Erörterung schreiben

 4 Schreibe eine lineare Erörterung zu der Frage: Wie kann man mehr Jugendliche für ein ehrenamtliches soziales Engagement gewinnen?

„Handys aus!" auf dem Schulgelände?
Eine Erörterung überarbeiten

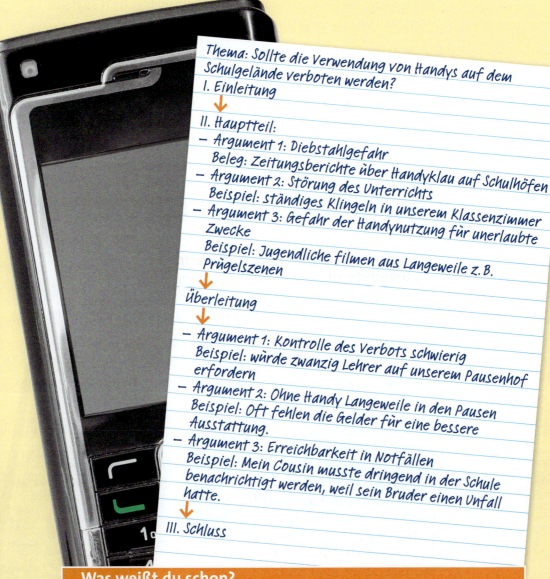

Thema: Sollte die Verwendung von Handys auf dem Schulgelände verboten werden?

I. Einleitung

↓

II. Hauptteil:
- Argument 1: Diebstahlgefahr
  Beleg: Zeitungsberichte über Handyklau auf Schulhöfen
- Argument 2: Störung des Unterrichts
  Beispiel: ständiges Klingeln in unserem Klassenzimmer
- Argument 3: Gefahr der Handynutzung für unerlaubte Zwecke
  Beispiel: Jugendliche filmen aus Langeweile z. B. Prügelszenen

↓

Überleitung

↓

- Argument 1: Kontrolle des Verbots schwierig
  Beispiel: würde zwanzig Lehrer auf unserem Pausenhof erfordern
- Argument 2: Ohne Handy Langeweile in den Pausen
  Beispiel: Oft fehlen die Gelder für eine bessere Ausstattung.
- Argument 3: Erreichbarkeit in Notfällen
  Beispiel: Mein Cousin musste dringend in der Schule benachrichtigt werden, weil sein Bruder einen Unfall hatte.

III. Schluss

Was weißt du schon?

- Welche Ansicht gibt der Schreibplan oben wieder? Ist er eine gute Grundlage für eine überzeugende Erörterung? Begründe.
- Nach welchen Kriterien kann man einen Schreibplan überarbeiten? Tauscht euch darüber aus.
- Tauscht euch über eure Erfahrungen mit Schreibplänen aus: Bedeuten sie zusätzliche Arbeit oder lohnen sie sich?

Den Schreibplan überarbeiten: Inhalt und Anordnung der Argumente prüfen

Es lohnt sich, vor dem Schreiben einer Erörterung den Schreibplan genau unter die Lupe zu nehmen. So erspart man sich oft späteres Umschreiben oder Umstellen von Textpassagen.

die Grobstruktur prüfen

1
a) Notiere, welche Bestandteile zu einer Pro-Kontra-Erörterung gehören: Einleitung ...

b) Prüfe, ob der Schreibplan auf S. 81 alle Bestandteile enthält.

Argumente und Beispiele prüfen und beurteilen

2 Prüfe und beurteile die Argumente und Beispiele von S. 81.

a) Erläutere: Welche Argumente sind inhaltlich zutreffend und überzeugend, welche sollten entfallen oder geändert werden? Achte auf Themenbezug, Stichhaltigkeit und Sachlichkeit (z.B. Übertreibungen vermeiden, Gefühle wie Spaß/Langeweile nicht als Hauptargument anführen).

b) Beurteile die Beispiele/Belege und erkläre:
– Handelt es sich tatsächlich um ein Beispiel / einen Beleg?
– Passen Argument und Beispiel/Beleg zusammen?
– Stützt das Beispiel oder der Beleg das Argument wirkungsvoll?

c) Notiere, welche Art von Beispielen/Belegen sinnvoll sind und was man bei der Auswahl vermeiden sollte.

mögliche Beispiele/Belege:
eigene Erfahrung, wissenschaftliche ...

zu vermeiden:
Gedankensprünge, konstruierte Ausnahme-
fälle ...

Argumente ergänzen

3 Welche wichtigen Argumente fehlen? Notiere sie und stütze sie durch ein Beispiel / einen Beleg.

die Anordnung der Argumente prüfen

4 Beurteile, ob die Argumente sinnvoll nach ihrer Gewichtung angeordnet sind. Begründe deine Einschätzung.

einen Schreibplan überarbeiten

5 Überarbeite den Schreibplan auf S. 81:
– Ersetze gestrichene Argumente durch eigene.
– Ersetze unpassende Beispiele/Belege durch eigene.
– Bringe alle Argumente in eine wirkungsvolle Reihenfolge: zuerst die Argumente der Gegenposition, dann steigernd die Argumente deiner Position.

Die Erörterung sprachlich überarbeiten

Argumente einleiten und Sätze verknüpfen

1 Die Einleitung eines Arguments kann dazu beitragen, dass es überzeugend klingt. Schreibe ab und ergänze weitere sprachliche Mittel, mit denen du etwas hervorheben oder die Gültigkeit eines Arguments unterstreichen kannst:

> Entscheidend ist jedoch, dass ...   vor allem ...
> Man darf auch nicht übersehen, dass ...   insbesondere ...
> Es steht außer Frage, dass ...   sicherlich ...   zweifellos ...

sprachliche Mittel kennen

2 Der folgende Auszug aus einer Erörterung enthält ein Argument und ein passendes Beispiel. Die Sätze sind so verbunden, dass inhaltliche Verbindungen klar erkennbar sind.
Ordne die markierten Verknüpfungsmittel diesen Funktionen zu:

> aufzählend an das vorhergehende Argument anschließen
> eine inhaltliche Steigerung ankündigen   zum Beispiel überleiten
> Ursache-Folge-Beziehung nennen   eine weitere Folge ankündigen

Verknüpfungsmittel kennen

> *Außerdem besteht die Gefahr, dass Handys in den Pausen zu unerlaubten und gefährlichen Zwecken genutzt werden. Das gilt beispielsweise für das Filmen. Viele Schüler/innen langweilen sich in den Pausen. Das hat zur Folge, dass sie mit ihrem Handy herumspielen. Nicht nur das: Häufig filmen sie Raufereien und stellen die Szenen dann ins Internet. Im schlimmsten Fall wird jemand absichtlich verprügelt und dann auch noch im Internet bloßgestellt.*

3 Im folgenden Auszug fehlen sprachliche Verknüpfungsmittel.

a) Mache die inhaltliche Verbindung der Sätze durch Verknüpfungsmittel deutlich und schreibe den Text in dein Heft.

b) Prüft und überarbeitet eure Ergebnisse in Partnerarbeit.

Verknüpfungsmittel verwenden
→ S. 78

HILFE
folglich, deshalb, daher, sodass ...
doch, aber ...
wenn ..., dann ...
weil, da ...
Besonders ärgerlich/ schlimm ist, dass ...

> *Ständiger Handygebrauch kann soziale Kontakte verkümmern lassen. Viele in meiner Klasse sind auf das Handy oder den MP3-Player fixiert. Gespräche kommen zu kurz. Man schaut dauernd, ob neue SMS oder Mails eingegangen sind. Das hätte auch nach der Schule noch Zeit.*
> *Handys stören den Unterricht. Das Klingeln unterbricht den Unterrichtsverlauf. Alle werden in ihrer Konzentration gestört. Viele sind durch ständiges Prüfen des Posteingangs abgelenkt.*

Schriftlich Stellung nehmen

Verständlich, sachlich und themenbezogen formulieren

Schriftlich Stellung nehmen

Korrekturhinweise verstehen und nutzen

Korrekturhinweise

– *Bezug fehlt*
– *Bezug fehlt*
– *unnötiges Füllwort*

– *Satz zu lang*

– *Umgangssprache*

45 Überarbeite folgende Auszüge aus einer Erörterung.

a) Lies den Text und die Korrekturhinweise am Rand.

> Gegen das Handyeinschaltverbot auf dem Schulgelände spricht einiges: Als Erstes ist auch zu bedenken, dass das Handy ein wichtiges Mittel zur Erholung in den Pausen ist. Viele brauchen das, das Handy bietet doch eine gute Abwechslung zum Unterricht, denn man kann Musik hören und sich dabei entspannen und man fühlt sich erholter für den Unterricht. Das ist besser, als wenn man sich in der Pause über das Handy- verbot ärgert und dann im Unterricht abhängt.

Korrekturhinweise formulieren

b) Notiere Korrekturhinweise zum folgenden Auszug. Nutze die Hinweise im Merkkasten unten.

> Vieles spricht für das Verbot der Handynutzung auf dem Schul- gelände: Außerdem gilt, dass das Verbot der Handynutzung die Schüler/innen davon abhält, Musik zu hören. Denn sonst ist ja jeder nur für sich und redet nicht mit den anderen. Es entsteht keine Gemeinschaft und Freundschaften können sich nicht entwickeln. Hinzu kommt, dass der Markendruck und Kaufzwang abnehmen. Das ist an fast allen Schulen so, die ich kenne. Einige können sich die neuesten Modelle nicht leisten. Es gibt immer Außenseiter.

Textauszüge überarbeiten

c) Schreibe beide Textauszüge in überarbeiteter Form auf.

d) Vergleicht und überarbeitet eure Ergebnisse in Partnerarbeit.

❗ Eine Erörterung überarbeiten

- Prüfe bereits am Schreibplan **Inhalt und Aufbau der Argumentation**:
  – Sind Einleitung, Hauptteil und Schluss klar erkennbar und gut aufeinander bezogen?
  – Sind die Argumente inhaltlich zutreffend und überzeugend?
  – Werden die Argumente durch Beispiele / Belege gestützt?
  – Sind die Argumente sinnvoll geordnet (steigernd)?
- Prüfe nach dem Ausformulieren **Stil und Sprache:**
  – Werden Zusammenhänge durch sprachliche Mittel verdeutlicht, sind die Sätze sinnvoll verknüpft?
  – Gibt es Gliederungssignale (als Erstes, darüber hinaus ...)?
  – Stimmt die Wortwahl (treffend, sachlich, Standardsprache, ggf. Fachsprache ...)?
  – Stimmen Grammatik, Rechtschreibung und Zeichensetzung?

Einleitung und Schluss überarbeiten

5 Überarbeite die folgende Einleitung mit Hilfe der Korrekturhinweise am Rand.

> Wer hat das nicht schon einmal erlebt? Man geht nichts ahnend über den Schulhof und plötzlich ist das Handy weg. An vielen Schulen ist es verboten, das Handy auf dem Schulgelände zu benutzen. Das Handy darf zwar mitgebracht, aber nicht eingeschaltet werden. So führt das Handy oft zu Diskussionen zwischen Schülern und Lehrern. Ist es sinnvoll, ein Handynutzungsverbot an Schulen einzuführen? Diese Frage soll im Folgenden erörtert werden.

eine Einleitung überarbeiten

Korrekturhinweise
– übertrieben: Nicht jede/r hat das erlebt.
– neue Zeile beginnen bei „An vielen …"
– Wortwiederholung

– Ich-Form klingt nicht so unpersönlich

6 a) Schreibe eine Einleitung zur Pro-Kontra-Frage: „Sollte der Handygebrauch auf dem Schulgelände verboten werden?"

b) Überarbeitet eure Einleitungen in Partnerarbeit.

eine Einleitung schreiben und überarbeiten

7 Überarbeite den Entwurf für einen Schluss.
Nutze die Hinweise auf der Randspalte.

> Nochmals die Hauptargumente: Auf der einen Seite steht die Selbstbestimmung der Schüler/innen, auf der anderen der mögliche Missbrauch von Handys. Handys sind im Übrigen auch eine mögliche Gefahr für die Gesundheit!!
> Ein Kompromiss wäre: Handys dürfen mit zur Schule gebracht, aber nur in der Mittagspause eingeschaltet werden. Das wirft die weitere Frage auf, ob man nicht einmal probehalber handyfreie Tage einführen sollte – braucht man es denn täglich?

einen Schluss überarbeiten

HILFE
> ein Fazit ziehen (ggf. einen Kompromiss formulieren)
> ggf. wichtiges Argument nochmals kurz nennen
> keine neuen Argumente oder Gesichtspunkte bringen

Schriftlich Stellung nehmen

Das habe ich gelernt

- Erkläre deiner Lernpartnerin/ deinem Lernpartner, worauf du bei der Überarbeitung von Argumenten achten musst.

- Formuliere Tipps für gute Beispiele/Belege.

- Wie kannst du Zusammenhänge sprachlich deutlich machen? Notiere Verknüpfungsmöglichkeiten und Satzbeispiele dazu.

- Was musst du bei der Überarbeitung von Einleitung und Schluss einer Erörterung berücksichtigen? Notiere.

- Notiere, welche Punkte du bei der sprachlichen Überarbeitung einer Erörterung prüfen musst.

Schreibe in dein Heft oder Portfolio.

Anwenden und vertiefen

Sollten Jugendliche ihr Taschengeld durch einen Job aufbessern?

Sie tragen Zeitungen aus, kellnern im Café oder kümmern sich um die Kinder der Nachbarschaft. Viele Jugendliche haben neben der Schule oder in den Ferien einen Job, um das Taschengeld aufzubessern. Das ist doch viel zu anstrengend.

5 Deshalb stellt sich die Frage, ob Jugendliche ihr Taschengeld durch einen Nebenjob aufbessern sollten.
Als Erstes sollte man bedenken, dass sie durch einen Nebenjob manchmal lernen, Verantwortung zu übernehmen. Das ist oft ein Problem bei Jugendlichen. Man muss ja immer pünktlich da

10 sein und seine Aufgaben gewissenhaft erledigen. Sich vor der Arbeit drücken, das geht dann nicht so einfach. Ich habe nämlich schon oft gehört, dass man dann rausfliegt. Und dann macht das doch noch Spaß und man lernt noch einen Beruf kennen, in dem man vielleicht arbeiten will. Man bekommt

15 ein paar Einblicke und kann einige Erfahrungen sammeln. Man hat dann eventuell Vorteile bei einer Bewerbung. Außerdem weiß man dann, wofür man lernt und dass die Schule wichtig ist, wegen der Zeugnisnoten: Man lernt, mit Geld umzugehen. Das ist doch was ganz anderes, wenn ich selbst dafür schuften

20 muss. Ich überlege ganz genau, wofür ich das Geld ausgebe.

Vieles spricht aber auch dagegen. Man sollte zuerst einmal berücksichtigen, dass man sich in seiner Freizeit erholen sollte. In der Schule ist es megastressig, und wenn man dann noch in seiner Freizeit arbeitet, dann hat man nicht genug Power

25 für den nächsten Tag. Außerdem leiden die Schulnoten unter den Nebenjobs. Wer viel nebenher arbeitet, hat keine Zeit für Hausaufgaben und zum Vorbereiten für Klassenarbeiten und so. Die Noten werden dann schlechter. Wer will das schon? Am wichtigsten ist aber, dass man bei solchen Nebenjobs

30 vielleicht ziemlich doofe Arbeiten machen muss, die kein Mensch machen will. Und dann verdient man noch echt wenig. Man wird ausgebeutet und verdient kaum Geld. Mit mir nicht! Also, da sieht man ja wohl, dass sich das nicht lohnt, nebenher zu arbeiten. Ich lass mich doch nicht ausbeuten! Das können

35 von mir aus andere machen.

eine Erörterung bzw. Teile einer Erörterung überarbeiten

1 Überarbeite die Zeilen 1–20 der Erörterung.

2 Überarbeite den Hauptteil der Erörterung (Z. 7–32).

3 Überarbeite die gesamte Erörterung.

4 Überarbeite eine selbst verfasste Erörterung.

Teste dich selbst!
Zu literarischen Texten schreiben

Wolf Wondratschek
Mittagspause

Sie sitzt im Straßencafé. Sie schlägt sofort die Beine übereinander. Sie hat wenig Zeit.
Sie blättert in einem Modejournal*. Die Eltern wissen, dass sie schön ist. Sie sehen es nicht gern.

5 Zum Beispiel: Sie hat Freunde. Trotzdem sagt sie nicht, das ist mein bester Freund, wenn sie zu Hause einen Freund vorstellt. Zum Beispiel. Die Männer lachen und schauen herüber und stellen sich ihr Gesicht ohne Sonnenbrille vor.
Das Straßencafé ist überfüllt. Sie weiß genau, was sie will. Auch
10 am Nebentisch sitzt ein Mädchen mit Beinen.
Sie hasst Lippenstift. Sie bestellt einen Kaffee. Manchmal denkt sie an Filme und denkt an Liebesfilme. Alles muss schnell gehen. Freitags reicht die Zeit, um einen Cognac zum Kaffee zu bestellen. Aber freitags regnet es oft.
15 Mit einer Sonnenbrille ist es einfacher, nicht rot zu werden. Mit Zigaretten wäre es noch einfacher. Sie bedauert, dass sie keine Lungenzüge kann.
Die Mittagspause ist ein Spielzeug. Wenn sie nicht angesprochen wird, stellt sie sich vor, wie es wäre, wenn sie ein Mann ansprechen
20 würde. Sie würde lachen. Sie würde eine ausweichende Antwort geben. Vielleicht würde sie sagen, dass der Stuhl neben ihr besetzt sei. Gestern wurde sie angesprochen. Gestern war der Stuhl frei. Gestern war sie froh, dass in der Mittagspause alles sehr schnell geht.
25 Beim Abendessen sprechen die Eltern davon, dass sie auch einmal jung waren. Vater sagt, er meine es nur gut. Mutter sagt sogar, sie habe eigentlich Angst. Sie antwortet,
30 die Mittagspause ist ungefährlich. Sie hat mittlerweile gelernt, sich zu entscheiden. Sie ist ein Mädchen wie andere Mädchen. Sie beantwortet eine Frage mit
35 einer Frage.
Obwohl sie regelmäßig im Straßencafé sitzt, ist die Mittags-pause anstrengender als Briefe-schreiben. Sie wird von allen
40 Seiten beobachtet. Sie spürt sofort, dass sie Hände hat.

das Journal: Zeitschrift

87

Der Rock ist nicht zu übersehen. Hauptsache, sie ist pünktlich.
Im Straßencafé gibt es keine Betrunkenen. Sie spielt mit der
Handtasche. Sie kauft jetzt keine Zeitung.
45 Es ist schön, dass in jeder Mittagspause eine Katastrophe
passieren könnte. Sie könnte sich sehr verspäten. Sie könnte sich
sehr verlieben. Wenn keine Bedienung kommt, geht sie hinein
und bezahlt den Kaffee an der Theke.
An der Schreibmaschine hat sie viel Zeit, an Katastrophen zu
50 denken. Katastrophe ist ihr Lieblingswort. Ohne das Lieblingswort
wäre die Mittagspause langweilig.

1 Fasse den Inhalt der Kurzgeschichte in fünf Sätzen zusammen.

2 Wähle eine Textstelle aus. Formuliere deine spontanen Vorstellungen
und Gedanken zu dieser Textstelle.

> **A** „Die Mittagspause ist ein Spielzeug." (Z. 18)

> **B** „Sie antwortet, die Mittagspause ist ungefährlich." (Z. 29 f.)

> **C** „Ohne das Lieblingswort wäre die Mittagspause langweilig."
> (Z. 50 f.)

3 Entwirf einen Schreibplan als Grundlage für die Charakterisierung
der Hauptfigur.

4 Was sagen Verhalten und Tagträume der Hauptfigur über sie aus?
Verfasse eine Charakterisierung im Umfang von knapp einer Seite.

5 „Gestern wurde sie angesprochen. Gestern war der Stuhl frei. Gestern
war sie froh, dass in der Mittagspause alles sehr schnell geht."
(Z. 22–24) – Was könnte geschehen sein und wie denkt das Mädchen
darüber? Verfasse einen Tagebucheintrag der jungen Frau, in dem sie
ehrlich zu sich selbst ist.

6 Beschreibe das Verhältnis der jungen Frau zu ihren Eltern.
Baue passende Zitate mit Zeilenangaben in deinen Text ein.

7 Erkläre die folgenden Textstellen:

> **A** „Obwohl sie regelmäßig im Straßencafé sitzt, ist die
> Mittagspause anstrengender als Briefeschreiben." (Z. 36–39)

> **B** „Sie spürt sofort, dass sie Hände hat." (Z. 40 f.)

> **C** „Der Rock ist nicht zu übersehen." (Z. 42)

8 Beschreibe und interpretiere die sprachlichen Merkmale dieser
Kurzgeschichte. Stütze deine Aussagen durch passende Textstellen
mit Zeilenangaben.

Chancen und Gefahren im Internet

Sachtexte erschließen

„Wäre Facebook ein Land, gehörte es zu den drei bevölkerungsreichsten Ländern der Erde."

der Stalker: jemand, der bewusst und wiederholt einer anderen Person nachstellt, sie belästigt oder bedroht

Was weißt du schon?

- Betrachtet die Karikatur und lest das Zitat.
  Tauscht euch über folgende Fragen aus und notiert Stichworte dazu:
  – Welche Vorteile haben soziale Netzwerke im Internet mit Hunderten von Millionen Mitgliedern?
  – Welche Gefahren können aber davon ausgehen?

- Erklärt, wie ihr vorgehen würdet, wenn …
  – jemand, den ihr nicht kennt, im Internet mit euch chatten oder sich mit euch anfreunden will,
  – euch jemand im Internet belästigt oder beleidigt.

- Diskutiert: Was sollte man beachten, wenn Millionen von Menschen Zugriff auf das eigene Profil (persönliche Daten, Interessen …) oder Teile davon haben können?

- Wie gehst du vor, wenn du einen schwierigen Sachtext erschließen willst? Erläutere deine Strategie.

Einen Sachtext erschließen

einen Text überfliegen

Social Web: soziales Netzwerk im Internet, z.B. *schülerVZ* oder *Facebook*
virtuell: vom Computer simuliert, scheinbar
unkalkulierbar: nicht vorhersehbar

das Profil (im Internet-Netzwerk): beinhaltet persönliche Daten wie Name, Alter, (Mail-)Adresse, Interessen, Beziehungsstatus, persönliche Mitteilungen, vom Nutzer eingestellte Fotos und Videos
die Statistik: Methode zur zahlenmäßigen Erfassung
die Registrierung: Anmeldung

das schwarze Schaf: bildhafter Ausdruck für jemanden, der die Regeln einer Gemeinschaft (z.B. Familie, Staat) missachtet

die virtuelle Identität: Darstellung (tatsächlicher oder erfundener) persönlicher Merkmale im Internet

resultiert: erfolgt

1 Überfliege den folgenden Text.

Risiken und problematische Nutzungsweisen im Social Web*

Internetnutzer/innen bewegen sich in der virtuellen* Welt nicht in einem geschützten Raum. Wer bewusst oder unbewusst zu freizügig mit seinen persönlichen Daten umgeht, muss mit unkalkulierbaren* Folgen rechnen. Zu unterscheiden sind hier
5 Daten, die unabsichtlich beim Surfen hinterlassen werden, Anmeldedaten, die bei der Registrierung für einen Dienst eingegeben werden und die normalerweise nur dem Anbieter bekannt werden, und persönliche Informationen, die freiwillig in den Profilen* der sozialen Netzwerke* preisgegeben werden.
10 Beim Aufrufen von Internetseiten speichert der Webserver vom Nutzer übertragene Daten, wie zum Beispiel die Information, welche Webseiten zuvor aufgerufen wurden, welche Suchbegriffe benutzt wurden, welche Software verwendet wird und aus welchem Land der Internetnutzer stammt. In der Regel werden
15 solche Informationen zu statistischen* Zwecken gesammelt, sind aber nicht bestimmten Personen zuzuordnen.
Aus Datenschutzgründen problematischer sind personalisierte Daten, die zum Beispiel für die Registrierung* bei einem Internetdienst erforderlich sind oder die bei Gewinnspielen durch die
20 Betreiber erhoben werden. Die Erlaubnis zur Weitergabe zum Beispiel für Werbezwecke lassen sich Internetanbieter oft in den allgemeinen Geschäftsbedingungen (AGB) erteilen. Es gibt jedoch auch schwarze Schafe*, die sich nicht an die Gesetze halten oder als ausländische Anbieter nicht den deutschen
25 Gesetzen unterliegen.
Die privaten Daten, die Nutzer/innen freiwillig in Profilen der Online-Communitys, in Chats und Diskussionsforen veröffentlichen, sind besonders häufig von Missbrauch betroffen. Es gibt keine technischen Möglichkeiten, die verhindern, dass diese
30 Daten kopiert und zweckentfremdet genutzt werden. Die virtuelle Identität* gerät so leicht außer Kontrolle. Selbst wenn das eigene Profil aus einem sozialen Netzwerk entfernt wurde, können Informationen und Fotos später noch im Internet kursieren und auftauchen.
35 Neben der Werbewirtschaft haben auch andere Branchen Interesse an persönlichen Daten: zum Beispiel Versicherungen, die spezielle Risiken vor Abschluss einer Lebensversicherung ausschließen wollen. Oder Vermieter, die sich ein Bild über Wohnungsbewerber machen. Und natürlich Arbeitgeber, die die
40 Eignung einer Bewerberin/eines Bewerbers überprüfen möchten. Eine weitere Problematik, die aus der Freigabe privater Daten resultiert*, ist der sogenannte Identitätsdiebstahl. Beim

Identitätsdiebstahl werden andere Menschen in sozialen
Netzwerken unter fremden Namen belästigt oder es werden
45 beleidigende Einträge in Foren* erstellt. Schwerwiegendere Fälle
von Identitätsdiebstahl sind Warenkreditbetrügereien. In diesen
Fällen nutzen Kriminelle Adressdaten oder Bankverbindungen
zur Erschleichung von Waren oder Dienstleistungen.
Gerade unter Jugendlichen sind Fälle von „Cybermobbing" weit
50 verbreitet. Typisch für Cybermobbing sind abwertende
Kommentare in Gästebüchern und unter Fotos, Drohungen über
E-Mail oder im Chat, die Veröffentlichung peinlicher Fotos und
das Anlegen gefälschter Profile, in denen zum Beispiel ein
Mitschüler als dumm, ungepflegt oder arrogant dargestellt wird.
55 Ein Viertel der Jugendlichen kennt in seinem Bekanntenkreis Fälle
von Cybermobbing. Mobbing ist kein Phänomen der digitalen
Medien, gewinnt aber durch die Austragung der Konflikte in der
Internetöffentlichkeit erheblich an Gewicht.
Eine weitere Gefahr droht auch durch Cybergrooming. Bei Cyber-
60 grooming handelt es sich um das gezielte Aufbauen falscher
Identitäten durch Erwachsene, mit der Absicht, in Chaträumen
und Communitys Kontakt zu Kindern und Jugendlichen
aufzunehmen. Ziel ist es, diese über ihre private Lebenssituation
auszuhorchen oder zu versuchen, reale Treffen anzubahnen.
65 Die Netzwerkbetreiber fragen zwar häufig nach dem Alter,
geprüft wird es aber in den meisten Fällen nicht.

Foren (Singular: das Forum): öffentliche (Diskussions-)Räume im Internet

---

2 Fasse in einem Satz zusammen, worum es im Text geht.

> das Thema benennen

3 Erarbeite dir den Inhalt des Textes in folgenden Schritten:

a) Kläre dir unbekannte Wörter. Nutze die Worterklärungen in der Randspalte und im Text, nutze ein Wörterbuch oder frage nach.

> unbekannte Wörter klären

b) Fasse die Kernaussage jedes Absatzes in einer Zwischenüberschrift zusammen. Gib jeweils die Zeilen an.

> Zwischenüberschriften formulieren

4 a) Beantworte folgende Fragen zum Text in Stichworten:
 – Welche unterschiedlichen „Spuren" von Daten können Internet-nutzer hinterlassen?
 – Welche Daten können von Missbrauch besonders betroffen sein? Nenne Gründe.
 – Welche Risiken bestehen für Nutzer eines sozialen Netzwerks, auch wenn das Profil gelöscht wurde?
 – Was versteht man unter „Identitätsdiebstahl", „Cybermobbing" und „Cybergrooming"?

> Fragen zum Text beantworten

b) Stellt in Partnerarbeit weitere Fragen zum Text und beantwortet sie.

5 Tauscht euch in Partnerarbeit über die Schreibabsicht des Autors aus. Belegt eure Einschätzung durch Textstellen.

> die Textintention klären und belegen

Sachtexte lesen und verstehen

Einen Vertragstext erschließen

einen Vertragstext lesen

1 Wer sich beim sozialen Netzwerk schülerVZ anmelden will, muss zunächst dessen Geschäftsbedingungen akzeptieren.
Lies den Auszug daraus durch.

Allgemeine Geschäftsbedingungen für die Nutzung der Plattform schülerVZ

Vorbemerkung
schülerVZ ist ein interaktives Online-Angebot von uns, der VZne Netzwerke Ltd. (nachfolgend „wir" oder „uns" genannt). Du kannst es unter www.schuelervz.net abrufen. schülerVZ ist
5 ein soziales Netzwerk. Registrierte Nutzer können über schülerVZ miteinander Kontakt aufnehmen, untereinander kommunizieren, Freundschaften aufbauen und pflegen. […]

**1. Allgemeines –
Was du über die Geltung der AGB wissen solltest**
10 **1.1** Unsere nachfolgenden AGB regeln die rechtlichen Beziehungen zwischen uns als Betreiber der Plattform schülerVZ und dir als angemeldetem Nutzer.
1.2 Die AGB gelten für sämtliche Inhalte, Funktionen und sonstige Dienste (im Folgenden „Anwendungen" genannt), die
15 wir derzeit und zukünftig im schülerVZ anbieten. […] In der Zukunft können wir für bestimmte Anwendungen gegebenenfalls Zusatzbedingungen mit dir vereinbaren (nachfolgend: „Zusatzbedingungen"). Wir werden dich rechtzeitig vor der Nutzung einer solchen Anwendung auf bestehende Zusatzbedingungen
20 hinweisen. […]

2. Anmeldung – Wie kannst du das schülerVZ nutzen?
2.1 Um schülerVZ nutzen zu können, musst du dich zuerst anmelden. Die Anmeldung ist kostenlos.
2.2 Du darfst dich nur im schülerVZ anmelden, wenn du
25 mindestens zwölf (12) Jahre alt, nicht älter als einundzwanzig (21) Jahre und Schülerin bzw. Schüler bist. Voraussetzung für eine Anmeldung im schülerVZ ist außerdem, dass du diese AGB verstehst. Wenn du die AGB nicht verstehst, lass sie dir von deinen Eltern oder einem Erziehungsberechtigten erklären
30 und frage sie, ob sie mit deiner Anmeldung im schülerVZ einverstanden sind. Auch wenn du alles selber verstanden hast, erzähle deinen Eltern oder einem Erziehungsberechtigten in jedem Fall, dass du dich im schülerVZ angemeldet hast.
[…]

5. Was wird bei der Nutzung vom schülerVZ von dir erwartet?

[...]

5.3 Bei der Einstellung von Inhalten im schülerVZ

5.3.1 Du kannst im schülerVZ Inhalte veröffentlichen und anderen Nutzern zugänglich machen. Inhalte sind unter anderem Texte, Bilder, Fotos, Grafiken, Videos, Links und sonstige Informationen, die von dir eingestellt werden. Für diese Inhalte bist du verantwortlich. [...] Insbesondere darfst du nicht die folgenden Inhalte veröffentlichen:

– Inhalte, die strafbar sind (insbesondere das Verbreiten von Propagandamitteln* verfassungswidriger Organisationen, Volksverhetzung, Verbreitung gewaltverherrlichender oder pornografischer Inhalte, Beleidigung, Verleumdung, Bedrohung);
– Inhalte, die als pornografisch, vulgär* oder obszön*, belästigend, diskriminierend oder in sonstiger Weise rechtswidrig oder anstößig anzusehen sind;
– Inhalte mit Gewaltdarstellungen;
– herabsetzende oder unwahre Darstellungen;
– verfassungsfeindliche, extremistische*, rassistische oder fremdenfeindliche Inhalte oder Inhalte, die von verbotenen Gruppierungen stammen;
– Inhalte, die Rechte Dritter verletzen (insbesondere Persönlichkeitsrechte, Urheberrechte, Markenrechte, Patentrechte);
– Inhalte, die als kommerzielle Werbung oder Spam* einzustufen sind. [...]

5.3.2 Du kannst im schülerVZ an verschiedenen Stellen, z.B. in deinem Profil, in deinen Fotoalben und Gruppen, Dateien (z.B. Bilder) einstellen. Außerdem kannst du in eigenen oder auch fremden Bildern Verlinkungen setzen, die dann auf die Profile deiner dort abgebildeten Freunde verweisen.

die Propaganda: systematische Verbreitung von politischen oder weltanschaulichen Ideen
vulgär: auf eine abstoßende Art derb und gewöhnlich
obszön: unanständig, das Schamgefühl verletzend
extremistisch: eine radikale (politische) Haltung zeigend

das Spam (engl.): unaufgefordert an viele Internetnutzer gleichzeitig versandte E-Mail

die Sitte: Grundsatz/
Wert einer Gesell-
schaft

5.3.3 Bevor du ein Bild oder eine Datei einstellst, musst du sicher-
65 stellen, dass du das Bild bzw. die Datei nutzen darfst. Das heißt,
dass du nur Bilder bzw. Dateien einstellen darfst, die du selber
gemacht hast oder bei denen du die Erlaubnis hast, sie zu nutzen.
Außerdem musst du sicherstellen, dass die Veröffentlichung des
Bildes nicht gesetzliche Vorschriften, die guten Sitten* und/oder
70 Rechte Dritter (z. B. Persönlichkeits- oder Urheberrechte) verletzt.
5.3.4 Du darfst Bilder oder Videos, auf denen andere Personen zu
erkennen sind, nur einstellen, wenn die andere bzw. die anderen
Person(en) damit einverstanden sind. Dasselbe gilt für Bilder,
in denen du Verlinkungen setzen möchtest. Die Verlinkung zu
75 einem anderen Nutzer darfst du nur setzen, wenn der andere
Nutzer damit einverstanden ist.
[…]

**eine kooperative Lese-
methode anwenden**

2 Lest den Text nun mit der Methode des reziproken Lesens genau
Abschnitt für Abschnitt:

> **Einen Text in der Gruppe erschließen: reziprokes Lesen**
>
> Bildet Vierergruppen und geht arbeitsteilig vor. Nach jedem
> Abschnitt werden die Aufgaben im Uhrzeigersinn weitergegeben.
> - Schüler/in A fasst einen Abschnitt des Textes mit eigenen
>   Worten zusammen.
> - Schüler/in B stellt inhaltliche Fragen zum Abschnitt, die
>   die anderen Gruppenmitglieder beantworten.
> - Schüler/in C sucht schwierige Textstellen aus und fordert
>   die Gruppe zu Erläuterungen auf.
> - Schüler/in D notiert stichpunktartig Wichtiges zum gelesenen
>   Abschnitt.

**zentrale Aussagen
exzerpieren**

3 Welche Regeln geben die AGBs für die Nutzung von schülerVZ vor?

a) Übertrage die folgende Tabelle in dein Heft und ergänze in Stichpunkten die wichtigsten Regeln.

Absatz in AGB	Regel
2.1.	– Nutzung ist erst nach der Anmeldung möglich – …
2.2.	– Alter: 12–21 Jahre – …

b) Sprecht in Kleingruppen nochmals über den Punkt 5.3. der AGBs.
Erklärt mit eigenen Worten sowie anhand von Beispielen, was
bei der Einstellung von Inhalten erlaubt und was verboten ist.

4 Formuliert in der Gruppe ein Merkblatt zum Thema „So schütze ich
mich vor Gefahren in sozialen Netzwerken".

5 Welche Gründe könnte es geben, sich bei schülerVZ anzumelden, wenn man noch nicht 12 Jahre alt oder älter als 21 Jahre ist? Schreibe deine Gedanken auf. Nutze auch die Informationen aus dem Text auf Seite 90 f.

zwei Texte zueinander in Beziehung setzen

6 Welcher der folgenden Aussagen zu den AGBs stimmst du zu? Begründe deine Entscheidung.

zu einer Aussage Stellung nehmen

A „Mit den AGBs verhindert schülerVZ Identitätsdiebstahl und Cybermobbing."

B „Mit den AGBs möchte schülerVZ sich dagegen absichern, dass die Betreiber des Netzwerks wegen Identitätsdiebstahl und Cybermobbing zur Rechenschaft gezogen werden könnten."

7 Die juristische Fachsprache in Verträgen und Vertragsbestimmungen ist oft schwer verständlich. Untersucht in Partnerarbeit den folgenden Auszug aus einer älteren Fassung der AGBs von schülerVZ.

juristische Fachsprache untersuchen

a) Lest den Text und klärt den Inhalt.

HILFE
Achtet auf:
> fachsprachliche Wörter und Wendungen, z.B.: *Mindestalter, Personalien*
> Nominalstil, z.B.: *die Bedeutung der Erhebung …*

b) Beschreibt, was den Text so „sperrig" macht, und notiert Beispiele für juristische Sprache aus dem Text.

2.1 Voraussetzung einer Anmeldung bei schülerVZ als Nutzer ist ein Mindestalter von zwölf (12) Jahren und die Eigenschaft als Schüler/Schülerin. Darüber hinaus muss das künftige Mitglied die erforderliche Einsichtsfähigkeit und Reife besitzen, um
5 die Bedeutung der Erhebung*, Verarbeitung und Speicherung der persönlichen Daten zu verstehen. Mit der Anmeldung versichert der Nutzer daher gegenüber dem Betreiber, das zwölfte (12.) Lebensjahr vollendet zu haben und sich über die Bedeutung der Erhebung, Verarbeitung und Speicherung
10 der persönlichen Daten bewusst zu sein. Der Betreiber ist berechtigt, die Personalien, insbesondere das Alter des Nutzers, anhand geeigneter amtlicher Papiere zu prüfen.

c) Vergleicht diese Fassung mit der neueren auf S. 92, Abschnitt 2.1. Beschreibt die sprachlichen Unterschiede.

Das habe ich gelernt

- In sozialen Netzwerken sind meine Daten nicht immer sicher, weil …

- Es lohnt sich, Vertragsbestimmungen genau zu lesen, weil …

- Vertragstexte und allgemeine Geschäftsbedingungen erkennt man an …

- Schwierige Wörter, Fremd-/Fachwörter kläre ich durch …

- Komplizierte Sachtexte lese ich z.B. in folgenden Schritten: …

Anwenden und vertiefen

dapd: Deutscher Auslands-Depeschendienst (Nachrichtenagentur)

virtuell: *hier*: auf Computer bzw. Internet bezogen

kompetent: fähig

profitieren: einen Gewinn von etwas haben

isoliert: ausgegrenzt

das Symptom: äußeres Anzeichen

Experten heben positive Aspekte sozialer Netzwerke hervor

Berlin (dapd*). Experten haben positive Aspekte virtueller sozialer Netzwerke wie Facebook oder StudiVZ hervorgehoben: Der Berliner Jugendforscher Klaus Hurrelmann erklärte im dapd-Gespräch, entgegen vieler Vorurteile von Eltern und Pädagogen böten sie für die große Mehrzahl der Kinder und Jugend-

5 lichen Möglichkeiten für soziale Kontakte, die es früher so nicht gegeben habe. [...]

Hurrelmann betonte, nur bei einer Minderheit von etwa 20 bis 25 Prozent der jungen Leute litten persönliche Freundschaften unter den virtuellen* Beziehungen. „Die sozialen Netzwerke ziehen natürlich auch diejenigen magisch

10 an, die soziale Kontaktprobleme haben", erklärte er. „Da lassen sich Ursache und Wirkung nicht auseinanderhalten."
Mediale Netzwerke für sich persönlich gewinnbringend zu nutzen, hänge davon ab, wie kompetent* jemand in anderen Bereichen sei, welche sozialen Fähigkeiten er besitze, erläuterte Hurrelmann. Seien diese normal ausgeprägt,

15 könne der Nutzer von den neuen Möglichkeiten profitieren.* [...]
Es gebe aber eine Gruppe junger Leute, die extrem viel Zeit am Computer verbringe. [...] Diesen sogenannten Medien-Kids, einem knappen Viertel der Kinder, fehle die Zeit für persönliche Kontakte. Für sie gelte: „Je mehr Netzwerk-Freunde, desto kleiner und verarmter der persönliche Freundeskreis. Einige

20 dieser Kinder sind richtig isoliert*." Diese Kinder und Jugendlichen verlören mit der Zeit die Fähigkeit, persönliche Beziehungen aufzubauen und zu pflegen, erklärte der Sozialwissenschaftler. Denn beim direkten Kontakt seien im Vergleich zu virtuellen Freundschaften weit mehr Sinne beteiligt – allein schon das Sehen und das Hören. Medien-Kids könnten damit nur schwer

25 umgehen, sie hätten nicht die Fähigkeit, Konflikte, Enttäuschungen und Zurücksetzungen auszuhalten, die zu einer echten Freundschaft dazugehören. Das Problem liege allerdings nicht bei den neuen Medien, die seien eher ein Symptom* für die Kontaktprobleme, erklärte Hurrelmann. Es sei eher so, dass Kinder und Jugendliche, die ohnehin Probleme mit sozialen Beziehungen

30 hätten, durch die Netzwerke einen neuen Kanal gefunden hätten, um sich und andere davon abzulenken. [...]

Textinhalte wiedergeben

1
a) Lies den Text. Fasse die Kernaussage in einem Satz zusammen.

b) Welcher Einschätzung widerspricht der Jugendforscher? Tauscht euch zu zweit darüber aus und notiert Stichworte.

Inhalte exzerpieren

2 Welche Jugendlichen profitieren von sozialen Netzwerken im Internet, für welche stellen sie ein Problem dar? Notiere Stichworte.

zum Thema diskutieren

3 Diskutiert eure Ansicht zum Thema in Kleingruppen.

ein Lernplakat gestalten

4 Gestaltet ein Lernplakat „Chancen und Gefahren sozialer Netzwerke". Nutzt dazu Erkenntnisse aus dem gesamten Kapitel.

Raubkopien – geistiger Diebstahl?

Argumentative Sachtexte und Diagramme erschließen

Was weißt du schon?

- Was versteht man unter Raubkopien?
  Erkläre den Begriff mit Hilfe von Beispielen.

- Beschreibe die Abbildung.
  Wer könnte hinter der Aktion „Probesitzen für Raubkopierer" stecken?

- Welche Ansicht habt ihr zum illegalen Kopieren von Filmen, Musik und Software? Tauscht euch aus und begründet eure Ansichten.

- Welche Strategien zum Erschließen eines Sachtextes kennst du?
  Notiere.

- Nenne die wichtigsten Schritte zum Erschließen eines Diagramms.

Argumentative Sachtexte erschließen

1 Lies den Text „Im Laden hieße es Diebstahl".
Nenne die Hauptaussagen des Textes.

Im Laden hieße es Diebstahl

Jeder sieht ein, dass sich strafbar macht, wer in einen Laden geht
und eine CD, ein Buch oder eine DVD, ohne zu bezahlen, in seiner
Tasche verschwinden lässt. Das gilt auch dann – um gleich ein
Argument der Urheberrechtsgegner* aufzugreifen –, wenn diese
5 Werke alle irgendwie auf der Weltgeistesgeschichte fußen*.
Geschieht der Diebstahl nur noch virtuell, erkennen diese
Urheberrechtsgegner nichts Unrechtes mehr darin. Schließlich
sei die Datei, anders als die CD oder das Buch, ja nicht weg –
selbst wenn Künstler, Verlag, Label, Verkäufer und alle anderen
10 leer ausgehen.

Man erhält von Jugendlichen, die man wegen ihrer Urheber-
rechtsverletzung im Internet befragt, ziemlich kuriose*
Antworten. Der 17-jährige Florian (die Namen sind aus
naheliegenden Gründen geändert) zum Beispiel meint: „Die Stars
15 verdienen ohnehin genug. Denen macht es nichts aus, wenn ich
einen Track nicht bezahle." Der 18-jährige Daniel hat sich
folgende Erklärung zurechtgelegt: „Ich ziehe einen Film immer
erst aus dem Netz. Wenn er gut ist, kaufe ich mir die DVD. Wenn
er schlecht ist, sollten die kein Geld dafür bekommen." Und Tine
20 (16) findet: „Alle meine Freunde ziehen sich illegale Downloads.
Wenn das alle machen, müsste man doch einen Weg finden, das
zu legalisieren*." [...]

Wer sich ein bisschen mit den sogenannten sozialen Netzwerken
im Internet auskennt, wird sofort erkennen, dass die Unter-
25 scheidung zwischen kommerzieller* und nichtkommerzieller
Nutzung von Kopien im Internetzeitalter nicht funktioniert. Im
Netz ist jeder Nutzer über ein, zwei oder drei Ecken mit jedem
anderen Nutzer verbunden. Viele Mitglieder in sozialen
Netzwerken haben Hunderte von Freunden. Theoretisch müsste
30 also nur ein einziger Mensch einen Musiktitel bezahlen und ihn
mit seinen Freunden teilen, die ihn wiederum mit ihren Freunden
teilen und so weiter.

Das Recht, Privatkopien anzufertigen, wie es heute noch im
Urheberrecht verankert ist, stammt aus einer Zeit, in der
35 Musikstücke mühsam auf Audiokassetten* kopiert werden
mussten. Anders als bei Dateien verlor die Musik mit jeder
weiteren Kopie an Qualität. Der Vervielfältigung waren natürliche
Grenzen gesetzt. So gut wie alle Argumente gegen das bestehende
Urheberrecht erweisen sich als nachträgliche Rationalisierungen*
40 des egoistischen Impulses*: „Ich will das jetzt – und ich will nix

---

den Inhalt eines Sachtextes erschließen

das Urheberrecht: gesetzliche Regelung, die u. a. dafür sorgt, dass der Urheber (Verfasser) eines Textes, Songs, Films usw. für die Nutzung des Produktes Geld bekommt
fußen: auf etwas gründen, beruhen
kurios: seltsam

legalisieren: etwas legal machen, erlauben

kommerziell: gewerbsmäßig, zum Gelderwerb

die Audiokassette: Hörkassette

die Rationalisierung: *hier:* Begründung
der egoistische Impuls: selbstsüchtiger Antrieb

Sachtexte lesen und verstehen

dafür bezahlen." Kein jugendlicher Urheberrechtsverletzer will mit seinem illegalen* Download gegen die Ausbeutung von Künstlern durch die Fonoindustrie* protestieren oder gegen die Ungerechtigkeit des Verlagswesens.

illegal: ungesetzlich
die Fonoindustrie: Industrie, die Hörmedien herstellt

45 Sicherlich gibt es gute Gründe, das extrem unübersichtliche Urheberrecht zu reformieren*, sodass sich der schlichte Diebstahl vom kreativen Umgang mit einem urheberrechtlich geschützten Ausgangsmaterial einfacher trennen lässt. Dies ist aber kein Grund, die Prinzipien des Urheberrechts einfach über Bord zu 50 werfen. Wer Kulturprodukte konsumieren* will, dem sollte klar sein, dass er dafür bezahlen muss – und dass er mit Strafe zu rechnen hat, falls er sich dem verweigert.

reformieren: erneuern

konsumieren: nutzen, verbrauchen

2 Lies den Text noch einmal genauer. Kläre unbekannte Wörter.

3 Welche beiden Aussagen zum Text treffen zu? Begründe die Auswahl.

die Intention des Autors erkennen

A Mit dem Text informiert der Autor sachlich und neutral über das Raubkopieren.

B Mit dem Text bezieht der Autor Stellung zum Thema „Raubkopieren".

C Der Autor lehnt das Raubkopieren grundsätzlich ab.

D Der Autor lehnt das Raubkopieren in Einzelfällen ab.

4 Gib den folgenden Textausschnitt in eigenen Worten wieder.

eine Textstelle wiedergeben

So gut wie alle Argumente gegen das bestehende Urheberrecht erweisen sich als nachträgliche Rationalisierungen des egoistischen Impulses: „Ich will das jetzt – und ich will nix dafür bezahlen." (Z. 38–41)

5 Notiere Textstellen, die deutlich machen, dass der Autor das illegale Kopieren ablehnt.
– Überschrift „Im Laden hieße es Diebstahl" und Z. 1–10: Vergleich mit einem klaren Vergehen
– ...

wertende Textstellen notieren

6 a) Der Text enthält einige wertende Wörter und Wendungen. Suche sie aus dem Text heraus und notiere sie in Form einer Tabelle mit Zeilenangabe in dein Heft.

wertende Ausdrücke untersuchen

b) Suche für diese Ausdrücke weniger wertende Alternativen.

wertender Ausdruck im Text	alternativer Ausdruck
– ziemlich kurios (Z. 12)	– seltsam, ungewöhnlich
– ...	– ...

Sachtexte lesen und verstehen

die Argumentation im Text untersuchen

TIPP
Mögliche Beispiele und Belege sind:
> eigene Erfahrungen,
> Zitate (Aussagen von anderen),
> statistische (zahlenmäßige) Angaben.

7 Untersuche, wie der Autor seine Argumentation aufbaut. Beantworte dazu in deinem Heft folgende Leitfragen und belege deine Antworten mit konkreten Zeilenangaben.
  – Welche Thesen (Standpunkte) vertritt der Autor?
  – Welche Argumente führt er an und mit welchen Beispielen und Belegen stützt er sie?
  – Werden Gegenargumente genannt?
  – Welche Funktion hat der letzte Satz des Textes?

Der Autor vertritt die Ansicht, dass ...

❗ Information und Meinung unterscheiden

Die Autorin / Der Autor eines Sachtextes kann die eigene Meinung auf unterschiedliche Art in den Text einfließen lassen.
- **Direkte Meinungsäußerungen** erkennst du z. B. an
  – ankündigenden Wendungen wie: *Ich meine/finde, dass ...; Das bedeutet doch, dass ...; Es darf nicht sein, dass ...*
  – wertenden Wörtern wie: *Es ist bedauerlich/beschämend/ beeindruckend/, dass ...*
    Die Politikerin überzeugte/enttäuschte/brillierte gestern. Ihre Rede war eine Enttäuschung / (k)eine Glanzleistung.
- **Indirekte Meinungsäußerungen** erkennst du z. B. an:
  – Auslassungen (z. B. von positiven Aspekten einer Sache)
  – kritischen Fragen *(Ob das wohl realistisch ist?)*
  – Ironie bzw. Spott *(Glückwunsch! Den Politikern ist es gelungen, das Problem noch zu vergrößern!)*

---

die Autormeinung formulieren

8 Lies den Auszug aus dem Parteiprogramm der Piratenpartei. Formuliere dann in einem Satz, welche Haltung zum Thema der Text wiedergibt.

Urheberrecht und nichtkommerzielle Vervielfältigung

rasant: sehr schnell

Der uralte Traum, alles Wissen und alle Kultur der Menschheit zusammenzutragen, zu speichern und heute und in der Zukunft verfügbar zu machen, ist durch die rasante* technische Entwicklung der vergangenen Jahrzehnte in greifbare Nähe
5 gerückt. Wie jede bahnbrechende Neuerung erfasst diese vielfältige Lebensbereiche und führt zu tief greifenden Veränderungen. Es ist unser Ziel, die Chancen dieser Situation zu nutzen und vor möglichen Gefahren zu warnen. Die derzeitigen gesetzlichen Rahmenbedingungen im Bereich des Urheberrechts

das Potenzial: die Möglichkeiten

10 beschränken jedoch das Potenzial* der aktuellen Entwicklung, da sie auf einem veralteten Verständnis von sogenanntem „geistigem Eigentum" basieren, welches der angestrebten Wissens- oder Informationsgesellschaft entgegensteht.

Keine Beschränkung der Kopierbarkeit

15 CD-Schloss-Systeme, welche auf einer technischen Ebene die Vervielfältigung von Werken be- oder verhindern […], *verknappen künstlich deren Verfügbarkeit, um aus einem freien Gut ein wirtschaftliches zu machen. Die Schaffung von künstlichem Mangel aus rein wirtschaftlichen Interessen erscheint uns unmoralisch,* daher lehnen wir diese Verfahren ab. […]

Freies Kopieren und freie Nutzung

20 Da sich die Kopierbarkeit von digital vorliegenden Werken technisch nicht sinnvoll einschränken lässt und die flächendeckende Durchsetzbarkeit von Verboten im privaten Lebensbereich als gescheitert betrachtet werden *muss,* sollten die Chancen der allgemeinen Verfügbarkeit von Werken erkannt und
25 genutzt werden. *Wir sind der Überzeugung, dass die nichtkommerzielle* Vervielfältigung und Nutzung von Werken als natürlich betrachtet werden sollte und die Interessen der Urheber entgegen anders lautenden Behauptungen von bestimmten Interessengruppen nicht negativ tangiert*. Es konnte in der Vergangenheit kein solcher Zusam-*
30 menhang schlüssig belegt werden. *In der Tat existiert eine Vielzahl von innovativen* Geschäftskonzepten, welche die freie Verfügbarkeit bewusst zu ihrem Vorteil nutzen und Urheber unabhängiger von bestehenden Marktstrukturen machen können.* Daher fordern wir, das nichtkommerzielle Kopieren, Zugänglichmachen, Speichern
35 und Nutzen von Werken nicht nur zu legalisieren*, sondern explizit* zu fördern, um die allgemeine Verfügbarkeit von Information, Wissen und Kultur zu verbessern, *denn dies stellt eine essenzielle* Grundvoraussetzung für die soziale, technische und wirtschaftliche Weiterentwicklung unserer Gesellschaft dar.*

nichtkommerziell: nicht gewinnorientiert

tangieren: berühren

innovativ: neuartig

legalisieren: etwas legal machen, erlauben
explizit: *hier:* besonders
essenziell: wesentlich, grundlegend

---

9 Welche Argumente werden angeführt? Formuliere in eigenen Worten und schreibe sie in dein Heft.

die Argumentation im Text untersuchen

10 Untersuche die Sprache des Textes genauer.

a) In welchem „Ton" ist der Text geschrieben? Belege deine Einschätzung mit passenden Textstellen.

b) Untersuche die im Text verwendeten Personal- und Possessivpronomen. Was fällt dir auf? Welche Wirkung wird durch die Pronomen erzeugt?

c) Welches Bild vermitteln die Verfasser von sich selbst und welches von ihren Gegnern? Untersuche besonders die kursiv (schräg) gedruckten Textstellen.

— *verknappen künstlich ... (Z. 15 f.):* Den Gegnern wird vorgeworfen, ...

die Sprache untersuchen

HILFE
Ist der Ton sachlich, kämpferisch, aggressiv ...?

Diagramme auswerten

INFO
Schritte zur Auswertung eines Diagramms:
> Lies die Überschrift.
> Bestimme die Art des Diagramms.
> Betrachte und vergleiche die einzelnen Angaben.
> Fasse zusammen, was im Diagramm gezeigt wird.

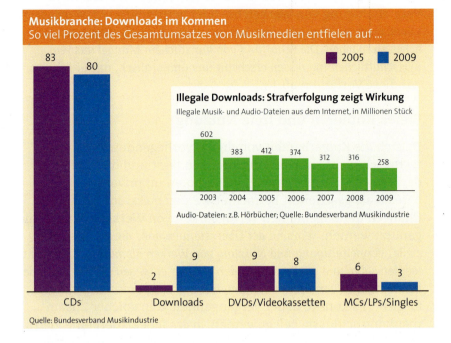

Diagramme auswerten

1 Werte die beiden Säulendiagramme in folgenden Schritten aus:

a) Lies die Überschriften und kläre, worüber die beiden Diagramme jeweils informieren.

b) Untersuche das große Diagramm („Musikbranche: Downloads im Kommen") genauer. Nutze die Hinweise in der Randspalte.

c) Verfasse einen kurzen Informationstext, der dieses Diagramm auswertet.

d) Untersuche nun das kleine Diagramm („Illegale Downloads"). Gehe genauso vor wie beim großen Diagramm.

HILFE
> Im Jahre 2005 entfielen 83 % des Gesamtumsatzes der Musikindustrie auf ...
> Im Jahr 2009 dagegen ...
> Besonders auffällig ist ...

statistische Angaben interpretieren

2 a) Welche Erklärung wird im kleinen Diagramm für den Rückgang illegaler Downloads genannt?

b) Siehst du einen Zusammenhang zwischen der Entwicklung illegaler Downloads und der Umsatzentwicklung durch Downloads in der Musikindustrie? Erläutere deine Einschätzung.

Aussagen zusammenfassen

3 Fasse deine Erkenntnisse aus der Auswertung der beiden Diagramme in einem Satz zusammen.

Informationen recherchieren und vergleichen

4 Recherchiere im Internet aktuelle Daten zu illegalen Downloads und vergleiche sie mit den Angaben im Diagramm.

5 Der Autor des Textes „Im Laden hieße es Diebstahl" (S. 98 f.) nennt in seiner Argumentation keine genauen Zahlen.

a) Notiere mindestens zwei Angaben aus den Diagrammen, die die Aussagen des Autors unterstützen könnten.

b) An welcher Stelle könnten diese Aussagen gut in den Text eingebaut werden, um die Meinung des Autors zu belegen oder einzelne Aussagen zu verdeutlichen? Mache Vorschläge.

Aussagen von Texten und Diagrammen zueinander in Beziehung setzen

6 a) Welche Haltung vertrittst du – nach der Bearbeitung der Texte und Diagramme – zum illegalen Kopieren von Musik, Filmen und Software? Schreibe deine Meinung in einem Satz auf.

b) Notiere in Stichpunkten Argumente, mit denen du deine Meinung begründen kannst.

c) Überlege, ob du Erkenntnisse aus dem Diagramm als Beleg in deine Argumentation einbeziehen kannst.

d) Formuliere eine kurze schriftliche Stellungnahme für oder gegen das illegale Kopieren von Musik usw. Schreibe in dein Heft.

die eigene Meinung formulieren und begründen

7 Stell dir vor, du sollst für eine Anzeigenkampagne gegen illegales Kopieren und Downloaden ein Plakat entwerfen, das sowohl Text- als auch Bildelemente enthält.

a) Lege fest, an wen sich das Plakat vor allem richten soll, z. B. an Jugendliche oder an Erwachsene.

b) Entscheide dich für ein Argument gegen das illegale Kopieren, das du für besonders wichtig hältst. Versuche, einen treffenden Slogan / ein Schlagwort zu entwickeln.

c) Suche passendes Bildmaterial oder fertige selbst ein Foto, eine Collage oder eine Zeichnung an.

d) Fertige einen Entwurf für das Plakat an.

ein Plakat zum Thema entwerfen

Das habe ich gelernt

- Einen Sachtext erschließe ich in folgenden Schritten: …

- Die Intention (Aussageabsicht) einer Autorin / eines Autors erkenne ich an …

- Ein Diagramm erschließe ich in folgenden Schritten: …

- Zum Thema „Illegales Kopieren von Musik, Filmen und Software" habe ich folgende Fakten und Positionen kennen gelernt: …

Schreibe in dein Heft oder Portfolio.

Sachtexte lesen und verstehen

Anwenden und vertiefen

den Inhalt zusammenfassen

 1 Lies den folgenden Textausschnitt zum Thema „Google Street View". Worum geht es in dem Text?
Notiere die wichtigsten Sachinformationen in Stichpunkten.

Nationale Gesetze nutzen gegen Google nichts

[...] Die aufgeheizte Debatte um Google Street View hat bereits ein erstes Opfer gefordert: die berechtigte Kritik an dem Straßenansichtsdienst. Im Getöse droht unterzugehen, dass es gute Argumente gegen einen Start in seiner jetzigen Form gibt.
5 Bislang ist noch nichts Schlimmes passiert. In den Serverschränken von Google sind Millionen Bilder von deutschen Hausfassaden gespeichert, aufgenommen von herumfahrenden Autos. Doch nun sollen diese Bilder online gehen – und das Geschrei ist groß. Dabei mischen sich die sachlichen mit den
10 unsachlichen Argumenten. Die Befürworter zitieren mit Vorliebe die aberwitzigsten Argumente der Gegner und springen dem notleidenden Konzern bei. Dabei hat Google tatsächlich vieles falsch gemacht.
Google schickte Autos durch die Straßen, um diese aus
15 2,90 Metern Höhe zu filmen. Das ist hoch. Nehmen Sie jemanden auf die Schultern, dann schaut dieser vielleicht aus dieser Höhe. Lassen Sie sich von dort berichten, ob und wie gut man über Hecken und Mauern schauen kann. Die dürfen in vielen Gegenden Deutschlands maximal zwei Meter hoch sein, oft
20 niedriger. Kann man eindeutiger sagen, dass man nicht möchte, dass das eigene Grundstück gesehen wird, als durch so eine Hecke oder Mauer? Ich meine: nein. [...]
Autokennzeichen und Personen soll Google nun unkenntlich machen, fordern Politiker. Personen? Google selbst redet nur
25 von Gesichtern. Aber dass eine Person nicht ausschließlich am Gesicht, sondern auch an vielen weiteren Merkmalen zu identifizieren* ist, für diese Weisheit muss man kein Kriminologe sein. Wer sich anschaut, wie miserabel* die Anonymisierung* durch Google in den anderen Ländern funktioniert, kann man nur
30 sagen: Das muss besser werden. [...]

identifizieren: (wieder-)erkennen
miserabel: sehr schlecht
anonymisieren: etwas unkenntlich (nicht erkennbar) machen

die Autorintention benennen

 2 Welche Haltung zu „Google Street View" vertritt der Autor?
Nenne Wörter und Textstellen, die deine Einschätzung belegen.

weitere Argumente zum Thema recherchieren

 3 a) Recherchiere im Internet zum Thema „Google Street View" und beantworte folgende Fragen:
– Welche Argumente verwenden die Gegner/innen?
– Welche Argumente führen die Befürworter/innen an?

zum Thema Stellung nehmen

 b) Verfasse eine eigene kurze Stellungnahme, in der du deine Ansicht zu dem Thema formulierst und mit Argumenten untermauerst.

„Am kürzeren Ende der Sonnenallee"
Film und Buch untersuchen

Am kürzeren Ende der Sonnenallee, im Ostberliner Stadtteil Baumschulenweg, wohnt Micha Kuppisch – gleich neben der Mauer. Wenn er aus der Haustür tritt, hört er die Rufe westlicher Schulklassen vom Aussichtspodest: „Guckt mal, 'n echter Zoni!" Doch Micha macht sich nichts daraus, er hat eine andere Sorge: Miriam. Sie ist das schönste Mädchen weit und breit, doch leider schon vergeben. Und so grübelt Micha tagein und tagaus, wie er es anstellen könnte, in Miriams Nähe zu sein. Pointenreich und mit köstlichem Humor erzählt Thomas Brussig, wie im Schatten der Mauer auch die Sonne schien. Micha, Miriam und die anderen lieben und lachen, tricksen und träumen. […]

Was weißt du schon?

- Was erfährst du aus DVD-Cover, Buchumschlag und Klappentext über den Roman „Am kürzeren Ende der Sonnenallee"?

- Tauscht euch darüber aus, was ihr über die „Berliner Mauer" und das Leben in Ostberlin bis zum 9. November 1989 wisst.

- Beschreibe deine Erfahrungen mit Verfilmungen von Büchern, die du gelesen hast.

- Mit welchen Gestaltungsmitteln arbeiten Filmemacher? Notiere: Musik …

Buchauszüge lesen und untersuchen

Der Romananfang

Leseeindrücke formulieren

INFO
Thomas Brussig (geb. 1965) wuchs in Ostberlin auf. In seinen Romanen behandelt er satirisch die Verhältnisse in der damaligen DDR. Er schrieb mit am Drehbuch für den Film „Sonnenallee" und verfasste danach den Roman „Am kürzeren Ende der Sonnenallee". Darin arbeitete er auch Ideen aus, die im Film nicht umgesetzt worden waren.

der Despot: Gewaltherrscher
prädestiniert: vorherbestimmt, wie geschaffen
raunen: geheimnisvoll flüstern, murmeln

1 Lies den Anfang des Romans „Am kürzeren Ende der Sonnenallee". Notiere erste Eindrücke, auch zur Textwirkung.

Churchills kalter Stumpen

Es gibt im Leben zahllose Gelegenheiten, die eigene Adresse preiszugeben, und Michael Kuppisch, der in Berlin in der Sonnenallee wohnte, erlebte immer wieder, dass die Sonnenallee friedfertige, ja sogar sentimentale Regungen auszulösen
5 vermochte. Nach Michael Kuppischs Erfahrung wirkt Sonnenallee gerade in unsicheren Momenten und sogar in gespannten Situationen. Selbst feindselige Sachsen wurden fast immer freundlich, wenn sie erfuhren, dass sie es hier mit einem Berliner zu tun hatten, der in der Sonnenallee wohnt. Michael Kuppisch
10 konnte sich gut vorstellen, dass auch auf der Potsdamer Konferenz im Sommer 1945, als Josef Stalin, Harry S. Truman und Winston Churchill die ehemalige Reichshauptstadt in Sektoren aufteilten, die Erwähnung der Sonnenallee etwas bewirkte. Vor allem bei Stalin; Diktatoren und Despoten* sind bekanntlich
15 prädestiniert* dafür, poetischem Raunen* anheimzufallen. Die Straße mit dem so schönen Namen Sonnenallee wollte Stalin nicht den Amerikanern überlassen, zumindest nicht ganz. So hat er bei Harry S. Truman einen Anspruch auf die Sonnenallee erhoben – den der natürlich abwies. Doch Stalin ließ nicht locker,
20 und schnell drohte es handgreiflich zu werden. Als sich Stalins und Trumans Nasenspitzen fast berührten, drängte sich der britische Premier zwischen die beiden, brachte sie auseinander und trat selbst vor die Berlin-Karte. Er sah auf den ersten Blick, dass die Sonnenallee über vier Kilometer lang ist. Churchill stand
25 traditionell auf Seiten der Amerikaner und jeder im Raum hielt es für ausgeschlossen, dass er Stalin die Sonnenallee zusprechen würde. Und wie man Churchill kannte, würde er an seiner Zigarre ziehen, einen Moment nachdenken, dann den Rauch ausblasen,

den Kopf schütteln und zum nächsten Verhandlungspunkt
30 übergehen. Doch als Churchill an seinem Stumpen zog, bemerkte
er zu seinem Missvergnügen, dass der schon wieder kalt war.
Stalin war so zuvorkommend, ihm Feuer zu geben, und während
Churchill seinen ersten Zug auskostete und sich über die Berlin-
Karte beugte, überlegte er, wie sich Stalins Geste adäquat*
35 erwidern ließe. Als Churchill den Rauch wieder ausblies, gab er
Stalin einen Zipfel von sechzig Metern Sonnenallee und
wechselte das Thema.
So muss es gewesen sein, dachte Michael Kuppisch. Wie sonst
konnte eine so lange Straße so kurz vor dem Ende noch geteilt
40 worden sein? Und manchmal dachte er auch: Wenn der blöde
Churchill auf seine Zigarre aufgepasst hätte, würden wir heute
im Westen leben. [...]

adäquat:
angemessen

2 **a)** Erkläre, wie der Autor Fiktion und Wirklichkeit verwebt.

b) Beschreibe den Tonfall dieses Textauszugs.

3 Stellt Michas Vorstellung von der „Teilung" der historischen
Wirklichkeit gegenüber. Recherchiert in Gruppen.

**Inhalt und Sprache
untersuchen**

HILFE
z.B.: *ironisch, ernst,
dramatisch ...*

Die Figuren

4 **a)** Lies den Textauszug zu Michas Clique.

b) Formuliert Fragen zu den Figuren, stellt sie euch gegenseitig
und notiert stichpunktartig Antworten, z.B.:
– *Was bedeutet den Jungen „verbotene" Musik?*
– *Wie verhalten sie sich gegenüber dem Polizisten?*

c) Charakterisiert Michas Clique in wenigen Sätzen.

Figuren untersuchen

Sie trafen sich immer auf einem verwaisten Spielplatz – die
Kinder, die auf diesem Spielplatz spielen sollten, waren sie selbst
gewesen, aber nach ihnen kamen keine Kinder mehr. Weil kein
Fünfzehnjähriger der Welt sagen kann, dass er auf den Spielplatz
5 geht, nannten sie es „am Platz rumhängen", was viel subversiver*
klang. Dann hörten sie Musik, am liebsten das, was verboten war.
Meistens war es Micha, der neue Songs mitbrachte – kaum hatte
er sie im SFBeat* aufgenommen, spielte er sie am Platz. Allerdings
waren sie da noch zu neu, um schon verboten zu sein. Ein Song
10 wurde ungeheuer aufgewertet, wenn es hieß, dass er verboten
war. *Hiroshima* war verboten, ebenso wie *Je t'aime* oder die Rolling
Stones, die von vorne bis hinten verboten waren. Am verbo-
tensten von allem war *Moscow, Moscow* von „Wonderland". Keiner
wusste, wer die Songs verbietet, und erst recht nicht, aus
15 welchem Grund.
Moscow, Moscow wurde immer in einer Art autistischer Blues-
Ekstase gehört – also in wiegenden Bewegungen und mit

subversiv:
umstürzlerisch

SFBeat: Westberliner
Popmusik-Sendung

Literarische Texte lesen

107

ultimativ: *hier:* unschlagbar

ABV (Abschnitts-bevollmächtigter): für einen Stadtteil zuständiger Polizist

Literarische Texte lesen

zusammengekniffenen Augen die Zähne in die Unterlippe gekrallt. Es ging darum, das ultimative* Bluesfeeling zu ergründen
20 und auch nicht zu verbergen, wie weit man es darin schon gebracht hat. Außer der Musik und den eigenen Bewegungen gab es nichts und so bemerkten die vom Platz es erst viel zu spät, dass der ABV* plötzlich neben ihnen stand, und zwar in dem Moment, als Michas Freund Mario inbrünstig ausrief: „O Mann,
25 ist das verboten! Total verboten!" und der ABV den Rekorder ausschaltete, um triumphierend zu fragen: „Was ist verboten?" Mario tat ganz unschuldig. „Verboten? Wieso verboten? Hat hier jemand verboten gesagt?" Er merkte schnell, dass er damit nicht durchkommen würde.
30 „Ach, *verboten* meinen Sie", sagte Micha erleichtert. „Das ist doch Jugendsprache."
„Der Ausdruck *verboten* findet in der Jugendsprache Anwendung, wenn die noch nicht volljährigen Sprecher ihrer Begeisterung Ausdruck verleihen wollen", sagte Brille, der schon so viel gelesen
35 hatte, dass er sich nicht nur die Augen verdorben hatte, sondern auch mühelos arrogant lange Sätze sprechen konnte. „*Verboten* ist demnach ein Wort, das Zustimmung ausdrückt."
„So wie *dufte* oder *prima*", meinte Wuschel, der so genannt wurde, weil er aussah wie Jimi Hendrix.
40 „Sehr beliebt in der Jugendsprache sind auch die Ausdrücke *urst* oder *fetzig*", sagte Brille.
„Die aber auch nur dasselbe meinen wie *stark, geil, irre* oder eben – *verboten*", erklärte der Dicke. Alle nickten eifrig und warteten ab, was der ABV dazu sagen würde. […]

Figuren und Figuren-konstellation untersuchen

5 Lies den folgenden Textauszug und beschreibe das Verhältnis zwischen Micha und Miriam. Sammle dazu aussagekräftige Zitate und werte sie aus.

[…] Miriam ging in die Parallelklasse und war ganz offensichtlich die Schulschönste. (Für Micha war sie natürlich auch die *Welt*-schönste.) Sie was *das* Ereignis der Sonnenallee. Wenn sie auf die Straße trat, setzte ein ganz anderer Rhythmus ein. Die Straßen-
5 bauer ließen ihre Presslufthämmer fallen, die Westautos, die aus dem Grenzübergang gefahren kamen, stoppten und ließen Miriam vor sich über die Straße gehen, auf dem Wachtturm im Todes-streifen rissen die Grenzsoldaten ihre Ferngläser herum und das Lachen der westdeutschen Abiturklassen vom Aussichtsturm
10 erstarb und wurde durch ein ehrfürchtiges Raunen abgelöst. Miriam war noch nicht lange an der Schule, in die auch Micha, Mario und die anderen gingen. Niemand wusste etwas Genaues über sie. Miriam war für alle die fremde, schöne, rätselhafte Frau.
[…]
15 Miriams Verhältnis zu Jungs und zu Männern war völlig undurch-sichtig. Brille sagte, Miriam verhalte sich wie jedes normal deformierte Scheidungskind – diskret, ziellos, pessimistisch.

Sie wurde öfter gesehen, wie sie auf ein Motorrad stieg, das just in dem Moment vorfuhr, als sie aus dem Haus kam.

20 [...]

Die Begegnung der beiden fand im Dunkeln statt, hinter der Bühne der Aula. Miriam war, wie immer, zu spät, die Versammlung lief schon eine ganze Weile. [...] Dann kam Miriam, kichernd und ohne FDJ*-Hemd, und flüsterte: „Au weia, ich bin spät, ich bin spät. Bin

25 ich hier überhaupt richtig?" Micha war so überwältigt, dass er ihr sagen wollte, sie sei überall richtig, doch da er vor Aufregung kaum sprechen konnte, hauchte er nur: „Ja. Richtig." Es war dunkel und eng. Noch nie war er ihr so nah. Miriam sah Micha einen Moment an, drehte ihm dann den Rücken zu und zog sich das T-Shirt aus.

30 Sie hatte nichts drunter. „Nicht schmulen*!", flüsterte sie kichernd, und Micha vergaß zu atmen, so gebannt war er. Miriam zog ihre FDJ-Bluse aus einer Tüte und streifte sie über. Sie hatte noch nicht alle Knöpfe geschlossen, als sie sich wieder zu Micha umdrehte. Der war noch immer wie gelähmt.

35 „Und", flüsterte Miriam, „hast du auch was ausgefressen?"
„Wie?", fragte Micha, der nicht verstand, was sie meinte.
„Na wegen irgendwas werden sie dich doch verdonnert haben."
„Ach so, ja, natürlich!", sagte Micha, wobei er plötzlich nicht mehr flüsterte, sondern so laut sprach, dass ihn jeder im Saal hören

40 konnte, der ein bisschen die Ohren spitzte. „Ich habe Lenin angegriffen, dazu auch noch die Arbeiterklasse und die Partei. Kannst dir ja vorstellen, was da los war."
Je mehr Micha versuchte, sich bei Miriam in Szene zu setzen, desto gelangweilter schien sie zu reagieren. „Sooo ein Fass haben

45 die aufgemacht und beinahe hätten sie mich sogar ..."
„Die im Westen küssen ganz anders", unterbrach sie ihn mit einem romantischen Timbre* in der Stimme und Micha schluckte und verstummte. „Ich würd's ja gern mal jemandem zeigen", flüsterte sie und kicherte. Dann hörte sie auf zu kichern – als

50 wäre ihr eben eine Idee gekommen. [...] Hinter der Bühne war es so eng, dass Micha keinen Fußbreit mehr zurückweichen konnte. In der Dunkelheit sah er ihre vollen Lippen feucht glänzen.
Sie näherten sich ihm langsam, er spürte, dass sich in der FDJ-Bluse zwei aufregend volle Brüste hoben und senkten, und er

55 roch ihren sanften, blumigen Geruch. Er schloss die Augen und dachte *Das glaubt mir keiner ...*
Ausgerechnet in diesem Augenblick wurde die Petze mit ihrer Rede fertig und Miriam ans Rednerpult gerufen. [...]

FDJ (Freie Deutsche Jugend): Jugendorganisation in der DDR

schmulen: heimlich gucken, schauen

das Timbre: Klangfarbe der Stimme

Literarische Texte lesen

6 Erstellt Rollenkarten für die beiden Figuren, wie sie für die Besetzung in einem Film hilfreich wären.

Rollenkarten erstellen

Miriam
Aussehen: ...
Auftreten, Körpersprache: ...
...

109

Gestaltungsmittel des Films untersuchen

Der Filmanfang

Literarische Texte lesen

Film- und Buchanfang vergleichen

die Sequenz: Filmabschnitt, zusammengehörige Szenen

Kameraperspektiven und ihre Wirkung kennen

1 a) Seht euch den Anfang des Films „Sonnenallee" an (00:00–04:09).

  b) Vergleicht die Einstiegssequenz des Films mit dem Anfang des Romans „Am kürzeren Ende der Sonnenallee" (S. 106 f.):
  – Wie wirkt der Anfang jeweils?
  – Wodurch wird diese Wirkung erzielt?

2 Sprecht über die unterschiedlichen Kameraperspektiven (s. Merkkasten):
  – Erklärt mit eigenen Worten, was sie voneinander unterscheidet.
  – Nennt Szenenbeispiele für einen passenden und wirkungsvollen Einsatz dieser Perspektiven in der Anfangssequenz von „Sonnenallee".

> **❗ Gestaltungsmittel des Films: die Kamera**
>
> Im Film sehen wir „mit den Augen der Kamera". Wichtig für die Wirkung sind nicht nur die gezeigten Bilder, sondern auch:
> - **die Perspektive**: Bei der Froschperspektive wird von unten gefilmt, bei der Vogelperspektive von oben, bei der Normalsicht auf „Augenhöhe".
> - **die Einstellungsgröße** (von „Detail" bis „Weit")
> - **Bewegungen,** z. B. durch Kameraschwenk, -fahrt, Zoom (Heranholen oder Wegschieben eines Motivs)

3 a) Seht euch in Gruppen die Bilder zu den Einstellungsgrößen an. Beschreibt die jeweilige Einstellungsgröße, z.B.:
Detail: lenkt das Augenmerk auf einen ganz kleinen Ausschnitt ...

b) Stellt euch vor, die folgenden Bilder würden hintereinander – von „Detail" bis „Weit" – präsentiert. Beschreibt, wie durch die Erweiterung des Bildausschnitts etwas „erzählt" wird.

Einstellungsgrößen und ihre Wirkung untersuchen

Detail

Groß

Nah

Halbtotale

Totale

Weit (Panorama)

4 a) Fertigt ein Sequenzprotokoll zum Filmanfang an. Übernehmt die Tabelle ins Heft und füllt sie aus.

b) Vergleicht eure Aufzeichnungen und beurteilt den Einsatz der filmischen Mittel. Welche Perspektiven und Einstellungen haben euch überzeugt, was hättet ihr anders gefilmt?

eine Filmsequenz untersuchen und beurteilen

Nr.	Länge	Inhalt (Ort, Handlung, Figuren, „Erzählsituation")	Einstellungsgrößen, Perspektiven	Kamerabewegung	Ton (Musik, Geräusche) und Licht
1	...	...	...	...	...

Literarische Texte lesen

111

Miriams Auftritt

Film- und Buchstellen vergleichen

5 a) Sieh dir die Filmbilder zum ersten Auftritt Miriams an (07:15–08:01). Vergleiche deine Eindrücke mit deinen Leseeindrücken von Miriam (S. 108 f.).

b) Nenne Gründe für die Unterschiede zwischen Film und Buch in Bezug auf Miriams erstes Auftreten.

filmische Mittel untersuchen

6 Beschreibt, wie Miriam im Film „in Szene gesetzt" wird: Kamera (Perspektive, Einstellungsgröße), Licht …

filmische Mittel und ihre Wirkung beschreiben

7 Schaut euch die ganze Filmsequenz an. Beschreibt in einem Sequenzprotokoll, wie weitere filmische Mittel eingesetzt werden und welche Wirkung sie erzielen: Ton/Musik, Sprache …

8 a) Wie soll Miriam auf die Zuschauer/innen wirken? Begründet anhand eurer Beobachtungen.

b) Vergleicht die Filmfigur Miriam mit den Angaben auf euren Rollenkarten (S. 109, Aufgabe 6).

Das habe ich gelernt

- Beschreibe unterschiedliche Kameraperspektiven und Einstellungsgrößen und ihre Wirkung.
- Erkläre einer Lernpartnerin / einem Lernpartner, welche weiteren filmischen Gestaltungsmittel es gibt.
- Wie kann man die filmische Darstellung einer Figur vorbereiten?
- Was hast du über Unterschiede zwischen Buch und Film gelernt?

Schreibe in dein Heft oder Portfolio.

Anwenden und vertiefen

Micha befragt Miriams jüngeren Bruder über die offenbar wechselnden reichen Freunde Miriams, die jede Woche mit einem anderen tollen Westauto abgeholt wird. Dieser verrät ihm:

„Du denkst, dass meine Schwester jede Woche einen anderen Kerl hat. Aber das stimmt nicht. Es ist immer derselbe. Nur hat der jede Woche einen anderen Wagen." Nicht mal Miriam wusste, wie er das schafft. „Der Typ muss Millionen haben!" […]

5 Scheich oder nicht – der Typ war viel zu oft bei Miriam und er hatte immer ein viel zu gutes Auto. Und er passte nicht ins Klischee*: Normalerweise haben Männer mit einem auffällig schönen Auto wechselnde Frauen – aber der Scheich von Berlin war ein Mann mit einer auffällig schönen *Frau* und wechselnden

10 Autos. Gegen einen, der immer wiederkam und jedes Mal in einem neuen Auto, war Micha machtlos. Michas Nerven lagen blank. Als er wieder mal von einer Schulklasse auf dem Aussichtsturm auf Westberliner Seite ausgelacht wurde, brüllte er wütend zurück: „Wenn ich achtzehn bin, dann geh ich für drei

15 Jahre an die Grenze – und dann knall ich euch alle ab!" So wütend wie in dem Moment hat ihn nie einer in der Sonnenallee gesehen. Aber sein Wutausbruch hatte auch etwas Gutes: Micha ist danach nie wieder ausgelacht worden.

Der Scheich von Berlin war in Wirklichkeit der Parkwächter im

20 Hotel Schweizer Hof. Er wusste, welche Gäste ihre Wagen in der Garage lassen, solange sie im Hotel wohnen. Der Scheich von Berlin benutzte einfach deren Wagen. Es war die perfekte Methode, als stinkreich zu gelten. Doch eines Tages ging es schief. Nicht, dass er einen Blechschaden hatte. Er hatte auch keinen

25 schweren Unfall. Es war noch schlimmer. Viel schlimmer, als es sich der Scheich von Berlin je hätte ausmalen können. Als er mit einem Lamborghini* kam, gab es Schwierigkeiten bei der Zollkontrolle: Im Kofferraum lagen vier Maschinenpistolen. Der Scheich von Berlin hatte sich den Lamborghini ausgeliehen,

30 ohne zu wissen, dass dieser Wagen der Mafia gehörte. Wegen der Maschinenpistolen wurde der Scheich von Berlin natürlich von der Stasi verhört, tagelang. Dann wurde er freigelassen. Die Maschinenpistolen und den Lamborghini bekam er nicht zurück. Die Mafiosi erwarteten ihn schon am Grenzübergang. Es war

35 genau so, wie er befürchtet hatte: Sie standen da, drei Sizilianer, starrten Löcher in die Luft oder feilten sich gelangweilt die Fingernägel. Der Scheich von Berlin hatte die Schwierigkeiten mit der Stasi gerade hinter sich, aber jetzt sah er, dass *echte* Schwierigkeiten auf ihn warteten. Er ging zurück zum Grenz-

40 übergang und fragte höflich, ob er nicht Bürger der DDR werden darf. Die Grenzer schickten ihn weg. Die Sizilianer standen noch

---

das Klischee: eingefahrene, überkommene Vorstellung

Lamborghini: italienischer Sportwagen

Literarische Texte lesen

immer an der gegenüberliegenden Straßenecke. Erneut kehrte der Scheich von Berlin um und flehte die Grenzer an, ihn zum Bürger der DDR zu machen. Er wurde wieder abgewiesen. Das dritte Mal
45 kam er weinend auf Knien gerutscht und bettelte darum, Bürger der DDR zu werden. Ein Grenzer griff zum Telefonhörer und sprach mit einem Ministerium. Dort erbarmte man sich seiner. Der Scheich von Berlin wurde Bürger der DDR und Fußgänger. Aber mit ihm und Miriam war es vorbei. Sie sagte, wenn er im
50 Fadenkreuz lebt*, kann der Abstand zwischen ihnen gar nicht groß genug sein.

im Fadenkreuz leben: *hier:* scharf beobachtet werden, als verdächtig gelten

Inhalte zusammenfassen

1 Fasse den Inhalt des Buchauszugs in wenigen Sätzen zusammen.

Möglichkeiten der filmischen Umsetzung erarbeiten

2 Wähle eine Textstelle aus (z. B. Zeilen 34–47). Notiere stichpunktartig, wie du den Ausschnitt verfilmen würdest. Nutze dabei die filmischen Mittel, die in diesem Kapitel behandelt wurden.

literarische und filmische Umsetzung vergleichen

3 Vergleiche den Romantext mit den entsprechenden Filmsequenzen (31:29–32:10 sowie 01:14:45–01:15:15).

a) Notiere Gemeinsamkeiten und Unterschiede.

b) Erstelle ein Sequenzprotokoll zu einer der Filmsequenzen.

eine Filmsequenz untersuchen

c) Beschreibe die Kameraeinstellungen und ihre Wirkung in der betreffenden Sequenz.

Buch und Film vergleichen

4 Vergleiche insgesamt die behandelten Buchauszüge und ihre Entsprechungen im Film (siehe auch Aufgabe 2).

a) Beschreibe, inwieweit deine inneren Bilder den Filmbildern entsprechen.

b Vergleiche die sprachlichen Mittel des Buches mit den filmischen Mitteln.

c) Was gefällt dir besser: Film oder Buch? Begründe.

Ein entscheidender Moment ...
Kurzgeschichten erschließen

Sie fielen sich unsanft auf dem Bahnsteig 3a des Kölner Hauptbahnhofs in die Arme und riefen gleichzeitig: „Du?!" ...
Max von der Grün (1926–2005): „Masken"

Plötzlich wachte sie auf. Es war halb drei. Sie überlegte, warum sie aufgewacht war. Ach so. In der Küche hatte jemand gegen einen Stuhl gestoßen. *Wolfgang Borchert (1921–1947): „Das Brot"*

Der Anruf kam, als ich vierzehn war. Ich wohnte seit einem Jahr nicht mehr bei meiner Mutter und meinen Schwestern, sondern bei Freunden in Berlin. *Julia Franck (geb. 1970): „Streuselschnecke"*

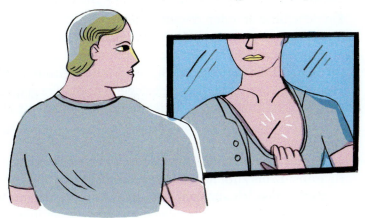

Er steht im Badezimmer vor dem Spiegel, öffnet die oberen vier Knöpfe seines Hemdes, schiebt den Kragen des T-Shirts zur Seite und betrachtet die streichholzlange, strichartige Stelle zwischen Schlüsselbein und Brustwarze. *Nils Mohl (geb. 1971): „Tanzen gehen"*

Was weißt du schon?

- Lies die Anfänge der Kurzgeschichten und stelle Vermutungen über den Inhalt der Geschichten an.
- Beschreibe, was die Textanfänge gemeinsam haben.
- Tauscht euch darüber aus, welche Geschichte ihr gerne weiterlesen würdet, welche eher nicht. Begründet eure Wahl.
- Tauscht euch darüber aus, was ihr gerade lest. Welche Themen interessieren euch?
- Wie gehst du vor, wenn du einen literarischen Text erschließen willst? Erkläre deine Lesestrategien.

Literarische Texte lesen

Die Merkmale einer Kurzgeschichte untersuchen

1 Die folgende Kurzgeschichte aus den 1960er-Jahren heißt „Apotheke Vita Nova", übersetzt „Apotheke Neues Leben". Stellt Vermutungen an, worum es in der Geschichte gehen könnte.

2 Lest die Kurzgeschichte. Vergleicht mit euren Vermutungen und tauscht euch über eure ersten Leseeindrücke aus.

Leseeindrücke formulieren

INFO
Josef Reding (geb. 1929 in Castrop-Rauxel) schrieb zahlreiche Kurzgeschichten, aber auch Gedichte, Hörspiele u.a.

Literarische Texte lesen

Josef Reding
Apotheke Vita Nova

Es war ein abgegriffener Zettel, den Munnicher dem einarmigen Apotheker hinhielt.

Munnicher trug das aus einem Notizbuch gerissene Blatt schon seit Wochen in der Jackentasche und hatte oft danach gegriffen.

5 Ein paar Gifte standen darauf. Pflanzenschutzgifte, die Erwachsenen ohne Umstände verkauft werden.

Munnicher wollte das Gift nicht für Pflanzen. Munnicher wollte es für sich, für die zertretene, weggeworfene Menschenpflanze Munnicher. Er war in diese abgelegene Apotheke gegangen, weil

10 er in den kaltprächtigen Medikamentenpalästen aus Plastikmasse, Nickel und Neon seinen Wunsch nicht vorbringen mochte.

„Eins davon", sagte er.

Der Apotheker schaute Munnicher vom zurückweichenden Haaransatz bis zum nachlässig gebundenen Schlips an.

15 Er merkt, dass ich aus dem Gefängnis komme, dachte Munnicher. Er sieht es an dieser ausgebleichten Haut, in der jede Pore drei Jahre lang nach Sonne geschrien hat. Aber heute Nacht kommt die Sonne ja, dachte er. Dann kommt die große Helle von innen.

„Sind aber verschieden stark", sagte der Apotheker.

20 „Das stärkste", verlangte Munnicher.

Der Apotheker nickte und stieg auf eine Leiter. Bei jeder Stufe ruderte er mit dem rechten Arm durch die Luft. Sieht komisch aus, wenn ein Einarmiger 'ne Leiter raufsteigt, dachte Munnicher. Der Alte kramte in einigen Paketen. Munnicher fühlte sich

25 beobachtet. Aber der Alte schaute nur auf seine Fläschchen und Schachteln. Da sah Munnicher das Mädchen hinter der Waage im angrenzenden Raum. Er sah es durch die geöffnete Tür. Er sah, wie es blaue Tütchen mit hellrotem Pulver füllte und abwog. Das Mädchen – achtzehn ist es, dachte Munnicher – ließ die

30 Waage auszittern und tat nichts. Es schaute Munnicher an. Man erkennt von hier aus, dass es braune Augen hat; wieso erkennt man das von hier aus, fragte sich Munnicher betroffen. Er hob ein wenig die Hand und winkte. Seh sicher aus wie ein Pinguin, dachte er. Aber da hob das Mädchen das blaue Tütchen

35 und winkte auch.

Der Alte ruderte die Leiter wieder
herunter. „Hier", sagte er. „Mit vier
Litern Wasser verdünnen."
„Werd's schon richtig machen",
40 sagte Munnicher.
„Klar", sagte der Alte.
„Fünf sechzig."
Munnicher zahlte. Er wollte noch einmal
zu dem Mädchen hinüberschauen, aber
45 der Einarmige verdeckte die Tür.
Munnicher war versucht, noch eine
Schachtel Hustenbonbons oder so
etwas zu verlangen, nur, damit der
Alte ihm aus der Sicht ging. Dann
50 dachte er: Mätzchen! Früher hätte
ich so etwas gemacht. Ganz früher. Vor drei Jahren. Er ging.
„Wiederschauen", sagte der Einarmige leirig*.
Munnicher hatte sich auf das Bett gelegt. Er trank die braune
Flüssigkeit. Schmeckt pappig, dachte er. Ich habe immer geglaubt,
55 das Zeug ätzt und würgt. Aber es schmeckt pappig. Schmeckt
pappig im Hals, doch nicht im Magen.
Merkst du's, Munnicher, dachte er und legte sich auf die Seite.
Merkst du, wie dein Magen zerfressen wird? Ich hätte mich
vorher noch rasieren sollen. Wenn morgen einer vom Bestat-
60 tungsinstitut in meinem kalten Gesicht umherwirkt? Pfui Teufel!
Rasieren hätte ich mich sollen, dachte er.
Stundenlang dachte er es.
Der Morgen hatte die alte Apotheke nicht viel heller gemacht.
Munnicher war noch immer nicht rasiert, als er den Apotheker
65 fragte:
„Was haben Sie mir da für ein verdammtes Zeug angedreht?"
„Wasser", sagte der Alte. „Wasser mit einem Schuss Gurgellösung,
gegen Mandelentzündung."
„Was sollte das?", fragte Munnicher.
70 „Ja, was sollte das?", fragte der Einarmige und ließ ihn nicht mit
dem Blick los. Munnicher senkte den Kopf.
„Ich verkaufe keine Gifte in meiner Apotheke", sagte der Alte.
„Von hundert Verkäufen kriege ich nur vierzehn Reklamationen*.
Das ist doch ein gutes Verhältnis, nicht wahr? Hundert Leute
75 tragen Wasser statt Gift nach Hause und nur vierzehn
beschweren sich. Und diese vierzehn schicke ich woandershin,
wenn sie wollen. Manche wollen nicht mehr. Das Geld bekommen
sie natürlich wieder zurück. Auch Sie."
Der Alte schlurfte zur Leiter. Munnicher schaute wieder durch
80 die Verbindungstür. Das Mädchen war nicht da. Im Spiegel fing
sich umgekehrt der Name der Apotheke: „Vita Nova" hieß sie:
„Neues Leben".
„Wollen Sie noch etwas?", fragte der Alte.
„Ja", sagte Munnicher. „Hustenbonbons."

leirig (leiernd): eintönig

die Reklamation: Beanstandung

den Inhalt knapp zusammenfassen

3 Fasse in wenigen Sätzen den Inhalt der Kurzgeschichte zusammen. Beantworte dabei folgende Fragen:
– Wer ist die Hauptperson?
– Was geschieht der Reihe nach?

den Handlungsablauf untersuchen

4 Arbeite den Handlungsablauf genauer heraus.

a) Teile den Text in Sinnabschnitte ein.

b) Formuliere zu jedem Abschnitt eine treffende Überschrift.
Z. 1–11: Munnichers Ankunft in der Apotheke
...

Ort und Zeit untersuchen

5 a) Die Handlung spielt an zwei verschiedenen Orten und zu unterschiedlichen Tageszeiten. Mache dir Notizen dazu.

b) Erläutere, warum Munnicher die „abgelegene" Apotheke gewählt hat und welche Bedeutung das für die Handlung hat.

Die Figurenzeichnung untersuchen

die Figuren untersuchen
➔ Zitieren, S. 29, 53
➔ Charakterisierung, S. 36

6 a) Untersuche die drei Figuren der Kurzgeschichte.
Suche im Text nach Informationen zu jeder Figur.
Notiere sie in Form von Zitaten oder gib sie indirekt wieder.
Mache jeweils Zeilenangaben.
– Name, Alter, Aussehen
– Lebensumstände
– Verhalten und Eigenschaften
– Wünsche und Ziele
– Verhältnis zu den Mitmenschen

Apotheker
– Aussehen: hat nur einen Arm (Z.1) ...

b) Tauscht euch darüber aus, welchen Eindruck die Figuren auf euch machen: durch ihr Äußeres, durch ihr Verhalten und – im Fall von Munnicher – durch Gedanken und Gefühle.

die Hauptfigur untersuchen

➔ Metapher, S. 230

7 Munnicher, aus dessen Sicht erzählt wird, sieht sich als „zertretene, weggeworfene Menschenpflanze" (Z. 8).
Klärt in Partnerarbeit und notiert stichpunktartig:
– Was ist mit dieser Metapher gemeint?
– Was könnte Munnicher passiert sein? Welche Hinweise gibt der Text zu seiner Vorgeschichte?

Literarische Texte lesen

8 Untersuche die Gefühle von Munnicher im Erzählverlauf.

a) Lege eine Tabelle nach folgendem Muster an.
Notiere Textstellen, aus denen du etwas über Munnichers Gefühle und Stimmungen erfährst.

Textstelle	Gefühle/Stimmungen
trug ... schon seit Wochen in der Jackentasche und hatte oft danach gegriffen (Z. 3 f.)	*Selbstmordgedanken, aber noch unschlüssig*
zertretene ... Menschenpflanze (Z. 8)	*fühlt sich ungeliebt, verstoßen, niedergeschlagen*
...	...

b) Beschreibe, wann und wie sich Munnichers Stimmung ändert. Erkläre, was jeweils diese Veränderung verursacht.

c) Fasse deine Ergebnisse schriftlich zusammen und tausche dich mit einem Lernpartner / einer Lernpartnerin darüber aus.

Die Erzählsituation beachten

9 Über die Gedanken und Gefühle des Apothekers und des Mädchens erfährt man wenig.

a) Wie würde die Erzählung wirken, wenn sie aus der Sicht des Apothekers oder des Mädchens erzählt wäre?
Tauscht euch zu zweit darüber aus.

b) Stellt Überlegungen an, warum der Autor die Geschichte aus der Sicht Munnichers erzählt. Notiert Stichworte dazu.

---

die Innensicht der Figur im Erzählverlauf untersuchen

TIPP
Achte darauf, was Munnicher sagt, denkt, tut und wie er beschrieben wird. Benenne seine Gefühle u. a. mit passenden Adjektiven.

HILFE
*Zu Beginn der Erzählung fühlt sich Munnicher ...
Eine erste Veränderung setzt ein, als ...*

die Erzählsituation reflektieren

INFO
Bei der **personalen Erzählsituation** wird das Geschehen aus der Sicht einer Figur erzählt. Die Innensicht anderer Figuren wird nur indirekt angedeutet, z. B. durch Dialoge.

Literarische Texte lesen

Leerstellen im Text finden und füllen

10 Lies die folgenden Textauszüge.

> Der Apotheker schaute Munnicher vom zurückweichenden Haaransatz bis zum nachlässig gebundenen Schlips an. (Z. 13 f.)

> Aber da hob das Mädchen das blaue Tütchen und winkte auch. (Z. 34 f.)

a) Was könnten der Apotheker bzw. das Mädchen in der Situation denken? Formuliere mögliche Gedanken und schreibe sie auf.

b) Sucht in Partnerarbeit weitere „Leerstellen" im Text und „füllt" sie, indem ihr mögliche Gedanken der Figuren aufschreibt.

> ### Die Merkmale einer Kurzgeschichte
>
> Die **Kurzgeschichte** ist eine moderne Form der Erzählung.
> Sie ist in der Regel an folgenden Merkmalen zu erkennen:
> - Die Geschichte ist begrenzt auf eine **kurze Zeitspanne** und auf einen oder sehr **wenige Orte.**
> - Sie handelt von einem **entscheidenden Moment** (oder gar einem Wendepunkt) im Leben eines Menschen.
> - Die Geschichte beginnt **unvermittelt** und hat einen **offenen Schluss.**
> - Im Text wird vieles nur **angedeutet,** was zum Fragen und Weiterdenken anregt („Leerstellen" im Text).
> - Meist wird Alltagssprache mit einfachem Satzbau verwendet.

Merkmale der Kurzgeschichte im Text erfassen

11 Überprüfe, ob die genannten Merkmale auf die Kurzgeschichte „Apotheke Vita Nova" zutreffen. Nutze dazu auch deine Ergebnisse zu den bisherigen Aufgaben. Notiere in Stichworten.

den Text interpretieren

12 Wählt in Partnerarbeit eine der folgenden Fragen. Formuliert zwei bis drei interpretierende Sätze dazu.

A Welche Bedeutung hat der Apotheker für die Hauptfigur, welche Bedeutung hat das Mädchen für sie?

B Welche besondere Bedeutung haben die Tageszeiten?

C Welche Bedeutung hat das Wort „Hustenbonbon" am Schluss?

Eine Kurzgeschichte analysieren

1 Lies den Anfang der folgenden Kurzgeschichte und notiere deine ersten Leseeindrücke von der Hauptfigur.

Sibylle Berg
Hauptsache weit

Und weg, hatte er gedacht. Die Schule war zu Ende, das Leben noch nicht, hatte noch nicht begonnen, das Leben. Er hatte nicht viel Angst davor, weil er noch keine Enttäuschungen kannte. Er war ein schöner Junge mit langen, dunklen Haaren, er spielte
5 Gitarre, komponierte am Computer und dachte, irgendwie werde ich wohl später nach London gehen, was Kreatives machen. Aber das war später.

Und nun? Warum kommt der Spaß nicht?

Der Junge hockt in einem Zimmer, das Zimmer ist grün, wegen
10 der Neonleuchte, es hat kein Fenster und der Ventilator ist sehr laut. Schatten huschen über den Betonboden, das Glück ist das nicht, eine Wolldecke auf dem Bett, auf der schon einige Kriege ausgetragen wurden. Magen gegen Tom Yan*, Darm gegen Curry. Immer verloren, die Eingeweide.
15 Der Junge ist 18, und jetzt aber Asien, hatte er sich gedacht. Mit 1000 Dollar durch Thailand, Indien, Kambodscha, drei Monate unterwegs, und dann wieder heim, nach Deutschland.

Das ist so eng, so langweilig, jetzt was erleben und
20 vielleicht nie zurück. Hast du keine Angst, hatten die blassen Freunde zu Hause gefragt, so ganz alleine? Nein, hatte er geantwortet, man
25 lernt ja so viele Leute kennen unterwegs. Bis jetzt hatte er hauptsächlich Mädchen kennen gelernt, nett waren die schon, wenn man Leute mag, die einen bei jedem Satz
30 anfassen. Mädchen, die aussahen wie dreißig und doch so alt waren wie er, seit Monaten unterwegs, die Mädchen, da werden sie komisch. Übermorgen würde er in Laos* sein, da mag er jetzt gar nicht dran denken, in seinem hässlichen Pensionszimmer, muss Obacht geben, dass er sich nicht aufs Bett wirft und weint,
35 auf die Decke, wo schon die anderen Dinge drauf sind. In dem kleinen Fernseher kommen nur Leute vor, die ihm völlig fremd sind, das ist das Zeichen, dass man einsam ist, wenn man die Fernsehstars eines Landes nicht kennt und die eigenen keine Bedeutung haben. Der Junge sehnt sich nach Stefan Raab*, nach
40 Harald Schmidt* und Echt*. Er merkt weiter, dass er gar nicht

---

Leseeindrücke formulieren

INFO
Sibylle Berg (*1962): Die Autorin schreibt unter anderem Romane, Theaterstücke und journalistische Texte.

Tom Yan: sauerscharfe Suppe aus der thailändischen Küche

Laos: Land in Südostasien; beliebtes Urlaubsziel für Rucksacktouristen

Stefan Raab, Harald Schmidt: Unterhalter im deutschen Fernsehen
Echt: deutsche Musikband

Literarische Texte lesen

existiert, wenn er nichts hat, was er kennt. Wenn er keine Zeitung in seiner Sprache kaufen kann, keine Klatschgeschichten über einheimische Prominente lesen, wenn keiner anruft und fragt, wie es ihm geht. Dann gibt es ihn nicht. Denkt er. Und ist

45 unterdessen aus seinem heißen Zimmer in die heiße Nacht gegangen, hat fremdes Essen vor sich, von einer fremdsprachigen Serviererin gebracht, die sich nicht für ihn interessiert, wie niemand hier. Das ist wie tot sein, denkt der Junge. Weit weg von zu Hause, um anderen beim Leben zuzusehen, könnte man

50 umfallen und sterben in der tropischen Nacht, und niemand würde weinen darum. Jetzt weint er doch, denkt an die lange Zeit, die er noch rumbekommen muss, alleine in heißen Ländern mit seinem Rucksack, und das stimmt so gar nicht mit den Bildern überein, die er zu Hause von sich hatte. Wie er entspannt mit

55 Wasserbüffeln spielen wollte, in Straßencafés sitzen und cool sein. Was ist, ist einer mit Sonnenbrand und Heimweh nach den Stars zu Hause, die sind wie ein Geländer zum Festhalten. Er geht durch die Nacht, selbst die Tiere reden ausländisch, und dann sieht er etwas, sein Herz schlägt schneller. [...]

Vermutungen formulieren

2 a) Tauscht euch über eure Eindrücke von „dem Jungen" aus.

b) Was könnte das Herz des Jungen „schneller schlagen" lassen? Stellt Vermutungen an.

die äußere und innere Situation der Hauptfigur untersuchen

3 Vergleiche Wunsch und Wirklichkeit des Jungen anhand von Textstellen:

a) Lege eine Tabelle in deinem Heft an. Notiere stichpunktartig in die linke Spalte: Welche Erwartungen hat der Junge an seine Reise? Wovon träumt er?

Erwartungen und Träume	Erfahrungen auf der Reise
– will was erleben (Z. 1–7)	– Hotelzimmer: hässlich …
– …	– …

TIPP

> Notiere Textstellen: *„was Kreatives machen…"* (Z. 6), …
> Liste auf, was der Jungen alles auf der Reise vermisst.

b) Welche Erfahrungen macht der Junge in dem fremden Land? Trage das in die rechte Spalte der Tabelle ein.

c) Dass der junge Mann weint, „stimmt so gar nicht mit den Bildern überein, die er zu Hause von sich hatte". (Z. 53 f.) Beschreibe dieses Selbstbild und vergleiche es mit den Gedanken und Gefühlen des Jungen auf der Reise.

4 Beschreibe, wie das Gefühl der Fremdheit im Text vermittelt wird. Notiere entsprechende Textstellen.
– abschreckende Beschreibung des Hotelzimmers (Z. 9–13)
– ungewohntes Verhalten der „Mädchen": verunsichert … (Z. 26–32)
– …

Literarische Texte lesen

5 Lies den Schluss der Geschichte. Vergleiche mit euren Vermutungen (Aufgabe 2 b).

Ein Computer, ein Internet-Café. Und er setzt sich, schaltet den Computer an, liest seine E-Mails. Kleine Sätze von seinen Freunden, und denen antwortet er, dass es ihm gut gehe und alles großartig ist, und er schreibt und schreibt, und es ist auf einmal
5 völlig egal, dass zu seinen Füßen ausländische Insekten so groß wie Meerkatzen herumlaufen, dass das fremde Essen im Magen drückt. Er schreibt seinen Freunden über die kleinen Katastrophen und die fremde Welt um ihn verschwimmt, er ist nicht mehr allein, taucht in den Bildschirm ein, der ist wie ein
10 weiches Bett, er denkt an Bill Gates und Fred Apple, er schickt eine Mail an Sat 1, und für ein paar Stunden ist er wieder am Leben, in der heißen Nacht weit weg von zu Hause.

6 a) Verfasse eine Mail, die der Junge an Freunde schicken könnte. Darin stellt er seine Lage positiv dar.

> *aus der Sicht einer Figur schreiben*

b) Schreibe eine Mail, in der der Junge ehrlich seine Verzweiflung schildert. Formuliere auch eine passende Antwortmail.

7 Die Entdeckung des Internet-Cafés markiert einen Wendepunkt im Text. Erkläre schriftlich, inwiefern.

> *den Wendepunkt erklären*

8 a) Diskutiert folgende Deutungen der Kernaussage des Textes. Begründet eure Ansicht.

> *Deutungen beurteilen und selbst formulieren*

> **A** In der Kurzgeschichte „Hauptsache weit" wird gezeigt, dass Träume vom Glück beim Reisen nicht immer erfüllt werden.

> **B** Der Hauptfigur gelingt es nicht, das Reiseland ohne Vorurteile zu betrachten, denn der Junge ist zu sehr an sein Zuhause gewöhnt.

> **C** Der Junge erfährt einen Widerspruch zwischen Traum und Wirklichkeit. Dadurch erkennt er, was wirklich wichtig ist für ihn.

b) Formuliert in Partnerarbeit selbst die Kernaussage der Geschichte.

> **HILFE**
> Motive im Text:
> › Selbstbild
> › Wunsch/Wirklichkeit
> › Fernweh/Heimweh

Das habe ich gelernt

- Typische Merkmale einer Kurzgeschichte sind: …

- Beim Erschließen von Geschichten gehe ich so vor: …

- Schwer fällt mir dabei noch …

Schreibe in dein Heft oder Portfolio.

Literarische Texte lesen

Anwenden und vertiefen

Pea Fröhlich
Der Busfahrer

Er wusste, dass sie an der nächsten Station einsteigen würde, und freute sich. Wenn Platz war, saß sie immer so, dass er sie im Rückspiegel sehen konnte. Meistens las sie, manchmal schaute sie auch auf die Straße. Er konnte an ihrem Gesicht ablesen, ob es
5 ihr gut ging. Im Winter trug sie einen braunen Pelz mit einem passenden Käppchen und im Sommer weiße oder blaue Kleider. Einmal hatte sie die Haare aufgesteckt, es stand ihr nicht und jemand musste es ihr gesagt haben, denn am nächsten Tag sah sie wieder aus wie sonst. Sie war ihm sehr vertraut und er hätte
10 sie gerne angesprochen, aber er wagte es nicht. Er fürchtete sich nur davor, dass sie einmal nicht mehr einsteigen würde. Vielleicht, dass sie die Arbeitsstelle wechselte. Für ihn war das die schönste Zeit am Tag, die fünf Stationen, die sie immer mit ihm fuhr. Diesmal sah er sie schon von Weitem. Sie stand da und
15 lachte einen Mann an, der den Arm um sie gelegt hatte. Sie verpasste das Einsteigen, weil der Mann sie küsste.

knapp zusammenfassen

1 Fasse in 1–2 Sätzen die Handlung der Geschichte zusammen.

Figuren und Erzählsituation untersuchen

2 a) Was erfährst du über die beiden Figuren? Notiere jeweils
– Angaben zum Äußeren,
– Angaben zu Gedanken, Gefühlen, Einstellungen.

b) Was ist der Busfahrer für ein Mensch?
Charakterisiere ihn und belege deine Einschätzung am Text.

c) Über die Frau erfährt man aus dem Text nur etwas zum Äußeren, über den Busfahrer nur, was er denkt und fühlt.
Erkläre dies anhand der Erzählsituation.

den Wendepunkt erfassen

3 a) Die Geschichte hat einen klaren Wendepunkt. Gib die entsprechende Zeile an und erkläre die Wendung im Text.

aus Sicht einer Figur schreiben

b) Schreibe mögliche Gedanken des Busfahrers auf, als er „sie" mit dem anderen Mann sieht.

Merkmale der Textsorte untersuchen

4 Notiere die typischen Merkmale einer Kurzgeschichte.
Prüfe, inwiefern sie auf den Text „Der Busfahrer" zutreffen.

die Autorintention formulieren

5 Mit welcher Intention könnte die Autorin die Geschichte verfasst haben? Formuliere eine Deutung. Beurteile dabei auch das Verhalten des Busfahrers.

Himmelhoch jauchzend – zu Tode betrübt
Liebesgedichte erschließen und vergleichen

Nahtegal, sing einen dôn mit sinne
mîner hôchgemuoten kuniginne
kunde ir, daz mîn stæter muot und mîn herze brinne
nâch irm süezen lîbe und nâch ir minne!
(Carmina burana, 13. Jahrhundert)

dôn: Lied
sinne: Kunst, Können
hôchgemuot: edel
kunde: verkünde
stæter muot: Entschlossenheit, Beharrlichkeit
lîb(e): Körper, Leib
minne: Liebe

Was weißt du schon?

- Übertragt in Partnerarbeit das mittelhochdeutsche Liebesgedicht in heutiges Deutsch.

- Welche Ausdrücke passen zum Gedicht? Wähle aus und begründe: Schwärmerei, Hingabe, Leidenschaft, Sehnsucht, Liebelei, Eifersucht.

- Liebe hat viele Gesichter. Entwirf einen Cluster dazu.

- Welche Merkmale von lyrischen Texten (Gedichten) kennt ihr? Listet sie in Partnerarbeit auf und erklärt sie euch gegenseitig.

- Wie gehst du vor, wenn du dir einen lyrischen Text erschließt?

- Viele Jugendliche mögen Liebesgedichte oder schreiben selbst welche. Beschreibe deine Einstellung zur Liebeslyrik.

Literarische Texte lesen

Ein Gedicht erschließen

Leseeindrücke formulieren

INFO
Marie Luise Kaschnitz (1901–1974) schrieb Gedichte und Erzählungen. Sie lebte u. a. in Berlin, Weimar, München, Rom, Königsberg und Frankfurt am Main.

den Inhalt untersuchen

das Gedicht vortragen

HILFE
Wo sind Pausen sinnvoll, wo eine besondere Betonung?

ein Gedankengitter anlegen

– Zeitform: Präteritum
– Reimschema abab (Kreuzreim)
– Versmaß?

Literarische Texte lesen

1 a) Lies das Gedicht und notiere erste Leseeindrücke.

Marie Luise Kaschnitz
Am Strande

Heute sah ich wieder dich am Strand
Schaum der Wellen dir zu Füßen trieb
Mit dem Finger grubst du in den Sand
Zeichen ein, von denen keines blieb.

5 Ganz versunken warst du in dein Spiel
Mit der ewigen Vergänglichkeit
Welle kam und Stern und Kreis zerfiel
Welle ging und du warst neu bereit.

Lachend hast du dich zu mir gewandt
10 Ahntest nicht den Schmerz, den ich erfuhr:
Denn die schönste Welle zog zum Strand
Und sie löschte deiner Füße Spur.

b) Inwiefern ist dieses Gedicht ein Liebesgedicht? Begründe.

c) Wovon erzählt das Gedicht? Notiere stichpunktartig.

2 Gedichte entfalten ihre volle Wirkung erst dann, wenn sie nicht nur gelesen, sondern auch gesprochen werden.

a) Bereite den Vortrag des Gedichts vor.

b) Tragt das Gedicht vor und beschreibt die Wirkung. Welche Textstellen kommen gesprochen besonders zur Geltung?

3 Über die erste Strophe ist ein sogenanntes „Gedankengitter" mit ersten Anmerkungen zu Inhalt und Form gelegt. Man kann dazu eine Folie über den Text legen oder eine Textkopie nutzen. Vergleiche mit deinen Leseeindrücken. Welche Anmerkungen überzeugen dich? Begründe.

Am Strande

Heute sah (ich) wieder dich am Strand → *Ort*
    lyrisches Ich   *Du*
Schaum der Wellen dir zu Füßen trieb → *Welle: Symbol für Liebesbeweis (etwas zu Füßen legen?)*

Mit dem Finger grubst du in den Sand → *Zeilensprung (Warum?)*

Zeichen ein, von denen keines blieb. → *Vergänglichkeit, Sehnsucht, klingt pessimistisch?*

4 Arbeite im Folgenden mit einer vergrößerten Textkopie und lege ein Gedankengitter zum Gedicht an. Wenn der Platz knapp wird, ergänze Notizen unter dem Gedicht.

a) Markiere das lyrische Ich und das lyrische Du im Text.

b) Beschreibe die Rollen von lyrischem Ich und lyrischem Du.

> **❗ Lyrisches Ich und lyrisches Du**
>
> In vielen Gedichten teilt ein **lyrisches Ich** Beobachtungen, Gedanken, Gefühle mit. Es darf nicht mit der Autorin / dem Autor verwechselt werden. Manchmal gibt es auch ein **lyrisches Du**, das im Gedicht als Gegenüber angesprochen wird.

lyrisches Ich und lyrisches Du untersuchen

TIPP
Achte auf Pronomen für das lyrische Du.

5 Trage deine weiteren Überlegungen zu Inhalt, Form und Sprache ein. Orientiere dich am Beispiel in Aufgabe 3 und am Merkkasten.

> **❗ Ein Gedicht untersuchen**
>
> Untersuche folgende Aspekte eines Gedichts, um es zu erschließen:
> - **Inhalt:** Überschrift, Thema und Handlung; lyrisches Ich / lyrisches Du; Gegensätze, Brüche, Steigerungen usw.,
> - **äußere Form:** Strophenbau und -inhalte, Einteilung in Verse, Reimschema, Metrum,
> - **sprachliche Gestaltung:** Schlüsselwort, Bild, Symbol, Metapher, Vergleich, Personifizierung usw.
>
> Frage jeweils nach Wirkung und Funktion der Gestaltungsmittel.

Form und Sprache untersuchen
➜ lyrische Texte, S. 230

TIPP
Überlege: Wofür steht das Bild der *Welle*?

6 a) Vergleicht eure Gedankengitter in Gruppenarbeit.

b) Bearbeitet die folgenden Leitfragen mit dem Verfahren der Gruppenanalyse:
- Welche Bedeutung kommt der „Welle" zu und wie verändert sich ihre Bedeutung im Gedicht?
- Wie drückt die Dichterin Vergänglichkeit aus?
- In welcher Beziehung stehen lyrisches Ich und lyrisches Du?

7 Wählt pro Gruppe ein Mitglied für ein „literarisches Quintett" aus. Diskutiert auf der Grundlage eurer Ergebnisse folgende Fragen:
- Welche Erfahrungen der Autorin könnte das Gedicht widerspiegeln?
- Wer könnte das lyrische Du sein?
- Welche Wirkung geht von dem Gedicht aus?

das Gedicht deuten

INFO
Gruppenanalyse:
Jede/r bearbeitet eine Leitfrage. Die anderen schreiben reihum ihren Kommentar dazu. Am Ende werden alle Kommentare gewertet und ggf. eingearbeitet.

INFO
literarisches Quintett
(bzw. Quartett, Sextett, ...): Die Teilnehmer/innen diskutieren im Halbkreis vor der Klasse. Die Lehrkraft moderiert.

Literarische Texte lesen

Gedichte vergleichen

Leseeindrücke formulieren

INFO
Erich Kästner (1899–1974) schrieb Kinderbücher, zeitkritische und humorvolle Gedichte, kabarettistische Texte und Drehbücher.

1 a) Lies das Gedicht und notiere deine ersten Leseeindrücke.

Erich Kästner
Sachliche Romanze

Als sie einander acht Jahre kannten
(und man darf sagen, sie kannten sich gut),
kam ihre Liebe plötzlich abhanden.
Wie andern Leuten ein Stock oder Hut.

5 Sie waren traurig, betrugen sich heiter,
versuchten Küsse, als ob nichts sei,
und sahen sich an und wussten nicht weiter.
Da weinte sie schließlich. Und er stand dabei.

Vom Fenster aus konnte man Schiffen winken.
10 Er sagte, es wäre schon Viertel nach vier
und Zeit, irgendwo Kaffee zu trinken.
Nebenan übte ein Mensch Klavier.

Sie gingen ins kleinste Café am Ort
und rührten in ihren Tassen.
15 Am Abend saßen sie immer noch dort.
Sie saßen allein und sie sprachen kein Wort
und konnten es einfach nicht fassen.

Thema und Inhalt erfassen

b) Benenne die Thematik des Gedichts und fasse den Inhalt in drei Sätzen zusammen. Vergleiche mit deinen ersten Leseeindrücken.

das Gedicht untersuchen

2 Arbeite mit einer Textkopie.

a) Notiere deine Gedanken zu Form, Sprache und Inhalt in einem Gedankengitter.

b) Vergleicht eure Gedankengitter in Partnerarbeit. Ergänzt überzeugende Überlegungen.

deutende Aussagen formulieren und diskutieren

3 Welche Haltung zum „Ende der Liebe" drückt der Autor mit seinem Gedicht aus?

a) Formuliert in Partnerarbeit deutende Aussagen. Belegt eure Ansicht am Text.

b) Diskutiert eure Deutungen in der Gruppe/Klasse.

4 Vergleicht in Partnerarbeit Kästners Gedicht mit „Am Strande" von Marie Luise Kaschnitz.

a) Notiert auffällige Gemeinsamkeiten und Unterschiede in einem Diagramm wie hier skizziert.

Gedichte vergleichen

Am Strande   **Sachliche Romanze**

lyrisches Ich und lyrisches Du ...   *Thema: Liebe ...*   ...

b) Untersucht genauer das lyrische Ich bzw. das lyrische Du in beiden Texten. Formuliert, was euch auffällt.

5 Untersucht eine der folgenden Fragestellungen zu den Gedichten. Bearbeitet sie mit dem Think-pair-share-Verfahren.

A Welche Gefühle werden in den Gedichten geschildert? Stellt die Gedichte diesbezüglich gegenüber und belegt textnah.

B Welche sprachlichen Bilder werden verwendet? Wie wirken sie und was bedeuten sie? Belegt jeweils am Text.

INFO
Think-pair-share: Jede/r bearbeitet die Fragestellung zunächst für sich. Es folgt ein Austausch zu zweit. Dann werden die Ergebnisse in der Gruppe vorgetragen und weiter vertieft.

6 Formuliert in eurer Gruppe weitere Leitfragen zum Vergleich der beiden Gedichte und beantwortet sie.

7 Führt ein literarisches Gespräch zu beiden Gedichten:
– Tragt noch einmal beide Gedichte der ganzen Klasse vor.
– Nennt die Leitfragen.
– Tragt eure Gruppenergebnisse vor und erläutert sie. Die Zuhörer/innen fragen nach und ergänzen.
– Tauscht euch in freier Form über die Ergebnisse aus.
– Reflektiert in der Schlussrunde die wichtigsten Verstehens-aspekte und auch euer Gesprächsverhalten.

ein literarisches Gespräch zu den Gedichten führen

Das habe ich gelernt

• Liebe wird oft durch Bilder ausgedrückt. Nenne zwei und beschreibe, welche Eigenheit der Liebe jeweils betont wird.

• Notiere, welche Möglichkeiten die Arbeit mit einem Gedanken-gitter bietet.

• War das Gedankengitter für dich hilfreich bei der Erschließung von Gedichten? Erkläre deine Einschätzung.

• Notiere Besonderheiten von lyrischen Texten. Schreibe, wo sinnvoll, auch ein Beispiel dazu auf.

• Was wird bei einem Gedichtvergleich gegenübergestellt?

Schreibe in dein Heft oder Portfolio.

Literarische Texte lesen

Anwenden und vertiefen

INFO
Wilhelm Busch (1832–1908): humoristischer Dicher und Zeichner. Mit seinen satirischen Bildergeschichten (Max und Moritz u.v.m.) gilt er als Vorreiter des Comics.

Johann Wolfgang Goethe (1749–1832): einer der produktivsten deutschen Autoren, u.a. von Dramen, Gedichten und erzählenden Werken. Er gilt als wichtigster Vertreter des Sturm und Drang sowie der Weimarer Klassik (neben Friedrich Schiller).

das Morgenhabit: die Morgenkleidung (z. B. Bademantel)

Literarische Texte lesen

ein Gedicht untersuchen und die Autorintention formulieren

ein Gedicht untersuchen und mit Leitfragen erschließen

Gedichte erschließen und vergleichen

Wilhelm Busch
Kritik des Herzens

Die Liebe war nicht geringe.
Sie wurden ordentlich blass,
Sie sagten sich tausend Dinge
Und wussten noch immer was.

5 Sie mussten sich lange quälen,
Doch schließlich kam's dazu,
Dass sie sich konnten vermählen.
Jetzt haben die Seelen Ruh.

Bei eines Strumpfes Bereitung
10 Sitzt sie im Morgenhabit*;
Er liest in der Kölnischen Zeitung
Und teilt ihr das Nötige mit.

1 a) Wähle ein Gedicht aus und begründe deine Entscheidung.

b) Fasse den Inhalt in zwei Sätzen zusammen.

c) Halte formale und inhaltliche Merkmale in einem Gedankengitter fest. Arbeite mit einer Textkopie.

d) Welche Haltung des Autors zur Liebe zeigt sich im Gedicht? Belege textnah und bewerte die Haltung des Autors.

2 a) Wähle ein Gedicht aus und fasse den Inhalt in zwei Sätzen zusammen.

b) Notiere dein Textverständnis in einem Gedankengitter.

c) Formuliere drei Leitfragen zur Gedichterschließung.

d) Tauscht euch in Partnerarbeit über eure Leitfragen aus und beantwortet sie.

3 Vergleiche die beiden Gedichte.

a) Erarbeite Form, Sprache und Inhalt mit Hilfe eines Gedankengitters.

b) Stelle Gemeinsamkeiten und Unterschiede gegenüber.

c) Welche Haltung zur Liebe drücken die Texte aus? Belege textnah.

Johann Wolfgang Goethe
Freudvoll und leidvoll

Freudvoll
Und leidvoll
Gedankenvoll sein;
Hangen
5 Und bangen
In schwebender Pein;
Himmelhoch jauchzend,
Zu Tode betrübt,
Glücklich allein
10 Ist die Seele, die liebt!

Teste dich selbst!

Sachtexte erschließen

Ergebnisse der Shell-Jugendstudie 2010

Die heutige junge Generation hat sich weder durch die gesamt-
wirtschaftliche Entwicklung […] noch durch die unsicher
gewordenen Berufsverläufe und Perspektiven von ihrer optimisti-
schen Grundhaltung abbringen lassen. Kennzeichnend ist auch
5 weiterhin die auffällig pragmatische Umgehensweise mit den
Herausforderungen in Alltag, Beruf und Gesellschaft. Leistungs-
orientierung und das Suchen nach individuellen Aufstiegsmög-
lichkeiten im Verbund mit einem ausgeprägten Sinn für soziale
Beziehungen im persönlichen Nahbereich prägen diese
10 Generation. Eine pragmatische Generation behauptet sich.
Der Begriff „pragmatische Generation" […] soll vor allem
die Handlungsorientierung der aktuellen Jugendgeneration
hervorheben, die durch viel Ehrgeiz und Zähigkeit unterbaut ist.
Mit tatkräftigem Anpacken, wechselseitiger Unterstützung und
15 einer pragmatisch-taktischen Flexibilität will die Mehrheit der
Jugendlichen die Dinge in den Griff bekommen. Diese Haltung
prägt die Einstellungen und den Lebensalltag und bietet zugleich
Schutz davor, sich unterkriegen zu lassen. Schutz bietet ebenfalls
das besondere Lebensgefühl von Jugendlichen, ihre eher lockere
20 Art, die Dinge auf sich zukommen zu lassen, oder ihre Haltung,
in Freizeit und Alltag zusammen mit anderen einfach nur mal
„gut drauf" sein zu wollen. […]
Insgesamt betrachtet erweisen sich die Jugendlichen in Deutschland nach wie vor als selbstbewusste Generation, die es gelernt
25 hat, mit dem gesellschaftlichen Druck umzugehen, und die sich
auch unter schwierigen Rahmenbedingungen behaupten kann.

INFO
Seit 1953 gibt der
Mineralölkonzern
Shell Umfragen zu
Einstellungen und
Werten von Jugend-
lichen in Deutschland
in Auftrag.

1 Was trifft zu? Notiere den entsprechenden Buchstaben und begründe.
   A Der Text ist ein Kommentar zur Shell-Jugendstudie 2010.
   B Der Text fasst Ergebnisse der Shell-Jugendstudie 2010 zusammen.
   C Der Text beschreibt die Shell-Jugendstudie 2010.

2 Fasse den Inhalt des Textes in drei Sätzen zusammen.

3 Schlage nach, was *pragmatisch, taktisch* und *Flexibilität* im Textzusammenhang bedeuten. Schreibe die Worterklärungen in dein Heft.

4 Beschreibe die Merkmale der heutigen Jugend laut Text in eigenen
Worten. Schreibe die Zeilen der entsprechenden Textstellen dazu.

5 Was trifft zu? Begründe in Stichworten in deinem Heft. Der Text …
berichtet sachlich / soll zum Handeln auffordern /
gibt die Autormeinung zur Jugend wieder.

Bei der Shell-Jugendstudie 2010 wurden Jugendliche (12–25 Jahre) unter anderem gefragt: „Was tust du, wenn du in Schwierigkeiten bist oder ein größeres Problem hast?" Hier die Antworten:

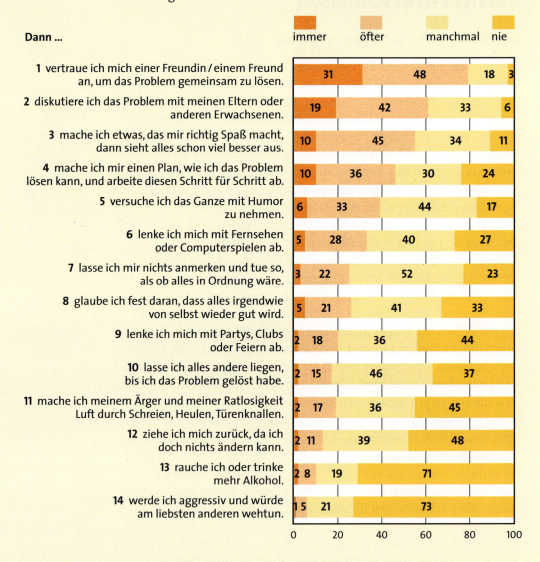

6 Richtig oder falsch? Notiere in dein Heft und begründe.
A Jugendliche vertrauen bei der Lösung von Problemen in erster Linie dem Rat ihrer Eltern.
B Eine pessimistische Grundhaltung bei der Lösung von Problemen wird von 48 % der Befragten angegeben.
C Die Mehrheit der Jugendlichen macht sich öfter einen Plan zur Lösung eines Problems.
D Der Anteil der Jugendlichen, die Probleme immer mit Freunden besprechen, ist genau so groß wie der Anteil derer, die sich oft mit Fernsehen und Computerspielen ablenken.

7 Welche Aussagen des Textes auf S. 131 werden durch das Schaubild belegt? Begründe schriftlich.

Sprachwandel und Sprachbedeutung

Sprache untersuchen

(Verfasser/in unbekannt)

Dû bist mîn, ich bin dîn:
des solt dû gewis sîn.
dû bist beslozzen
in mînem herzen:
verlorn ist daz slüzzelîn:
dû muost immer drinne sîn.

Die Liebe *(Matthias Claudius)*

Die Liebe hemmet nichts; sie kennt nicht Tür noch Riegel
Und dringt durch alles sich
Sie ist ohn Anbeginn, schlug ewig ihre Flügel
    Und schlägt sie ewiglich.

Fanpost *(Clueso)*

Egal, mit wem du sonst noch rumhängst
Hey Lady, ich bin dein größter Fan
Egal, wer sonst so deinen Namen noch nennt
Hey Baby, ich bin dein größter Fan.

Was weißt du schon?

- Lest die Texte zum Thema „Liebe" und betrachtet die Bilder dazu.
  Sprecht über folgende Fragen:
  – Wann und von wem könnten die Texte geschrieben worden sein?
  – Wer „spricht" jeweils im Text, wer ist das lyrische Ich?

- Untersucht die Sprache der Texte und vergleicht sie mit der heutigen deutschen Standardsprache. Notiert, was euch auffällt.

- Erklärt, was man unter *Jugendsprache* versteht.
  Ihr könnt den letzten Text als Beispiel heranziehen.

Früher und heute – Bedeutungswandel

den Bedeutungswandel eines Wortes nachvollziehen

1 Lies den Text zur Geschichte des Wortes *Hochzeit*.

Hochzeit – ein Wort in über 1000 Jahren

Das Wort *Hochzeit* kommt vom althochdeutschen Ausdruck *diu hôha gezît* aus dem 9. Jahrhundert. Dieser meinte ein „hohes Fest", also ein wichtiges religiöses oder weltliches Fest.
In der mittelhochdeutschen Sprache (11. bis 14. Jahrhundert)
5 wuchs *diu hôha gezît* zusammen zu *hôchgezît*, verkürzt *hôchzît*. Auch die Wortbedeutung veränderte sich, das Wort bekam eine engere Bedeutung: Es übernahm die Bedeutung des Wortes *Brautlauf*. Der *Brautlauf* war die feierliche Einführung der Braut durch den Bräutigam am Tag der Hochzeit. Die Wörter *Brautlauf*
10 und *hôch(ge)zît* bedeuteten zu dieser Zeit also beide „Heirat, Eheschließung".
Die ältere Bedeutung von *hôch(ge)zît*, nämlich „hohes Fest", galt noch bis ins 17. Jahrhundert. Eine Zeitlang konnte *hôch(ge)zît* also sowohl „hohes Fest" als auch „Heirat" meinen. Nach und nach
15 setzte sich jedoch das Wort *Fest* (vom lateinischen Wort *festus*) für „Feier" durch und das Wort *hôchzît* für „Heirat". Das Wort *hôch(ge)zît* hat also das ältere Wort *Brautlauf* verdrängt – und wurde seinerseits in der älteren Bedeutung durch das Wort *Fest* verdrängt.
20 Seit dem 15. Jahrhundert sagt man auf Neuhochdeutsch *Hochzeit*.
Heute verbinden wir mit dem Wort ein großes Fest zur Heirat eines Paares, wenn wir beispielsweise sagen: „Ich bin
25 zu einer Hochzeit eingeladen."

2 Die Bedeutung und die Schreibweise des Wortes *Hochzeit* haben sich gewandelt.

a) Welche Bedeutungen hatte das Wort *Hochzeit* im Lauf seiner Geschichte? Erkläre es einer Lernpartnerin / einem Lernpartner.

Inhalte tabellarisch darstellen

b) Übernimm die Tabelle in dein Heft. Notiere die unterschiedlichen Sprachstufen, Schreibweisen und Bedeutungen des Wortes.

Sprachstufe	Schreibweise	Bedeutung
Althochdeutsch (9. Jh.)	diu hôha gezît	wichtiges Fest
Mittelhochdeutsch	…	…
…		

den Begriff der Bedeutungsverengung erklären

c) Das Wort *Hochzeit* hat eine „Bedeutungsverengung" erfahren. Erkläre den Begriff anhand der Geschichte des Wortes *Hochzeit*.

Nachdenken über Sprache

3 Weitere Arten des Bedeutungswandels sind die Erweiterung sowie die Verschlechterung der Wortbedeutung.

weitere Formen des Bedeutungswandels nachvollziehen

a) Notiere die Sprachstufe, Schreibweise und Bedeutung der Wörter jeweils in einer Tabelle, ähnlich wie in Aufgabe 2.

> Aus dem althochdeutschen Wort *frouwa* wurde das mittelhochdeutsche Wort *vro(u)we*. Ursprünglich bedeutete *frouwa* „hohe, adlige Frau". In der neuhochdeutschen Sprache entstand daraus *Frau* mit der allgemeineren Bedeutung „weiblicher erwachsener Mensch".

> Das althochdeutsche *wîb* wurde im Mittelhochdeutschen zu *wîp* und im Neuhochdeutschen zu *Weib*.
> Es bedeutete ursprünglich *Frau aus dem Volke*.
> Heute ist das Wort *Weib* meist abwertend gemeint.

b) Tauscht euch darüber aus, wann und in welcher Bedeutung heute das Wort *Weib* verwendet wird. Nennt auch Beispiele, bei denen es nicht in abwertender Weise gebraucht wird.

---

❶ Bedeutungswandel

Die Bedeutung eines Wortes kann sich im Lauf der Geschichte ...
- **verengen**, z. B.: *das Mus: Speise → breiartige Speise*,
- **erweitern**, z. B.: *die Herberge: Unterkunft für das Heer → Unterkunft* (allgemein),
- **verbessern**, z. B.: *der Marschall: Pferdeknecht → hoher militärischer Rang*,
- **verschlechtern:** *Weib:* früher neutral, heute meist abwertend.

---

4 Redewendungen stammen oft aus früheren Zeiten. Sie sind gute Beispiele für die Veränderung von Wortbedeutungen.

Bedeutung und Herkunft einer Redensart erschließen

a) Lies die Erklärung zur Redewendung *jemanden huckepack tragen*.

Die umgangssprachliche Wendung *jemanden huckepack tragen* kann übersetzt werden mit *jemanden auf dem Rücken tragen*. Das kindersprachliche Wort *huckepack* kommt aus dem Niederdeutschen (Dialekt in Norddeutschland und im Osten der Niederlande) und ist eine Zusammensetzung aus dem Verb *hucken* (als Last tragen) und *back* (der Rücken). Seit dem 18. Jahrhundert hat sich das Wort im ganzen deutschen Sprachgebiet durchgesetzt.

INFO
Eine Redewendung ist eine feste, meist bildhafte Wortverbindung, z. B.:
> *jemandem einen Bären aufbinden* (jemanden anlügen): „Da hat er dir wohl einen Bären aufgebunden."
> *auf dem Schlauch stehen* (etwas nicht verstehen).

b) Erklärt euch in Partnerarbeit gegenseitig die Herkunft und Bedeutung der Redewendung *jemanden huckepack tragen*.

Nachdenken über Sprache

135

Bedeutung und Herkunft einer Redensart erschließen

5 **a)** Erkläre den Ausdruck „Das ist ja unter aller Kanone!"

b) Lies die folgende Erklärung zu dieser Redewendung.

Unter aller Kanone!

Unter aller Kanone ist eine umgangssprachliche Wendung und eine humorvolle Umdeutung des lateinischen *sub omni canone. Canon* bedeutet „Richtschnur, Maßstab". Wörtlich übersetzt heißt *sub omni canone* also „unter allen Maßstäben", was so viel meint wie
5 etwas ist „unterhalb jeglichen Maßes", etwas ist also so schlecht, dass man es nicht mehr messen oder bewerten kann.
Früher war der Kanon auch das schulische Stufensystem für Zensuren. War eine Arbeit besonders schlecht, war sie unter allem Kanon, unter jeder Bewertung. Mit der Zeit wurde das Wort
10 *Kanon* abgewandelt zu *Kanone*.

c) Erkläre mit eigenen Worten die Herkunft der Redewendung.

d) Wie drückt ihr euch aus, wenn ihr etwas sehr schlecht findet? Notiert entsprechende Ausdrücke und vergleicht ihre Bedeutung. Schreibt in euer Heft:
„Das ist grottenschlecht!"...

ein mittelhoch-deutsches Gedicht ins heutige Deutsch übertragen

6 Im Laufe der Zeit ändern sich Bedeutung und Schreibweise von Wörtern. Weist das nach anhand der Verse „Dû bist mîn ...". Sie stammen aus dem 12. Jahrhundert und gelten als das älteste deutsche Liebesgedicht.

a) Lies nochmals die Verse „Dû bist mîn ..." auf Seite 133.

b) Schreibe die Verse in dein Heft und übertrage sie dann in heutiges Deutsch. Du hast oft die Wahl zwischen einer engeren und einer freieren Form der Übertragung, z.B.:
Du bist mein ... (eng am Ausgangstext)
Du gehörst zu mir ... (freier übersetzt)

Sprachstufen vergleichen

c) Vergleicht in Partnerarbeit eure Ergebnisse:
– Was unterscheidet eure Vorschläge voneinander?
– Was unterscheidet die modernen Versionen von der alten Version?

einen Text in heutiges Deutsch übertragen

7 Das Gedicht „Die Liebe" auf Seite 133 wurde von Matthias Claudius (1740–1815) verfasst.

a) Übertrage das Gedicht in heutiges Deutsch. Die Verse müssen sich nicht reimen.

b) Vergleicht eure Ergebnisse in Partnerarbeit. Begründet die Veränderungen, die ihr am Text vorgenommen habt.

Sprache neu erfinden – Jugendsprachen

1 a) Lies das Gespräch zwischen den Freunden Tim und Milan.

Tim: Ey man, was geht?
Milan: Mies man, endlich Wochenende! Jetzt voll chillen!
Tim: Was'n mit heut' Abend?
Milan: Da läuft so'n hammer Konzert im „music4ever", haste Bock? Allein will ich da au' nich' hin. Da wollen welche rappen, auch Freestyle. Wird bestimmt geil.
Tim: Ja, klingt cool. Lass vorher 'ne Runde bei mir zocken.

b) Übertrage das Gespräch in die Standardsprache.
Schreibe z.B.: *Tim: Hallo, wie geht es dir? ...*

c) Erklärt, was eurer Ansicht nach „Jugendsprache" kennzeichnet, auch im Unterschied zur Umgangssprache.

d) Vergleicht mit eurem eigenen Sprachgebrauch. Ihr könnt das Gespräch dazu mit euren eigenen Worten nachspielen.

> *Jugendsprache in einem Gespräch untersuchen*

2 a) Lies den Text und gib den Inhalt mündlich mit eigenen Worten wieder.

„Was guckst du, bin isch Kino?"

Viele Eltern und Pädagogen reagieren geradezu allergisch auf den Jargon* ihrer Kinder. Wissenschaftler sehen die neuen Sprachschöpfungen gelassener – als kreative* Abgrenzung von den Erwachsenen und als Chance für eine Belebung der Umgangs-
5 sprache. […]
Manchmal verstehen Erwachsene nur Bahnhof. Aus gutem Grund, sagt die Wuppertaler Soziolinguistin* Eva Neuland: „Jugendliche grenzen sich mit ihrem Sprachstil von Älteren ab, durchaus aber auch von Jüngeren und Gleichaltrigen." […] In jeder Region, Stadt,
10 Schule, ja sogar Clique kursieren* andere Wörter, denn *die* Jugendsprache existiert so wenig wie *die* Jugend. […]
Es gibt sogenannte Verstärkungspartikeln wie „echt", typologisierende* Begriffe für andere Leute wie „Emo" (emotionaler Mensch), Wertungsausdrücke wie „fett" (für großartig) und
15 bildhaft-ironische Neukreationen* wie „Friedhofsgemüse" (für Senioren). Und natürlich jede Menge Ausdrücke für Angehörige des anderen Geschlechts. […]

b) Sammelt und notiert in Partnerarbeit Beispiele für die genannten Merkmale von Jugendsprache. Schreibt z.B.:
Verstärkungspartikeln: echt, voll ...

> *Merkmale von Jugendsprache bestimmen*

> **der Jargon:** Gruppensprache
> **kreativ:** schöpferisch, erfinderisch

> **die Soziolinguistin:** Sprachforscherin

> **kursieren:** im Umlauf sein

> **typologisieren:** einem Typ zuordnen

> **die Kreation:** Schöpfung, Erfindung

Nachdenken über Sprache

137

3 Die folgenden Wörter sind im „Wörterbuch der Jugendsprache" von 2007 aufgeführt.

Ausdrücke der Jugendsprache erklären

a) Ordnet jedes Wort der jeweiligen Bedeutung zu.

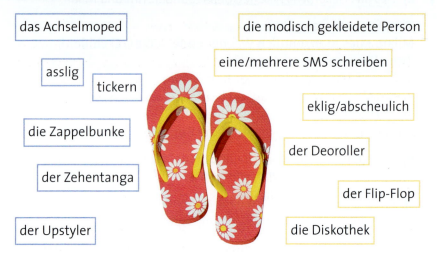

das Achselmoped	die modisch gekleidete Person
asslig	eine/mehrere SMS schreiben
tickern	eklig/abscheulich
die Zappelbunke	der Deoroller
der Zehentanga	der Flip-Flop
der Upstyler	die Diskothek

die Wirkung von Wörtern beschreiben

b) Beschreibt, wie diese Wörter auf euch wirken (z. B. bildhaft, provozierend, übertreibend, witzig …).

c) Klärt in der Klasse, wer welches Wort kennt oder verwendet. Zieht Rückschlüsse auf die „Lebensdauer" von Jugendsprache.

jugendsprachliche Ausdrücke erklären und beurteilen

4 Seit 2008 wird ein „Jugendwort des Jahres" von einer Jury ausgewählt. Das waren die Siegerwörter des Jahres 2011, von Platz 1 bis 3:

Swag   Fail   guttenbergen

a) Erklärt die Bedeutung der Wörter. Falls ihr sie nicht kennt, stellt Vermutungen an und recherchiert dann im Internet.

b) Recherchiert das aktuellste „Jugendwort des Jahres". Beurteilt dann die Siegerwörter der letzten Jahre: Haltet ihr eine Auszeichnung dieser Ausdrücke für gerechtfertigt?

❗ Jugendsprache

- Eine Sprachgemeinschaft verwendet in der Regel eine einheitliche **Standardsprache** (im Deutschen: **Hochdeutsch**).
- Im Alltag verwenden wir meist eine **Umgangssprache**. Sie ist allgemein verständlich, wenn auch in jeder Region etwas unterschiedlich. Vieles wird hier verkürzt oder bildhaft ausgedrückt, z. B.: *Der Knopf ist ab*; *Drahtesel* (Fahrrad).
- **Jugendsprache** gehört zu den Gruppensprachen. Sie verändert sich rasch und gibt Modetrends wieder. Merkmale sind u. a. grammatische Veränderungen und Neuschöpfungen, z. B. *Rentner-Bravo* (Apothekenzeitschrift).

Nachdenken über Sprache

Deutsch und Denglisch – Anglizismen

1 a) Lies die folgende Musikempfehlung.

Mit seinem ersten Album „You & Me" stieg der schottische Sänger und Songwriter Melvin Anfang des Jahres sofort in die britischen Charts ein. Auch in Deutschland findet Newcomer Melvin immer mehr Fans und somit den Weg in die nationalen Charts. Auf der ersten Singleauskopplung sind der Track „Love me" und ein toller Remix des Songs „You" enthalten. Der Sound des Albums ist mit seinen Hits im Bereich Pop anzusiedeln.

b) Ersetze die Anglizismen, d.h. Ausdrücke aus dem Englischen, so weit wie möglich durch deutsche Entsprechungen. Beschreibe, wie sich dadurch die Wirkung des Textes verändert.

Anglizismen erkennen und ersetzen

2 a) Der folgende Zeitungsartikel setzt sich mit dem Gebrauch von Anglizismen in deutschen Zeitungen auseinander. Fasse seine These in einem Satz zusammen.

sich über die Verwendung von Anglizismen informieren

Warum Leser keine Anglizismen mögen

Bullshit, Business, Bodyguard: In deutschen Zeitungen machen sich immer mehr aus dem Englischen eingewanderte Wörter breit. Die meisten sind unverständlich und sie sind oft auch unnötig, denn es gibt in vielen Fällen eine deutsche Vokabel, die
5 man stattdessen benutzen kann. Rund 60 Prozent der Deutschen können kein Englisch, schreibt der Sprachkritiker Wolf Schneider in seinem Buch „Speak German!", das sich gegen die übertriebene Verwendung von Anglizismen wendet. [...] Trotzdem sind aus dem Englischen eingewanderte Wörter in deutschsprachigen
10 Medien an der Tagesordnung. Oft sind diese Anglizismen nicht nur unverständlich, meist könnten sie auch problemlos durch eine deutsche Vokabel ersetzt werden. Beispiele gefällig? Da wäre etwa der *Underdog* (Benachteiligter), da wäre *Patchwork* (Flickwerk), da wäre die *Westbank* (das Westjordanland). Über Anglizismen
15 ärgern sich auch viele Leser [...] „Überall ist von *Lifestyle*, *Highlights*, *Newcomern* die Rede – warum schreibt die Presse nicht einfach von Stil, Höhepunkten und Anfängern?"

b) Gibt es zu viele Anglizismen in den Medien? Nimm Stellung. Beziehe dich auf den Text und auf deine eigenen Erfahrungen.

die Verwendung von Anglizismen reflektieren

c) Notiere deutsche Entsprechungen für die folgenden Begriffe. Nutze bei Bedarf ein Wörterbuch. Schreibe z.B.:
der Computer: der Rechner ...

Computer   downloaden   Sale   shoppen   Servicepoint

Nachdenken über Sprache

139

sich über Schein-anglizismen infor-mieren

TIPP
Nutze ein Wörterbuch oder das Internet, um das korrekte englische Wort zu finden.

3 Es gibt auch Scheinanglizismen. Dies sind Wörter, die es im Englischen nur in anderer Bedeutung oder gar nicht gibt, z.B.: *Talkmaster, Handy, Tramper, Oldtimer, Beamer, Hometrainer, Shooting Star*. Übernimm die Tabelle in dein Heft und ergänze sie.

Scheinanglizismus	Bedeutung	korrektes engl. Wort
Talkmaster	Leiter einer Unter-haltungssendung	chat-show host

stilistisch falsche Ausdrücke verbessern

4 Von „Denglisch" spricht man, wenn deutsche Ausdrücke wegen einer direkten Übersetzung aus dem Englischen nicht korrekt sind.

a) Ordnet in Partnerarbeit den stilistisch falschen deutschen Ausdrücken die englischen Originale zu.

> etwas erinnern   etwas macht Sinn   in Deutsch   in 2012
> einen guten Job machen   jemanden feuern

> to remember something   to make a good job   in 2012
> something makes sense   to fire somebody   in German

b) Schreibe die englischen Ausdrücke mit der richtigen Übersetzung in dein Heft. Schreibe z.B.:
to remember something: sich an etwas erinnern

c) Formuliere zu jedem Ausdruck einen Satz. Schreibe z.B.:
Ich erinnere mich gut an meine Grundschulzeit.

Anglizismen erklären

HILFE
> *die Mindmap: grafische Darstellung von Zusammen-hängen*
> *das Chatten: ...*

5 Manchmal drückt ein Anglizismus etwas besser aus als ein deutscher Ausdruck, sodass er das Verständnis erleichtert.

a) Übersetze die folgenden Anglizismen ins Deutsche bzw. beschreibe ihre Bedeutung.

> die Mindmap   das Chatten   der Toaster   im Internet surfen

> die Hotline   der Sound   das Last-Minute-Angebot   die Jeans

b) Sammelt weitere Anglizismen, die ihr für sinnvoll bzw. notwendig haltet. Begründet eure Auswahl.

❶ Anglizismen

Das Englische wurde im 20. Jahrhundert zur wichtigsten Sprache im internationalen Austausch. **Anglizismen** sind Ausdrücke aus dem Englischen, die zum festen Bestandteil einer anderen Sprache geworden sind. Besonders verbreitet sind sie z.B. im Bereich der Wissenschaft, der Musik und des Sports: *Boom, Break, Center, Coach, Container, Doping, fair, Fan, Hightech, Job, Keyboard, ...*

Nachdenken über Sprache

„Echt authentisch" – Modewörter

1 Das Wort *authentisch* wurde vom Magazin der Süddeutschen Zeitung als Unwort des Jahres 2010 vorgeschlagen, weil es „längst jeden Sinn verloren" habe durch die ständige Verwendung in allen möglichen Zusammenhängen.

a) Lies den Text und fasse seine Aussage in wenigen Sätzen zusammen. Erkläre auch den Begriff „Echtheitsterror" (Z.12).

> einen appellativen Text zum Thema erschließen

Authentisch

„Ich bin authentisch", sagte Hannelore Kraft im NRW-Wahlkampf. „Ich bin immer authentisch", antwortete Sami Khedira auf die Frage, warum er auf dem Platz so cool wirke. „Für mich ist es wichtig, dass ich authentisch bleibe", sagt der Golfprofi Martin
5 Kaymer. „Seid authentisch", raten Management-Trainer frisch beförderten Führungskräften und bekommen viel Geld dafür. Könnte es sein, dass es reicht? Dass man anfängt, sich nach Lüge und Fälschung und Illusion* zu sehnen, weil auf einmal jeder nur noch eines sein möchte: authentisch? Und weil man den
10 Menschen, die von sich behaupten, es zu sein, alles Mögliche glaubt, nur genau das eben nicht? […]
Seit Jahren tobt eine Art Echtheitsterror in den Medien, so oft stößt man auf das „au"-Wort, und immer ist es positiv gemeint. Wer es nicht kennt oder aussprechen kann, sagt: „Ich bin ich"
15 oder „Ich bin, wie ich bin" – als ob man nicht auch authentisch langweilig oder authentisch bescheuert sein könnte. […]
Und jetzt ist die Sache mit der „Authentizität" aus dem Ruder gelaufen*: Design- und Einrichtungsfirmen haben sich darauf spezialisiert, neue Produkte für viel Geld zu verkaufen, die
20 aussehen, als wären sie alt. Art-Direktoren* von Zeitschriften schwören auf den Effekt* „inszenierter* Authentizität", was nichts anderes bedeutet, als dass bei Fotoshootings* viele Stylisten* dafür sorgen, dass die Fotos anschließend aussehen, als hätte kein einziger Stylist für irgendwas gesorgt. Kaum ein Schau-
25 spielerinterview oder Künstlerporträt, kaum eine Film-besprechung kommt mehr ohne das Wort „authentisch" aus. […]
Wir sind der Sache mit der Echtheit auf den Leim gegangen. Sie ist eine Lüge.

> **die Illusion:** (Selbst-)Täuschung

> **aus dem Ruder laufen:** nicht mehr kontrollierbar sein
> **der Art-Direktor:** künstlerischer Leiter
> **der Effekt:** Wirkung
> **inszenieren:** *hier:* (vor-)spielen
> **das Fotoshooting:** Fotoaufnahmen
> **der Stylist** ist für Haare, Make-up usw. zuständig

b) Erläutere die Zitate in den Zeilen 1–4 und ersetze dabei *authentisch* durch andere passende Wörter. Synonyme, d.h. gleichbedeutende Ausdrücke, findest du im Text sowie in der Randspalte.

> passende Synonyme wählen

c) Kläre die Bedeutung der Wörter in der Randspalte. Formuliere zu jedem einen Satz, in dem sie *authentisch* ersetzen können.

> **INFO**
> Das Wort *authentisch* kann z.B. bedeuten: *echt, natürlich, richtig, originalgetreu, wahr, unverstellt, wirklich.*

Nachdenken über Sprache

141

Sprachgebrauch beurteilen

2 a) Erkläre die folgende Äußerung von Saskia.
Erläutere die Verwendung des Ausdrucks *echt authentisch*.

Saskia schaut sich den Film über das Leben des Sängers Bushido an. Hinterher lobt sie den Film: „Das war echt authentisch!"

b) Formuliere die Äußerung um.

> ### ❗ Modewörter
>
> Manche Wörter werden eine Zeitlang besonders gern und oft verwendet, bevor sie wieder „aus der Mode kommen". Diese sogenannten **Modewörter** werden meist nicht von der gesamten Sprachgemeinschaft verwendet, sondern von bestimmten Sprechergruppen, die damit ihre Gruppenzugehörigkeit ausdrücken. Bei häufigem Gebrauch verändern Modewörter oft ihre Bedeutung oder verlieren ihre Aussagekraft, weil die ursprüngliche Bedeutung in Vergessenheit geraten ist.

ein Modewort untersuchen

3 „*Authentisch* ist ein Modewort."

a) Überprüfe diese Feststellung. Berücksichtige dabei auch den Text von Seite 141 sowie das Merkwissen oben.

b) Nimm schriftlich Stellung. Gehe auf jeden Punkt des Merkwissens ein.

Modewörter sammeln und beurteilen

4 a) Gerade Jugendsprachen leben von schnelllebigen Modewörtern. Nennt Beispiele dafür von den Seiten 137 f. oder aus eurem eigenen Umfeld.

b) Was hältst du von der Verwendung von Modewörtern? Formuliere ein Statement dazu, eventuell mit Pro und Kontra.

stilistisch falsche Ausdrücke erkennen

5 „Bei zu häufiger Verwendung können Wörter ihre Aussagekraft verlieren."
Erkläre diese Aussage anhand folgender Beispiele.

| „Das ist total extrem!" | „Das finde ich supertoll!" |

Nachdenken über Sprache

„Schöngeredet" – Euphemismen

1 a) Lest die folgenden Zitate. Erklärt zu zweit die Bedeutung der kursiv gedruckten Ausdrücke und ersetzt sie durch andere.

b) Vergleicht jeweils die Wirkung der Sätze.

> **A** Wirtschaftsminister: „Das *Nullwachstum* des letzten Jahres wird sich im kommenden Jahr fortsetzen."

> **B** Leiterin eines Altenheims: „Unsere *Seniorenresidenz* bietet beste Lebensqualität für den *goldenen Herbst des Lebens*."

> **C** Versicherung: „Leider sind *Beitragsanpassungen* fällig."

Ausdrücke erklären und ersetzen

2 a) Lies den Text. Erkläre anhand der kursiv gedruckten Beispiele, was ein Euphemismus ist.

sich über Euphemismen informieren

Schönreden bringt Segen

Schlechte Nachrichten werden nicht besser, wenn der Überbringer sie in schöne Worte kleidet. Oder etwa doch? Wenn wir von etwas sprechen, das uns unangenehm ist, greifen wir gerne zu Euphemismen. Das sind Umschreibungen, die Dinge
5 besser aussehen lassen sollen, als sie sind. Wir finden, eine Person ist *stabil gebaut*, nicht etwa fett, eine schier unlösbare Aufgabe ist eine *Herausforderung*, und der Nachbar, der *von uns gegangen* ist, ist in Wirklichkeit tot. Die meisten Beschönigungen geschehen in bester Absicht. […] Zum Schönreden neigen wir in der Regel,
10 wenn uns der Kommunikationspartner wichtig ist und wir ihn nicht verletzen wollen.
Manche Täuschungen entstehen allerdings mit der Absicht, dem Empfänger die volle Tragweite des Inhalts zu verheimlichen. Wird etwa bei einer Kündigung davon gesprochen, dass der
15 Mitarbeiter *freigesetzt* wird, so handelt es sich um einen zynischen* Euphemismus. […] Mit diesem Euphemismus wird so getan, als ob dem Mitarbeiter mit seiner Entlassung nichts Besseres passieren könnte.

zynisch:
bissig, spöttisch

b) Bezieht den Text auf die kursiv gedruckten Wörter in Aufgabe 1. Welche Absichten vermutet ihr hinter den Euphemismen?

Euphemismen untersuchen

---

❶ Euphemismus

Ein Euphemismus ist ein Ausdruck, der einen Sachverhalt beschönigend, mildernd oder verschleiernd umschreibt.
Beispiele: *entschlafen* (statt: *sterben*), *vollschlank* (statt: *dick*);
Bei einem <u>Zwischenfall</u> *im Grenzgebiet starben fünf Menschen.*
(statt: *Bei einem Kampf im Grenzgebiet* …)

Nachdenken über Sprache

143

Euphemismen erklären und ersetzen

3 Was verbirgt sich hinter den kursiv gedruckten Euphemismen?

a) Erklärt die Sätze in Partnerarbeit.

> **A** Die Unternehmensführung kündigte *die Freistellung* von 50 Mitarbeiterinnen und Mitarbeitern an.

> **B** „Bei deiner Projektarbeit sehe ich noch *Verbesserungspotenzial*."

> **C** Die Firmenchefin kündigte unvermeidbare *Preiskorrekturen* an.

> **D** Erneute *Zwischenfälle* im Westjordanland forderten mehrere Todesopfer.

b) Schreibt die Sätze ins Heft. Ergänzt eine Formulierung ohne Euphemismus. Schreibt z. B.:
Die Unternehmensführung kündigte die Freistellung von 50 Mitarbeiterinnen und Mitarbeitern an.
→ *Die Unternehmensführung kündigte die Entlassung von ...*

Verwendungszwecke von Euphemismen unterscheiden

4 In welchen Bereichen werden besonders häufig Euphemismen verwendet und mit welchen Absichten?

a) Ordnet in Partnerarbeit die Beispiele aus den Aufgaben 1–3 bestimmten Bereichen zu, z. B. *Wirtschaft* ...

b) Erläutert, welche Absichten ihr hinter den Euphemismen vermutet. Geht dabei auf die vermuteten Interessen der Sprecher/innen ein.

Das habe ich gelernt

- Erkläre einer Lernpartnerin / einem Lernpartner am Beispiel „Hochzeit" den Bedeutungswandel eines Wortes.

- Sammle Anglizismen, die du im Alltag verwendest. Prüfe, ob sie durch deutsche Ausdrücke ersetzbar sind, und beurteile, welcher Ausdruck zu bevorzugen ist.

- Erkläre an Beispielen, was man unter „Scheinanglizismus" und unter „Denglisch" versteht.

- Erläutere an Beispielen die guten und die gefährlichen Seiten, die Euphemismen haben können.

- Diese Aufgabe im Kapitel fand ich besonders hilfreich: ...

- Das werde ich noch üben: ...

Schreibe in dein Heft oder Portfolio.

Anwenden und vertiefen

1 a) Sieh dir die Wörter und ihre Entwicklungen an.
Beschreibe sie einer Lernpartnerin / einem Lernpartner.

die Veränderung von Wörtern in der Sprachgeschichte beschreiben

Althochdeutsch	Mittelhochdeutsch	Heutiges Deutsch
ding, thin(g) „Gerichtssache, Rechtssache"	**dinc** „Gerichtssache, Rechtssache"	**...** „Sache" (allgemein)
mar(ah)-scalc „Pferdeknecht"	**marschalc** „Pferdeknecht"	**der Marschall** ...
tior „wildes Tier"	**tier** „wildes Tier"	**...**
gôrag „kleines, hilfloses Wesen"	**gôrec** „kleines, hilfloses Wesen"	**1) die Gören** (Plural) „(kleine) Kinder" **2) das Gör, die Göre** ...

b) Übertrage die Tabelle in dein Heft und ergänze die fehlenden Informationen. Ordne dann jeweils die Art der Bedeutungsveränderung zu: Wo hat sich die Wortbedeutung erweitert oder verengt, verschlechtert oder verbessert?

Formen des Bedeutungswandels erkennen

2 a) Lies den folgenden Dialog zwischen zwei Freundinnen.
Nenne jugendsprachliche Wörter und Wendungen aus dem Text.

jugendsprachliche Ausdrücke erkennen

Sara: Süße, Melvin gibt bald ein Konzert! Da müssen wir hin!
Jenny: Ich würde hammer gerne, aber ich weiß nich', ob meine Eltern mich lassen. Die schieben schon Terror, wenn ich nachmittags nur mal kurz weggehe. Und dann abends zum Konzert?
Sara: Ah nein, wie ätzend! Können die nicht langsam mal auf ihren Kontrollzwang klarkommen? Melvin! Das ist so geil!
Jenny: Frag mal! Seine Show ist der Hammer, die soll mies gut sein! Ich versuch meine Eltern zu überreden, deren Getue ist ja mal so was von therapierend.

b) Schreibe typische Merkmale von Jugendsprache in dein Heft und ordne ihnen Beispiele aus dem Text zu, z. B.:

Merkmale von Jugendsprache kennen und Beispiele zuordnen

verstärkende Ausdrücke:	*hammer ...*
wertende Ausdrücke:	...
Gebrauch mit veränderter Bedeutung:	...
Neuschöpfung von Ausdrücken:	...

Nachdenken über Sprache

Nachdenken über Sprache

Anglizismen erklären

3 a) Lies den Zeitungstext.
Erkläre die Bedeutung der markierten Anglizismen.

Der Newcomer Martin Steger tritt heute seinen neuen Job als Co-Trainer an der Seite von Jan Heuss an, um künftig das Hamburger Team vom FC Petri zu coachen. Mit seinem Know-how wird Steger Heuss tatkräftig unterstützen. In einem Interview erklärte Steger, dass er einen guten Job machen wolle, sich auf die Arbeit freue und hoffe, Partner und Boss für die Spieler zu sein. Ein erstes Highlight sei für ihn das Match gegen den HSV.

Anglizismen beurteilen und ggf. ersetzen

b) Welcher der Anglizismen ist deiner Meinung nach an der Stelle notwendig, überflüssig oder ggf. falsch? Begründe jeweils und nenne ggf. ein passendes deutsches Wort. Schreibe in dein Heft.

häufig verwendete Wörter erklären und beurteilen

4 a) Erkläre das Wort *Coaching* mit Hilfe des Wörterbuchs. Recherchiere im Internet, wie das Wort verwendet wird, und notiere Beispiele. Schreibe z. B.:
Coaching für Unternehmen, Karriere-Coaching ...

b) Wie beurteilst du den häufigen Gebrauch des Wortes *Coaching*? Ist es ein Modewort? Begründe deine Ansicht.

Euphemismen erkennen, erklären und ersetzen

5 a) Welche Euphemismen enthalten die folgenden Aussagen? Nenne sie und begründe.

> **A** aus einer Werbeanzeige:
> „Unsere Markenuhren gehören zum hochpreisigen Topsegment."

> **B** in einer Rückmeldung zum Praktikum:
> „Die Bereiche Pünktlichkeit und Zuverlässigkeit sind bei Ihnen sicherlich noch steigerungsfähig."

> **C** Katja zu ihrem kleinen Bruder mit der schmutzigen Hose:
> „He, nun nimm mal deinen Allerwertesten von meinem neuen Sessel und setz dich woandershin, ja?"

b) Erläutere, in welcher Absicht die Euphemismen wohl verwendet wurden. Beurteile jeweils die Verwendung.

c) Ersetze die Euphemismen durch andere, direktere Ausdrücke. Schreibe die neuen Sätze auf und vergleiche ihre Wirkung mit bzw. ohne Euphemismus.

Wortarten und Wortformen
Mit Wortarten umgehen

Berufsfelder mit Zukunft: rund um Gesundheit und Fitness

Das Gesundheitswesen wird zukünftig stark wachsen und mit ihm auch der damit verbundene Ausbildungs- und Arbeitsmarkt.
Zum einen wird die Bevölkerung in Deutschland und allgemein in Industrieländern immer älter, dies sorgt für mehr Bedarf in Bereichen wie Betreuung oder Medizintechnik.
Zum anderen waren Gesundheit, Fitness und Wohlbefinden schon in den vergangenen Jahren Trendthemen und sie werden auch künftig für Innovationen sorgen: Innovationen, die Ausbildungs- und Arbeitsplätze schaffen.

Was weißt du schon?

- Lest den Text. Tauscht euch über euch bekannte Ausbildungsmöglichkeiten rund um Gesundheit und Fitness aus.

- Nenne die Nomen im Text, die sich dem Oberbegriff *Gesundheit* zuordnen lassen.

- Welche Wortarten kennt ihr und woran erkennt man sie? Notiert in Partnerarbeit und schreibt jeweils ein Beispiel dazu.

- Welche Arten von Pronomen kennst du und welche Aufgabe haben sie? Notiere in Stichworten und beziehe auch die drei markierten Pronomen im Text mit ein.

- Bestimme die Tempusformen in jedem Satz und erkläre ihre Verwendung an der Stelle.
Achtung: Bei Satz 1 und 2 musst du genau hinsehen.

Wortarten kennen, Wortformen bilden

Nomen und begleitende Adjektive

Informationen zusammenfassen

INFO
die vier Fälle:
> **Nominativ**
  (Frage: Wer/Was?):
  der Mann, das Kind
> **Genitiv**
  (Frage: Wessen?):
  des Mannes,
  des Kindes
> **Dativ**
  (Wem?): *dem Mann,*
  dem Kind
> **Akkusativ**
  (Wen/Was?):
  den Mann, das Kind

↪ Adjektiv, Nomen,
S. 231

1 Lies den Text. Welche Probleme der Fitnessbranche werden genannt?

Berufsbild Sport- und Fitnesskauffrau/-mann

Fitnessstudios erfreuen sich großer Beliebtheit. Allerdings sind
auch die Ansprüche der Kunden an kompetente, individuelle
Beratung gestiegen. Die harte Konkurrenz auf dem Fitnessmarkt
hat zudem dazu geführt, dass bei den vielfältigen Betriebsaus-
5 gaben mit spitzem Bleistift gerechnet, also gespart werden muss.
Insgesamt ist also ein Bedarf an professionell... Fachkräften
entstanden: Gefragt sind
nicht nur durchtrainiert...
Aerobictrainer/innen als
10 Übungsleiter/innen, sondern
auch fähig... Personal, das
sich in betriebswirt-
schaftlich... Fragen genauso
auskennt. Aber auch in
15 Sportvereinen reicht heute
vielfach das ehrenamtlich...
Engagement nicht mehr aus,
um die umfangreich...
Vereinsaufgaben kompetent
20 zu managen.

Adjektive als Nomen-begleiter deklinieren

2 Adjektive werden dekliniert, wenn sie ein Nomen begleiten.

a) Schreibe den Text ab Zeile 6 in dein Heft. Ergänze dabei die
Endungen bei den markierten Adjektiven.

b) Erfrage die unterstrichenen Nomen im Text und die begleitenden
Adjektive und bestimme den Fall (Kasus), in dem sie stehen, z.B.:
– *Wessen erfreuen sich die Fitnessstudios?*
  Sie erfreuen sich großer Beliebtheit. (Genitiv)
– *Die Ansprüche an wen/was ...*

c) Erkläre, warum „kompetent" in der letzten Zeile nicht dekliniert
wird.

Adjektive steigern

INFO
Steigerungsformen:
> Positiv: *gut*
> Komparativ: *besser*
> Superlativ:
  am besten

3 Die meisten Adjektive kann man steigern.

a) Welche Adjektive im Text oben kann man sinnvoll steigern,
welche nicht? Begründe deine Auswahl.

b) Wähle drei Adjektiv-Nomen-Verbindungen aus dem Text.
Schreibe ihre Steigerungsformen in dein Heft, z.B.:
die große Beliebtheit – die größere ... – die größte ...

Pronomen

4 a) Lies den Text und fasse die Berufsbeschreibung kurz zusammen.

b) Bestimme die markierten Pronomen und erkläre ihre Verwendung, z. B.: *Sie: Personalpronomen, steht für „Podologinnen und Podologen".*

Berufsbild Podologin/Podologe

Podologinnen und Podologen sind in der nichtärztlichen Heilkunde am Fuß tätig. Sie pflegen und behandeln Füße – auch in Fällen, in denen dies medizinisch geboten ist. Sie arbeiten selbstständig und auf ärztliche Verordnung. Viele sind in podologischen Praxen sowie in Fußpflegeabteilungen von Rehabilitationskliniken und Krankenhäusern tätig. Andere arbeiten in Physiotherapiepraxen. Darüber hinaus trifft man sie in Kosmetiksalons, Sanitäts- und Orthopädiehäusern, Seniorenheimen und Erholungseinrichtungen an, die ebenfalls zu ihren Beschäftigungsfeldern zählen.

Pronomen bestimmen und erklären

INFO
> **Personalpronomen:** steht für ein Nomen
> **Possessivpronomen:** gibt an, wem oder zu wem etwas gehört
> **Demonstrativpronomen:** weist auf etwas hin
> **Indefinitpronomen:** ersetzt etwas nicht näher Bestimmtes oder Unbekanntes
> **Relativpronomen:** leitet einen Relativsatz ein

Die Zeitformen der Verben

5 Lies nochmals den Text auf Seite 147 und stell dir vor, alles sei eingetreten wie darin vorausgesagt. Schreibe den Text in der Vergangenheitsform auf: *Das Gesundheitswesen wuchs stark ...*

die Bildung und Verwendung der Zeitformen üben

INFO
Oft weisen Signalwörter wie *nachdem, bevor* auf unterschiedliche Zeitebenen hin.

> **Vergangenheit und Vorzeitigkeit ausdrücken**
>
> - **Einfache Sätze** in der Vergangenheitsform stehen im **Perfekt** oder **Präteritum**, z. B.:
>   *Im letzten Jahr haben Fitnessstudios einen wahren Boom erlebt.*
>   *Im letzten Jahr erlebten Fitnessstudios einen wahren Boom.*
> - Von zwei Teilsätzen in der Vergangenheitsform steht der frühere (vorzeitige) im **Plusquamperfekt**, der spätere im **Präteritum**,
>   z. B.: *Gesundheit war schon lange ein Trendthema gewesen, bevor die Fitnessstudios im letzten Jahr einen Boom erlebten.*

6 Lies den Bericht über die Ausbildung zum „Gesundheits- und Krankenpfleger" und schreibe ihn in der Vergangenheitsform auf.

Verben im Präteritum und Plusquamperfekt bilden

Nachdem ich die theoretische Ausbildung ⁝⁝ (absolvieren), begann die praktische Ausbildung auf der Station eines Krankenhauses. Dort ⁝⁝ (durchlaufen) ich fast alle medizinischen Fachgebiete und ⁝⁝ (arbeiten) auch auf einer Sozialstation. Immer wenn man einen Einsatz ⁝⁝ (beenden), ⁝⁝ (erhalten) man ein Zeugnis von der jeweiligen Station, das für die spätere Gesamtnote ⁝⁝ (zählen). Nachdem ich praktische Tätigkeiten wie z. B. das Waschen von Patienten gründlich ⁝⁝ (lernen), ⁝⁝ ich mich auch der folgenden Prüfung durch einen Praxiskoordinator ⁝⁝ (sich gewachsen fühlen).

Nachdenken über Sprache

149

Den Konjunktiv verwenden

Aussagen in indirekter Rede wiedergeben

Konjunktivformen erkennen und bilden

Manche Menschen verhelfen anderen beruflich zu mehr Fitness – andere verdienen ihr Geld mit ihrer eigenen sportlichen Leistung.

1 a) Lest den Artikel aus einer Zeitschrift für Azubis. Sprecht darüber, inwiefern prominente Sportler/innen Vorbilder sein können.

> ### Fußballerin und Vorbild
>
> Vorigen Monat konnten wir die Fußballerin Steffi Jones für ein Interview gewinnen und wollten von ihr wissen, welche Rolle Fußball für sie spielt. Frau Jones antwortete, dass Fußball in ihrem eigenen Leben natürlich eine herausragende Rolle gespielt habe, aber auch für die Gesellschaft wichtig sei: Er verbinde Menschen, fördere Solidarität und Teamgeist und bringe natürlich jede Menge Spaß für alle Beteiligten. Wir fragten auch nach persönlichen Tipps für unsere Leserinnen und Leser. Frau Jones dazu: „Das Wichtigste ist, dass man auf sich selbst vertraut. Auch bei großem Erfolg darf man aber nicht die Bodenhaftung verlieren."

b) Die Redaktion der Zeitschrift hat die Interview-Antworten zumeist in indirekter Rede wiedergegeben. Schreibe die Konjunktivformen aus dem Text heraus.

c) Gib auch die letzte Aussage in indirekter Rede wieder. Schreibe sie in dein Heft.
Frau Jones antwortete, das Wichtigste ...

INFO
Bei der Wiedergabe mit einem **dass-Satz** kann das Verb auch im Indikativ Präsens verwendet werden:
Er sagt, dass sie an den Trainingstermin denken.

> ### ❗ Aussagen in indirekter Rede wiedergeben
>
> - Gesagtes kann man in wörtlicher (direkter) Rede oder in indirekter Rede wiedergeben. Bei der indirekten Rede wird in der Regel der Konjunktiv I verwendet.
> - **wörtliche Rede (Indikativ):** *„Das Verletzungsrisiko ist im professionellen Fußball heutzutage ausgesprochen hoch."*
> - **indirekte Rede (Konjunktiv I):** *Der Sportarzt Lukas M. betont, dass das Verletzungsrisiko im professionellen Fußball heutzutage ausgesprochen hoch sei.*
> - **Bildung: Verbstamm + Endung im Konjunktiv**, z. B.: *ich habe, du habest, er/sie/es habe, wir haben, ihr habt, sie haben*
> - Oft unterscheiden sich die Formen von Indikativ und Konjunktiv I nicht. Dann kann man den **Konjunktiv II** oder eine Umschreibung mit **würde** verwenden:
>   *Er sagt, sie ~~denken~~ **dächten** an den Trainingstermin.*
>   *Er sagt, sie ~~denken~~ **würden** an den Trainingstermin **denken**.*

Nachdenken über Sprache

150

2 Florian hat kürzlich seine Ausbildung als Physiotherapeut beendet und gibt in einem Interview Auskunft darüber.

a) Lest die Fragen und Antworten. Tauscht euch darüber aus, was ihr erfahrt und welche weiteren Fragen ihr stellen würdet.

den Konjunktiv I für die indirekte Rede verwenden

„Florian, warum wurdest du Physiotherapeut?"
„Meinen Zivildienst habe ich in einem Krankenhaus geleistet. Die Physiotherapeuten dort beeindruckten mich sehr."
„Hast du während deiner Ausbildung auch Berufspraxis
5 gesammelt?"
„Ab dem zweiten Ausbildungsjahr war ich abwechselnd jeweils sechs Wochen an der Schule und im Praktikum in Krankenhäusern oder Reha-Kliniken."
„Welche Beschwerden haben deine Patienten?"
10 „Sie kommen mit Rückenschmerzen oder Verletzungen an Schulter, Hüfte und Knie. Viele jüngere Patienten haben Sportverletzungen."
„Hast du für dich die richtige Berufswahl getroffen?"
„Ja, der Beruf interessiert mich sehr und erfüllt mich. Wenn ich
15 abends von der Arbeit nach Hause komme, weiß ich, dass ich heute wieder Menschen helfen konnte."

b) Die Interviewer wollen Aussagen aus dem Gespräch in indirekter Form zitieren. Schreibe aus ihrer Sicht und gib die Aussagen in indirekter Rede wieder.
Zunächst interessierte uns, wie Florian zu seinem Beruf gekommen war. Er erzählte, er habe seinen Zivildienst ...

TIPP
> Verwende redeeinleitende Verben wie *entgegnen, betonen, erklären.*
> Passe die Pronomen an: *ich habe ... → er habe ...*

Den Konjunktiv II verwenden

3 Florian bittet seinen Arbeitgeber um eine Einschätzung seiner Arbeit im Praktikum. Untersucht in Partnerarbeit die Verwendung von Formen des Konjunktiv II in seinem Brief:
– Ersetzt diese Formen probehalber durch Indikativformen.
– Beschreibt und vergleicht die Wirkung.

die Verwendung des Konjunktiv II als Höflichkeitsform untersuchen

HILFE
Indikativ: *können, helfen ...*
Konjunktiv II: *könnten, würde helfen ...*

Wenn Sie mir eine schriftliche Einschätzung meiner Arbeit geben könnten, würde mir das sehr weiterhelfen. Ideal wäre es zum Monatsende, falls das möglich ist.

4 Formuliere die folgenden Aufforderungen höflicher, indem du Formen des Konjunktiv II verwendest. Schreibe sie in dein Heft.
Ich möchte gerne eine Rückmeldung. *–> Ich hätte gerne ...*
Bitte schließen Sie das Fenster. *–> Könnten ...?*
Einen Tee, bitte.
Nehmen Sie Ihren Hund an die Leine.

Aufforderungen mit dem Konjunktiv II formulieren

Nachdenken über Sprache

Aktiv und Passiv verwenden

Informationen exzerpieren

1 Informiere dich anhand des Textes über den Beruf „Biokosmetiker/in". Liste stichpunktartig auf, welche Tätigkeiten dazu gehören:
– *Beratungsgespräch führen*
– *Haut-/Gesamtzustand und Bedürfnisse ...*

Biokosmetiker/innen bieten eine ganzheitliche Schönheitspflege, die auf Körper und Geist wirken soll. Sie beraten zugleich auch über eine gesunde Lebensweise und Ernährung, da diese Faktoren auf den Hautzustand unmittelbaren Einfluss haben. Zunächst
5 wird ein ausführliches Beratungsgespräch geführt, bei dem Haut- und körperlicher Gesamtzustand sowie die Bedürfnisse der Kundin oder des Kunden analysiert werden. Nach der Typisierung des Hautbildes wird eine kosmetische Hautbehandlung von Gesicht und Dekolletee oder auch des ganzen Körpers durch-
10 geführt. Dabei werden Techniken und Verfahren der Kosmetik, Fußpflege, Massage, Visagistik* und Maniküre angewendet. Zur Ganzkörperkosmetik gehören etwa auch Arm- und Körper- packungen, kosmetische Bäder oder Heilkräuter-Essenz*- Therapien. Im Bereich der dekorativen Kosmetik tragen
15 Biokosmetiker/innen den Kundinnen zum Beispiel Tages- oder Abend-Make-up auf. Für die kosmetische Behandlung werden nur Pflege- und Kosmetikprodukte aus natürlichen Wirkstoffen in Natur- und Bio-Qualität verwendet. Bio-Kosmetiker/innen beraten ihre
20 Kundschaft auch über Anwendung und Wirkungsweise dieser Präparate*.

die Visagistik: kosmetische Gestaltung des Gesichts
die Essenz: konzentrierter Stoff

das Präparat: *hier:* kosmetisches Mittel

Aktiv- und Passiv- formen erkennen und bilden

2 a) Untersuche die Verwendung des Passivs im Text:
– Wo werden Passivformen verwendet?
– Wer ist/sind jeweils die Handelnde/n?
– Warum werden sie an der Stelle nicht genannt?

b) Forme die Passivsätze in Aktivformen um und ergänze die Handelnde/n. Vergleiche dann den Informationsgehalt der Sätze.

c) Forme die Aktivsätze in Passivsätze um. Wo ist das sinnvoll, wo nicht? Begründe.

> **❗ Aktiv und Passiv**
>
> - Bei Sätzen im **Aktiv** wird **die/der Handelnde** ausdrücklich genannt: *Die Kosmetikerin beriet Tomas ausgezeichnet.*
> - Bei Sätzen im **Passiv** wird der Blick mehr auf **das Geschehen** gerichtet. Die/Der Handelnde bleibt meist ungenannt, kann aber mit der Präposition ***durch*** oder ***von*** hinzugefügt werden: *Tomas wurde (von der Kosmetikerin) ausgezeichnet beraten.* Das Passiv wird gebildet mit **werden + Partizip II**.

Nachdenken über Sprache

3 Ein strittiges Gesundheitsthema ist die Arbeit von Piercerinnen und Piercern, denn die geht buchstäblich „unter die Haut".

eine Anleitung mit Aktiv- und Passivformen schreiben

a) Lies die aufgelisteten Schritte beim professionellen Piercing:
- ausführliches Beratungsgespräch führen
- darin über Risiken und Kosten aufklären
- ein geeignetes Schmuckstück empfehlen
- Einweghandschuhe anziehen
- die Instrumente und den Schmuck sterilisieren
- mit einer Hohlnadel die Haut durchstechen
- den Schmuck durch den Stichkanal ziehen
- die Wunde mit einem sterilen Verband versorgen
- der Kundin / dem Kunden genaue Pflegeanweisungen für einen sicheren Heilungsprozess über die nächsten Wochen geben

b) Fertige aus den Stichworten eine Anleitung zum Piercen und schreibe sie in dein Heft. Verwende sowohl Aktiv- als auch Passivformen, damit der Text nicht zu eintönig klingt.

HILFE
*Zunächst führt man ...
Zunächst führt die Piercerin / der Piercer ...
Zunächst wird ein ...*

c) Vergleicht eure Ergebnisse in Partnerarbeit.

4 Beschreibt die Schritte beim Piercing rückblickend, z.B. für einen Arbeitsbericht: Setzt den Text mündlich in die Vergangenheitsform. Jede/r formuliert abwechselnd einen Satz.

einen Text in der Vergangenheitsform schreiben

> **! Das Zustandspassiv**
>
> Das **Zustandspassiv** ist eine Nebenform des Passivs und beschreibt einen Zustand (als Ergebnis eines Vorgangs).
> Es wird gebildet mit **sein + Partizip II**:
> *Der Schmuck wird sterilisiert.* → *Der Schmuck ist sterilisiert.*

5 Bilde vollständige Sätze aus den Schlagzeilen. Entscheide dich jeweils für das Passiv mit *werden* oder mit *sein* und begründe.

Vorgangs- und Zustandspassiv verwenden

Streik nach 10 Tagen beendet	Immer mehr Tierarten bedroht
90-Jähriger zweimal ausgeraubt	Alle Bildungsziele erreicht

> **Das habe ich gelernt**
>
> - Es gibt folgende Arten von Pronomen mit entsprechend unterschiedlichen Aufgaben: ...
> - Bei der Übertragung von direkter in indirekte Rede achte ich auf Folgendes: ...
> - Das Wissen zum Umgang mit Aktiv/Passiv hilft mir dabei, ...
> - Leicht fiel mir .... Noch arbeiten möchte ich an ...
>
> Schreibe in dein Heft oder Portfolio.

Nachdenken über Sprache

Anwenden und vertiefen

Nomen erfragen und den Kasus bestimmen

 1 a) Erfrage die unterstrichenen Nomen. Schreibe die Fragen und Antworten in dein Heft und unterstreiche die Fragewörter.

b) Schreibe jeweils dazu, in welchem Fall die Nomen stehen.
Wer will ein Praktikum machen? – Robin (Nominativ)
Wen/Was will Robin machen? – ein Praktikum (...)
In wessen Pflegeheim will Robin ...

Robin will ein Praktikum im Pflegeheim seiner Heimatstadt machen. Er ruft den Leiter des Heims an und vereinbart einen Gesprächstermin. Manchmal hilft Robin seiner Mutter bei der Pflege seines Großvaters.

Vergangenheit und Vorzeitigkeit ausdrücken

HILFE
Nachdem ...
Als ...
Obwohl ich vorher ...
Weil ...

2 Formuliere Sätze über vergangene Ereignisse, in denen du Vorzeitigkeit durch das Plusquamperfekt ausdrückst. Wähle ein Thema, z. B.: *wichtige Daten meines Lebens; mein Berufspraktikum*.

 a) Notiere den Ablauf der Ereignisse oder Handlungen in Stichworten. Du kannst auch eine Zeitleiste anfertigen.

 b) Formuliere ganze Sätze. Verwende das Perfekt oder das Präteritum für einfache Sätze in der Vergangenheit, das Plusquamperfekt bei Vorzeitigkeit, z. B.: *Nachdem ich zur Welt gekommen war, arbeitete meine Mutter in Teilzeit.*

Aussagen wiedergeben

 3 a) Gib die Interview-Aussagen der Sport- und Fitnesskauffrau Elena in der indirekten Rede (im Konjunktiv) wieder.
Der Grund für Elenas Berufswahl sei ihre Freude am Umgang mit Menschen gewesen. Es mache ...

Mein Grund für die Berufswahl war meine Freude am Umgang mit Menschen. Es macht mir auch viel Spaß, zum Wohlbefinden anderer beizutragen. Offenheit und Flexibilität sind wichtige Voraussetzungen. Manchmal musste ich auch spät am Abend oder am Wochenende arbeiten. Auf jeden Fall kann ich die Ausbildung nur weiterempfehlen. Die Azubis haben gute Einstellungschancen.

 b) Gib einige der Sätze in freier Form wieder: *Elena nennt als Grund für ihre Berufswahl die Freude am Umgang mit ...*

 4 Schreibe einen zusammenfassenden Text über Ausbildungsberufe rund um Gesundheit und Fitness. Greife auf die Texte in diesem Kapitel zurück und gib Aussagen daraus wieder, unter anderem in indirekter Rede (im Konjunktiv).

das Zustandspassiv verwenden

5 Notiere Sätze mit dem Zustandspassiv folgender Verben. Schreibe z. B.: *Das Haus ist frisch renoviert....*

| renovieren | streichen | waschen | reinigen | verputzen |

Nachdenken über Sprache

154

Mit Sätzen umgehen
Sätze gliedern, verbinden, umgestalten

Die Weichen für die Zukunft stellen

Die Berufswahl beschäftigt die meisten Jugendlichen. Den Unentschlossenen kann oft eine gute Berufsberatung helfen. Sie informiert kompetent und individuell über die möglichen Berufsfelder und Ausbildungswege.

Was weißt du schon?

- Übertrage den Text oben in dein Heft. Bestimme die Satzglieder mit der Umstellprobe und kreise sie ein.
- Erfrage die Satzglieder nun mit der Frageprobe.
- Stellt den zweiten Satz in Partnerarbeit möglichst oft um. Erläutert, wie sich jeweils die Satzaussage verändert.
- Was versteht man unter einer Satzreihe, was unter einem Satzgefüge? Nenne jeweils ein Beispiel.
- Verbinde zwei der Sätze oben zu einer Satzreihe oder zu einem Satzgefüge. Verwende eine passende Konjunktion.

Satzglieder bestimmen

1 Lest den Text. Fasst in eigenen Worten zusammen, welches Problem und welcher Lösungsweg genannt werden.

Textaussagen zusammenfassen

Die Qual der Wahl

Wenn gegen Ende der Schulzeit die Berufsentscheidung tatsächlich ansteht, sind viele Jugendliche erst einmal ratlos. Barbara Knickrehm vom Deutschen Verband für Bildungs- und Berufsberatung berichtet: „Viele junge Leute wissen nicht, welchen Berufsweg sie einschlagen sollen. Manche denken, dass sie erst sämtliche Berufe kennen müssten." Dies ist jedoch wegen der schier unendlichen Auswahl an Berufsbildern unmöglich. Knickrehm empfiehlt ihnen daher einen anderen Weg: Am besten findet man während einer Selbstreflexionsphase* seine Neigungen und Interessen für sich heraus. Dabei orientiert man sich am besten nicht nur an seinen schulischen Leistungen. Wichtig sind auch Qualifikationen, die man außerhalb der Schule, zum Beispiel im Sportverein, gesammelt hat.

die Selbstreflexion: das Nachdenken über sich und seine Ziele

Satzglieder erfragen und bestimmen
→ S. 235

TIPP
Achte auf mehrteilige Prädikate, etwa bei trennbaren Verben *(Ich rufe sie an)* oder reflexiven Verben *(So informiert man sich).*

INFO
Adverbialbestimmung:
Wo/Wohin/Woher/…?
Wann/Wie lange/…?
Wie/Womit/…?
Warum/Wozu…?
Bei der Adverbialbestimmung fordert das Verb keine feste Präposition:
Sie steht beim Haus.
Sie steht vor dem Haus.
Präpositionalobjekt:
Ich frage nach Informationsmaterial.
Verb und Präposition gehören zusammen.

2 a) Bestimmt in Partnerarbeit alle unterstrichenen Satzglieder. Erfragt sie jeweils mit der Frageprobe, z. B.:
– Wer/Was steht … an? die Berufsentscheidung → Subjekt
– Was geschieht? (Die Berufsentscheidung) steht … an → Prädikat

b) Bestimmt die farbig gedruckten Adverbialbestimmungen mit der Frageprobe, z. B.:
– Wann steht die Berufsentscheidung an?
gegen Ende der Schulzeit → Adverbialbestimmung (der Zeit)

❗ Präpositionalobjekte

- Manche Verben erfordern eine bestimmte Präposition, mit der das Objekt angeschlossen wird, z. B. *bitten um, denken an.* Da der Fall dieses Objekts dann von der Präposition bestimmt wird, heißt es Präpositionalobjekt.
- Beim Erfragen dieses Objekts ist die Präposition immer enthalten, z. B.: *Wofür/ Womit/ Wonach/ Worüber/ Wovon …? Er bittet **um** einen Termin. (bitten um)* → *Wo**rum** bittet er?*

156

3 a) Lies den Text. Schreibe die markierten Verben im Infinitiv in dein Heft und ergänze die geforderte Präposition, z. B.: *träumen von, …*

Präpositionalobjekte erfragen

Marika **träumte** lange von einer Tätigkeit als Erzieherin. Dann **erzählte** ihr eine Freundin von ihrem Praktikum in einem Architekturbüro. Marika **informierte sich** genauer über die Arbeit dort und **bewarb sich** ebenfalls um ein Praktikum. Sie war begeistert von der vielfältigen Arbeit im Architekturbüro. Schließlich **dachte** sie an eine Veränderung ihres Berufsziels.

b) Erfrage die Präpositionalobjekte im Text. Schreibe die Fragen und Antworten in dein Heft, z. B.:
Wovon träumte Marika lange? von einer Tätigkeit als Erzieherin

4 Bilde zu jedem Verb einen Satz mit einem Präpositionalobjekt. Schreibe die Sätze in dein Heft.

Präpositionalobjekte verwenden

> beginnen mit   suchen nach   sich freuen über
> sich erkundigen nach   warten auf   sich interessieren für

5 a) Lies den Auszug aus Tinos Bericht zum Praktikumsbeginn im Hort. Erfrage die markierten Adverbialbestimmungen, z. B.:
Wann kam Tino im Hort an? um neun Uhr (Zeit)

Adverbialbestimmungen erkennen

Um 9:00 Uhr kam ich **im Hort** an. Die Leiterin begrüßte mich **freundlich**, führte mich **gleich** zur ersten Kindergruppe und
5 stellte mich der Erzieherin vor. Wir gingen **gemeinsam** in den Werkraum, wo wir ein Segelboot bastelten. **Nach dem Mittagessen** gingen wir
10 **wegen des schönen Wetters** **zum Spielplatz**. Die Kinder spielten am liebsten **auf dem großen Klettergerüst**. **Um 16:00 Uhr** gingen wir zurück. **Nur ungern** kamen die kletterbegeisterten Kinder mit.

b) Übertrage die Tabelle in dein Heft und ordne die Adverbialbestimmungen ein.

Adverbialbestimmungen			
zum Ort	zur Zeit	zur Art und Weise	zum Grund
…	um 9:00 Uhr	…	…

6 Beschreibe deinen Tagesablauf im Heft. Verwende adverbiale Bestimmungen. Erfrage und unterstreiche sie, z. B.:
Um 6:50 Uhr klingelt mein Wecker. Schnell schalte ich ihn aus…

Adverbialbestimmungen verwenden

157

Arten von Nebensätzen unterscheiden

Nebensätze können nicht ohne Hauptsatz stehen, sie werden durch ein Komma von diesem abgetrennt. Das gebeugte (finite) Verb steht im Nebensatz i.d.R. an letzter Stelle. Je nach Funktion im Satz unterscheidet man unterschiedliche Arten von Nebensätzen:

1 **a)** **Adverbialsätze** ersetzen Adverbialbestimmungen. Lies den Text, der zahlreiche Adverbialsätze enthält.

Berufsziel Zimmerer

Achmed will eine Ausbildung als Zimmerer beginnen, nachdem er die Schule beendet hat. Dieser Beruf spricht ihn an, weil man dabei viel an der frischen Luft arbeitet. Damit er einen Eindruck von der Arbeit als Zimmerer gewinnen konnte, hat Achmed
5 bereits ein Praktikum in den Sommerferien gemacht. Er entschied sich für ein kurzes Praktikum, sodass auch noch Zeit für Urlaub und Erholung blieb. Bevor Achmed seine Ausbildung beginnt, hat er also bereits Erfahrungen gesammelt. Er weiß zum Beispiel: Beim Messen, Anzeichnen und Bearbeiten von Holzbauteilen ist
10 Sorgfalt wichtig, damit hinterher alles passt. Beim Aufrichten von Dachstühlen* muss man besonders vorsichtig sein, falls Passanten gefährdet sein könnten. Obwohl Mathematik nicht Achmeds Lieblingsfach ist, strengt er sich hier besonders an. Indem er das Rechnen übt, bereitet er sich auf das Berechnen
15 von Materialbedarf und Maßen vor.

b) Adverbialsätze können wie adverbiale Bestimmungen erfragt werden. Wende die passenden Fragen unten auf den Text an, z.B.:
Wann will Achmed eine Ausbildung als Zimmerer beginnen?

c) Die einleitenden Konjunktionen machen die inhaltliche Beziehung zwischen Haupt- und Nebensatz deutlich. Übernimm die Tabelle in dein Heft und sortiere die Konjunktionen aus dem Text ein.

Adverbialsatz	Frageprobe	Konjunktionen
Temporalsatz	Wann/Seit wann ...?	*nachdem ...*
Kausalsatz	Warum ...?	*weil ...*
Modalsatz	Wie ...?	
Finalsatz	Wozu ...?	
Konditionalsatz	Unter welcher Bedingung ...?	
Konsekutivsatz	Mit welcher Folge ...?	
Konzessivsatz	Trotz welcher Fakten ...?	

d) Sortiere auch folgende Konjunktionen ein:
als, obgleich, während, da, wenn auch, bis, ehe, wenngleich, seit, sofern

---

Nachdenken über Sprache

Adverbialsätze erkennen und erfragen

HILFE
Wann will Achmed ...?
Warum spricht ...?
Wozu hat Achmed ...?
Mit welcher Folge entschied ...?
...

der Dachstuhl: der tragende Teil eines Daches

Konjunktionen in Adverbialsätzen kennen

TIPP
Die Konjunktion *wenn* kann mehrfach einsortiert werden.

158

2 Katrin schreibt eine Bewerbung um einen Ausbildungsplatz zur Hotelkauffrau. Formuliere aus ihren Notizen Satzgefüge mit den vorgegebenen Konjunktionen, z. B.:

Ich bewerbe mich um einen Ausbildungsplatz bei Ihnen, da Ihr Hotel zu einer internationalen Kette mit einem gutem Ruf gehört.

– bewerbe mich um einen Ausbildungsplatz bei Ihnen → *(da)* Ihr Hotel gehört zu einer internationalen Kette mit gutem Ruf
– zu Beginn der neunten Klasse ein Hotelpraktikum gemacht → *(damit)* Einblick in die Tätigkeiten im Hotelfach gewinnen
– weiß, dass man sein Privatleben flexibel gestalten muss → *(weil)* Arbeitszeiten gerade oft an Wochenenden und Feiertagen
– Sprachkurs in England im kommenden Sommer → *(damit)* meine Sprachkenntnisse verbessern

> **Adverbialsätze bilden**
>
> **HILFE**
> Kläre die inhaltliche Beziehung zwischen den Informationen.

3 **Subjektsätze** bzw. **Objektsätze** übernehmen die Rolle des Subjekts bzw. Objekts für einen Hauptsatz.

a) *Wer/Was?* (Nominativ) oder *Wen/Was?* (Akkusativ)? Bestimme die unterstrichenen Sätze mit der Frageprobe, z. B.: *Wen/Was weiß Katrin noch nicht?* → *Objektsatz*

Ob Katrin einen Ausbildungsplatz erhält, weiß sie noch nicht. Katrin behauptet aber, dass der Beruf Hotelkauffrau genau das Richtige für sie sei. Marie beneidet sie um ihre Zuversicht. Dass sie keine Zweifel hat, ist typisch für Katrin.

b) Schreibe je zwei weitere Satzgefüge mit Subjektsatz bzw. Objektsatz auf. Verwende Verben aus der Randspalte.

> **Subjekt- und Objektsätze unterscheiden**
>
> **INFO**
> **Subjekt- und Objektsätze** werden auch Inhaltssätze genannt. Objektsätze stehen oft bei Verben des Sprechens und der Wahrnehmung, z. B.: *sagen, behaupten, erklären, sehen, hören, beobachten.*

4 **Relativsätze** ersetzen ein Attribut (Satzgliedteil) und erklären ein Bezugswort im Hauptsatz näher. Sie beginnen mit einem Relativpronomen, manchmal mit vorangestellter Präposition. Schreibe Mirkos Bericht in dein Heft und ergänze die Relativpronomen (und ggf. Präpositionen), z. B.: *Mein Praktikum machte ich in der Einrichtung, in der schon ...*

Das Praktikum im Seniorenheim

Mein Praktikum machte ich in der Einrichtung, ... schon mein Großvater gut betreut worden war. Mir machte es Spaß, den Leuten zu helfen, ... mich auch bald gut kannten und meine Arbeit schätzten. Als Mann konnte ich leichter Menschen bei der Körperpflege anheben als etwa meine Kollegin, ... das schwerfiel. Der Betreuer, ... ich am meisten lernte, war kräftig wie ein Türsteher, dabei freundlich und humorvoll.

> **Relativsätze formulieren**
> ➜ zur Kommasetzung, S. 189
> ➜ Relativpronomen, S. 233
> ➜ Präposition, S. 232
>
> **INFO**
> Relativsätze werden auch **Attributsätze** genannt.
> › Attribut: Das *stark beschädigte* Haus wurde renoviert.
> › Relativsatz: Das Haus, *das stark beschädigt worden war,* wurde renoviert.

Nachdenken über Sprache

159

Texte verständlich formulieren

vom Nominalstil in den Verbalstil umformulieren

1 Der folgende Text ist im Nominalstil geschrieben, enthält also viele Nomen und Nomengruppen.

a) Lies den Text und formuliere mündlich in eigenen Worten, was von Auszubildenden erwartet wird.

Die Ausbilder/innen wünschen sich pünktliches <u>Erscheinen</u> am Arbeitsplatz und zuverlässige <u>Erledigung</u> von übertragenen Aufgaben. Erwartet wird auch kooperatives <u>Verhalten</u> in der Ausbildungsgruppe und <u>Durchhaltevermögen</u> bei Misserfolgen. In der Berufsschule sind das regelmäßige <u>Anfertigen</u> von Hausaufgaben und konzentriertes <u>Mitarbeiten</u> Voraussetzungen für gute Noten.

b) Formuliert den Text in Partnerarbeit im Verbalstil. Ersetzt dabei die unterstrichenen Nomen durch Verben. Schreibt auf:
Die Ausbilder/innen wünschen sich, dass die Auszubildenden pünktlich am Arbeitsplatz erscheinen und übertragene Aufgaben zuverlässig erledigen. ...

c) Vergleicht euer Ergebnis mit dem Ausgangstext.
– Welcher Text klingt anschaulicher und verständlicher?
– Welche Nomen bzw. Nominalisierungen aus dem Ausgangstext würdet ihr belassen?

> **❗ Nominalstil und Verbalstil**
>
> - Beim Nominalstil werden viele Nominalisierungen verwendet. Er kann für eine Verkürzung sorgen, aber auch umständlich klingen, z. B.: *Die Berücksichtigung aller Wünsche stellt eine große Schwierigkeit dar.*
> - Die verbale Ausdrucksweise ist oft verständlicher, z. B.: *Es ist sehr schwierig, alle Wünsche zu berücksichtigen.*

Nominal- und Verbalstil verwenden

HILFE
So kannst du die Sätze einleiten:
› *Von Restaurantfachleuten wird erwartet, dass sie ...*
› *Zu ihren Aufgaben gehört auch ...*
› *Darüber hinaus ...*

2 a) Formuliere aus den folgenden Stichworten eine Berufsbeschreibung. Entscheide jeweils, wo du eine Nominalisierung beibehältst und wo du die verbale Ausdrucksweise verwendest.

Berufsbild „Restaurantfachfrau/-mann"

- Betreuen der Gäste
- Präsentieren der Speisen am Buffet
- Organisieren der Arbeitsabläufe im Restaurant
- Abwickeln von Bestellungen
- Durchführen von Werbemaßnahmen

b) Vergleicht und überarbeitet eure Ergebnisse in Partnerarbeit.

Nachdenken über Sprache

160

3 **a)** Lies den folgenden Abschnitt aus den „allgemeinen Reise-
bedingungen" eines Reiseveranstalters.

> § 9.1. Als Kunde <u>haften</u> Sie für Schäden und <u>das Abhanden-</u>
> <u>kommen</u> von bei uns gemieteten Fahrrädern, wenn Sie einen
> Schaden <u>vorsätzlich</u> und <u>fahrlässig</u> verursacht haben.
> § 9.2. Der Kunde hat auftretende <u>Mängel</u> unverzüglich der Reise-
> leitung <u>anzuzeigen</u> und dort <u>um Abhilfe zu ersuchen</u>. Unterlässt
> es der Kunde <u>schuldhaft</u>, einen Mangel anzuzeigen, so <u>tritt ein</u>
> <u>Anspruch</u> auf die Rückerstattung des Reisepreises <u>nicht ein</u>.

einen juristischen Text erschließen

b) Übertrage die Tabelle in dein Heft. Kläre die Bedeutung der unterstrichenen Ausdrücke und schreibe eine Erklärung auf.

schwierige Ausdrücke	Erklärung
– für etwas haften	– für etwas verantwortlich sein, für einen Schaden bezahlen
– das Abhandenkommen	– der Verlust, z. B. durch Diebstahl
– ...	– ...

c) Wie kann man den Abschnitt verständlich für ein Merkblatt
formulieren? Schreibe einen Vorschlag in dein Heft, z. B.:
Kunden müssen für reparaturbedürftige oder gestohlene
Fahrräder dann bezahlen, wenn ...

einen schwierigen Text verständlich formulieren

4 Im folgenden Beschwerdebrief fehlen Wörter, die den Textzusammenhang verdeutlichen. Nenne passende Adverbien aus der
Randspalte, die in die Lücken passen. Die unterstrichenen Adverbien
dienen als Beispiele.

Beziehungen zwischen Sätzen deutlich machen

INFO
Satzverbindende
Adverbien machen
inhaltliche Bezie-
hungen zwischen
Sätzen deutlich, z. B.:
allerdings, also,
außerdem, dagegen,
danach, dennoch,
deshalb, so, sonst,
trotzdem, vorher.

> Sehr geehrte Damen und Herren,
> bei unserem Aufenthalt vom 01.03.–08.03.20.. im Hotel „Abendsonne" hatten
> wir Probleme mit der Reiseleiterin vor Ort. Unsere Erholung war <u>dadurch</u>
> erheblich gemindert. <u>So</u> funktionierte bei einem Mietfahrrad das Vorderlicht
> von Anfang an nicht, was uns die Reiseleiterin ... nicht glaubte. Wir mussten ...
> für die Reparatur aufkommen. Nachdem wir uns ... über durchgelegene
> Matratzen beschwert hatten, wurden wir unfreundlich behandelt.
> Wir ... blieben immer freundlich, fühlten uns ... zunehmend unwohl.
> Man kann ... sagen, dass die Reiseleiterin uns den Urlaub vermiest hat.

Das habe ich gelernt

- Adverbiale Bestimmungen liefern Informationen zu ...

- Manche Verben fordern eine bestimmte Präposition, z. B. ...

- Folgende Arten von Nebensätzen habe ich kennen gelernt und
  so erkenne ich sie: ... Erstelle eine Übersicht mit Beispielen.

- Darauf will ich beim Schreiben von Texten achten: ...

Schreibe in dein Heft oder Portfolio.

Nachdenken über Sprache

161

Anwenden und vertiefen

Textaussagen zusammenfassen

1 Fasse die Aussage des Textes in zwei Sätzen zusammen.

Fernsehserien vermitteln falsches Bild der Berufswelt

Fernsehserien erfreuen sich vor allem großer Beliebtheit, weil die Zuschauer sich mit den „Soap"-Charakteren identifizieren und Teile ihres eigenen Lebens wiedererkennen können. Dass die Serien tatsächlich die Realität widerspiegeln, stimmt jedoch
5 nicht – zumindest nicht, was die Berufswelt betrifft. Das haben Wissenschaftler festgestellt, nachdem sie erste Ergebnisse eines empirischen Lehrprojekts ausgewertet haben […]
<u>Junge Menschen in Serien arbeiten sehr oft im Medienbereich, in der Modebranche oder der Gastronomie.</u> Änderungsschneider,
10 Bauglaser oder Mechatroniker sucht man dagegen meist vergeblich. Der Vergleich der Berufsverteilung in Fernsehserien mit der Berufsstatistik des Statistischen Bundesamtes zeigt, dass die Berufswelt in den Serien wenig mit der Realität zu tun hat. Fast jeder dritte berufstätige Deutsche war vor wenigen Jahren
15 noch in der Produktion beschäftigt, in den Serien sind es allerdings nur etwa ein Prozent. In den Serien arbeiten je 30 Prozent in der Gastronomie und im Bereich der sonstigen Dienstleistungen. In der Realität sind diese Berufsgruppen mit drei und sieben Prozent wesentlich kleiner. […] <u>Dieses verzerrte
20 Bild der Berufswelt beeinflusst die Berufsvorstellungen von Jugendlichen.</u> So steigt beispielsweise der Wunsch, im Gesundheitswesen zu arbeiten, signifikant* mit dem Konsum von gesundheitsbezogenen Serien an. […] Das Interesse am Handwerksgewerbe beispielsweise ist wohl auch deshalb gering,
25 weil zugehörige Berufsfelder im Fernsehen keine Rolle spielen.

signifikant: bedeutsam, deutlich erkennbar

Nachdenken über Sprache

Satzglieder erfragen

2 Erfrage alle Satzglieder in den zwei unterstrichenen Sätzen. Schreibe die Fragen und Antworten in dein Heft.

Adverbialsätze erfragen

3 a) Erfrage die Adverbialsätze mit den Konjunktionen *weil* und *nachdem* (Z.1 f., 6 f., 25). Schreibe die Fragen und Antworten auf.

dass-Sätze erfragen

b) Erfrage die beiden *dass*-Sätze (Z. 3 f. und Z. 12 f.): Subjektsatz oder Objektsatz?

Satzgefüge bilden

c) Verbinde die beiden Sätze Z. 16–19 zu einem Satzgefüge und verwende eine passende Konjunktion.

Adverbien untersuchen

4 Erkläre die Funktion der gelb markierten Adverbien. Ersetze sie möglichst durch alternative Ausdrücke.

Relativsätze bilden

5 Schreibe drei Satzgefüge mit Relativsätzen und einleitender Präposition zum Thema „Berufsfindung" auf, z. B.:
Der Beruf, für den ich mich interessiere, ist sehr beliebt.

162

Teste dich selbst!
Sprache und Sprachgebrauch untersuchen

Fremdwörter und ihre Funktionen

Benutzen wir heutzutage zu viele Fremdwörter?
Bevor jede/r für sich diese Frage beantwortet sollte man sich über die vielfältigen Funktionen die Fremdwörter in unserer Sprache haben klar werden.

- Fremdwörter ermöglichen inhaltliche Nuancierungen* durch Hervorrufung bestimmter Assoziationen*: *fair* und *anständig*, *Praktikum* und *Übung*, *simpel* und *einfach*, ... – Fremdwort und deutsches Wort sind nicht immer austauschbar.
- Daneben können Fremdwörter ein bestimmtes Lebensgefühl zum Ausdruck bringen: „Ich muss nur eben noch schnell mein Handy catchen, dann sind wir weg, okay?" Wer so redet, der will jugendlich und zeitgemäß (*trendy*) wirken, und dazu dienen heute vor allem englische Fremdwörter.
- Fremdwörter erlauben eine Nuancierung der Stilebene (*transpirieren – schwitzen; reflektieren – überdenken*). Sie können verschiedene Stilhöhen erzeugen: eine gehobene (*Restaurant – Gaststätte*), eine neutrale (*produzieren – fertigen*), aber auch eine umgangssprachliche (*Job – Arbeit*).
- Fremdwörter können Haltungen und Einstellungen zum Ausdruck bringen, sowohl positive (*professionell – beruflich*) als auch negative (*Visage – Gesicht*).
- Fremdwörter und das ist ein wichtiger Gesichtspunkt können versachlichen und das taktvolle Sprechen über heikle, unangenehme Themen ermöglichen: z. B. wirtschaftlichen Misserfolg (*insolvent* statt *pleite*), Krankheit (*Medical Park* statt *Krankenanstalt*), Alter (*Seniorenresidenz* statt *Altersheim*).
- Fremdwörter können eine Signalfunktion haben, d. h., sie können Aufmerksamkeit erregen. So finden sich Fremdwörter häufig in der Kommunikationsbranche (*chatten*), im Marketing und in der Werbung (*Service Point*).
- Fremdwörter ermöglichen Variation* im Ausdruck und helfen dabei, Wiederholungen zu vermeiden: *Feinkost – Delikatesse, Nachtisch – Dessert, Spielleitung – Regie*.
- Fremdwörter ermöglichen Präzision* und Kürze was in bestimmten Rede- und Schreibsituationen wünschenswert ist. Manche Fremdwörter vor allem Fachwörter lassen sich nicht durch ein einziges deutsches Wort ersetzen (*Automat, Politik, Inliner*).

die Nuancierung: feine Unterscheidung
die Assoziation: Verknüpfung von Vorstellungen

die Variation: Abwechslung, Abwandlung

die Präzision: Genauigkeit

- Fremdsprachliche Verben können den Satzbau durch ihre
40 Untrennbarkeit übersichtlicher machen, die Satzklammer entfällt: *Er führt bei passender Gelegenheit gerne Aussprüche von bekannten Autorinnen oder Autoren an./Er zitiert bei passender Gelegenheit gerne Aussprüche von bekannten Autorinnen oder Autoren.*

45 All diese Funktionen von Fremdwörtern müsse man bei der Diskussion um Fremdwörter berücksichtigen, fordern Sprach-wissenschaftler. Nur so könne man den Gebrauch von Fremd-wörtern angemessen beurteilen.

1 Welche Funktionen von Fremdwörtern werden in diesem Sachtext genannt? Liste sie stichpunktartig auf.

2 Bestimme in den unterstrichenen Sätzen die Nebensätze. Schreibe die Sätze vollständig auf und setze fehlende Kommas.

3 Schreibe die markierten Sätze ab. Setze die fehlenden Kommas und begründe die Kommasetzung.

4 Der Satz in Zeile 5 f. ist im Nominalstil verfasst. Formuliere schriftlich eine Alternative und erkläre die Aussage des Satzes.

5 Wähle eines der folgenden Wortpaare: *fair – anständig, Praktikum – Übung; simpel – einfach.* Notiere zwei Sätze, die den Bedeutungsunter-schied zwischen Fremdwort und deutschem Wort deutlich machen.

6 Notiere den Fachausdruck für englische Wörter, die in unserer Sprache häufig vorkommen. Schreibe fünf Beispiele auf.

7 Notiere drei eigene Beispiele, bei denen durch den Gebrauch des Fremdwortes eine gehobene Stilebene erreicht werden soll (vgl. die Beispiele Z. 15 ff.).

8 Erkläre, was sich am Satzinhalt verändert, wenn ...
– in Z. 23 nach *versachlichen und* das Wort *dadurch* eingefügt wird?
– in Z. 36 nach *lassen sich* das Wort *überhaupt* eingefügt wird?

9 Notiere den Fachbegriff für Wörter, die einen Sachverhalt beschönigen. Ergänze zwei Beispiele.

10 Schreibe folgenden Satz in dein Heft und bestimme die Satzglieder: *Fremdwörter ermöglichen Variation im Ausdruck.*

11 Schreibe die Sätze heraus, die im Konjunktiv stehen. Unterstreiche die Prädikate und erkläre die Verwendung des Konjunktivs.

12 Formuliere deine Haltung zu Fremdwörtern in einem schriftlichen Statement (vgl. Seite 16) von fünf bis sieben Sätzen.

Richtig schreiben – gewusst wie!
Rechtschreibstrategien nutzen

Ganz einfach lachen lernen

Zum Lachen ist es schon, aber keineswegs lächerlich. In Berlin wurde 2005 die erste Lachschule der Stadt eröffnet. Was bis dahin München oder Köln vorbehalten war, war nun auch in der Hauptstadt möglich, nämlich organisiertes Lachen zum Wohle
5 von Körper und Seele. Wer sich öfter mal richtig schlapplacht, baut Stresshormone ab und stärkt das Immunsystem. So erklärt es die Psychologin Susanne Maier, die gemeinsam mit ihrem Team die Berliner Lachschule leitet. Die Lachaktivistin bietet regelmäßige Lachtreffs an, aber auch eine Ausbildung zum
10 Lachlehrer. Im Übrigen weiß ja schon der Volksmund, dass Lachen gesund ist. Lachforschung ist aber eine ernsthafte Angelegenheit. Ganz einfach ist nämlich
15 das Gesundlachen nicht zu erlernen. Im Allgemeinen wird erst mit guter Miene mitgelacht, bis der körpereigene Lachzwang das
20 Kommando übernimmt. Das Lachen wird dabei nicht etwa durch Witzeerzählen ausgelöst, sondern wird durch Meditationsübungen
25 eingeübt.

Was weißt du schon?

- Wozu gibt es Lachschulen und was lernt man dort?
  Gib kurz die wichtigsten Informationen aus dem Artikel wieder.

- Wie könnt ihr systematisch die Rechtschreibung eines Textes prüfen?
  Notiert zu zweit Schwerpunkte und Tipps, z. B.:
  – *Groß- und Kleinschreibung prüfen: Artikelprobe, …*

- Wie könntet ihr mit dem Sachtext oben die Rechtschreibung üben?
  Sammelt zu zweit Vorschläge und stellt sie in der Klasse vor, z. B.:
  – *schwierige Wörter durch richtiges Abschreiben trainieren*

Rechtschreibkönnen und Übungsbedarf feststellen

Rechtschreibung im Partnerdiktat üben
➤ S.237

1 a) Diktiert euch den Text von Seite 165 im Partnerdiktat.

b) Kontrolliert eure Rechtschreibung gegenseitig mit Hilfe des Originaltextes und unterstreicht Fehlerwörter.

eine Fehleranalyse durchführen und Übungsbedarf feststellen
➤ S.237

2 a) Lies deinen Diktattext mit den unterstrichenen Fehlerwörtern noch einmal durch. Erstelle eine Fehleranalyse.

korrigiertes Fehlerwort	Fehlerart / Erklärung	Wie vermeide ich den Fehler?
...	...	...

b) In welchen Bereichen bist du schon sicher, wo hast du noch Übungsbedarf? Notiere Stichpunkte, z.B.:

Das kann ich!
– Großschreibung von Nomen,
– ...

Das muss ich noch üben!
– Zusammen- und Getrenntschreibung (z.B.: lachen lernen, ...),
– ...

das Rechtschreibkönnen einschätzen

3 a) Übt weitere Texte aus dem Schülerbuch im Partnerdiktat.

b) Bestimmt auch hier euer Rechtschreibkönnen und euren Übungsbedarf.

TIPP
Berücksichtige für die Einschätzung auch selbstgeschriebene Texte.

c) Überprüfe die Einschätzung deiner Rechtschreibkompetenz aus Aufgabe 2b: Stimmt deine Einschätzung?

Möglichkeiten zur Rechtschreibkontrolle und Übung sammeln

4 Tragt in der Klasse zusammen, was euch bisher geholfen hat, eure Rechtschreibung zu verbessern, z.B.:

Methoden zur Rechtschreibkontrolle
– den Text von hinten nach vorne lesen
– ...

Übungsmöglichkeiten
– einmal pro Woche Übungsstunde mit Freund/in
– ...

Richtig schreiben

Fehler erkennen, sinnvoll berichtigen und zum Lernen nutzen

1 Der folgende Text enthält fünf Rechtschreibfehler, außerdem fehlen drei Kommas. Bestimmt die Fehler in Partnerarbeit. Nutzt als Hilfe die Korrekturzeichen am Rand sowie die Übersicht auf Seite 168.

Fehler in einem Text bestimmen

Dass auch Tiere lachen können, konnten amerikanisch-deutsche Forscher nun deutlichmachen. Sie haben bei Orang-Utans eine Fähigkeit enddeckt die sie als Vorstufe zum Lachen bezeichnen. Die Tiere sind nämlich dazu in der Lage
5 Gesichtsausdrücke des gegenübers nachzuahmen. Offensichtlich ist es so dass ein Gesicht ein anderes dazu anregt. Insofern kann das lachen der Orang-Utans ohne Weiteres mit dem des Menschen verglichen werden. Die menschliche Gesichtsmuskulatur ist alerdings noch feiner ausgeprägt.

R
RZ
Z
R
Z
R
R

2 a) Fehler sinnvoll zu berichtigen kann helfen, die Rechtschreibung zu verbessern. Erkläre, wie beim folgenden Beispiel vorgegangen wurde.

mit Fehlerwörtern weiter üben

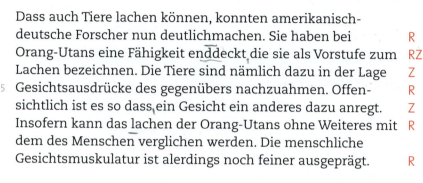

TIPP
Du kannst unter „weitere Beispiele" auch Wörter aus der gleichen Wortfamilie notieren.

b) Erstelle zu drei weiteren Fehlern eine Übersicht in deinem Heft.

3 Nutze auch die Fehler, die du beim Partnerdiktat auf S. 166 gemacht hast, zum Üben. Erstelle beispielhaft zu drei Fehlern eine Übersicht.

Mit (Fehler-) Wörtern sinnvoll üben

- Schreibe das Fehlerwort **korrigiert** noch einmal auf, z. B.: *wunderbar*
- Notiere die **Wortart**, z. B.: *Adjektiv*
- Notiere eine kurze **Regel**, z. B.: *-bar ist eine Adjektivendung → kleinschreiben*
- Schreibe zwei **Beispielsätze** auf, in denen das Fehlerwort vorkommt, z. B.: *Der Film war einfach wunderbar! Sie hielt eine wunderbare Rede.*
- Notiere möglichst viele ähnliche **Beispiele**, z. B.: *sonderbar, zahlbar*

Richtig schreiben

Anwenden und vertiefen

die richtige Schreibung ermitteln

1 a) Ersetzt in Partnerarbeit mündlich die Platzhalter in der mittleren Spalte durch die korrekten Buchstaben.

b) Nennt jeweils zwei weitere Beispiele für jeden Fehlerschwerpunkt.

Rechtschreibregeln formulieren

2 Formuliere die Schreibregeln zu drei Fehlerschwerpunkten in einem Satz aus und schreibe jeweils zwei Beispiele dazu auf.

Fehlerschwerpunkt	Beispiele	Wie vermeide ich den Fehler?
Groß- und Kleinschreibung		
• Nomen • nominalisierte Verben • nominalisierte Adjektive • Tageszeiten und Wochentage	die ▢erwendung beim ▢tehen viel ▢utes ▢orgens, ▢ontags am ▢orgen	Artikel-/Pluralprobe anwenden, auf typische Endungen achten. Auf Begleiter achten: *beim, am ...* Auf Begleiter achten: *etwas, viel* Auf Endung achten: *-s*. Auf Nomensignale achten: *am, der*
Fach- und Fremdwörter	*das Immunsystem,* *der Aktivist*	Im Wörterbuch nachschlagen.
Getrenntschreibung		
• Nomen + Verb • Verb + Verb • Adjektiv + Verb Verbindungen mit *sein*	*Glück haben* *fahren üben* *richtig schreiben* *schuld sein*	Meist schreibt man die genannten Verbindungen getrennt, im Zweifelsfall im Wörterbuch nachschlagen.
Gleich und ähnlich klingende Laute		
ä und *e* *äu* und *eu* *d* und *t* *g* und *k* *v* und *f*	*l▢ndlich* *sich aufb▢umen* *en▢lich, en▢laden* *der Ta▢* *der ▢erkehr,* *die ▢orsicht*	Verwandte Wörter mit *a* (Land) bzw. *au* (Baum) suchen. Hat das Wort mit *Ende* zu tun? Verlängere das Wort: *Tage*. Beginnt das Wort mit *ver-, vor-, viel-, voll-*? Im Zweifelsfall nachschlagen.
ss/ß	*der Riss* *die Straße, heißen*	*ss* nach kurzem betontem Vokal, *ß* nur nach langem Vokal/Zwielaut.
dass (Konjunktion)	*Es ist klar, **dass** ...*	typische Satzanfänge wie: *Sie meint/glaubt, dasss ...*; *Es ist bekannt, dass ...*
Kommasetzung zwischen Sätzen	*Sie will gehen, **aber** er will noch bleiben.* *Die Schule, **die** ich besucht habe, ...* *Ich ging, **ohne** zu überlegen.*	Achte auf Konjunktionen: *aber, denn, doch, sondern; als, dass, weil, wenn ...* Achte auf Relativpronomen. Achte auf einleitende Wörter in Infinitivsätzen: *um, ohne, statt, als ...*

Wörter aus anderen Sprachen
Fremdwörter richtig schreiben

die Reaktion, pränatal, die Garage, die Variation, die Pizza, das Präparat, die Razzia, die Distanz, der Akku, das Sakko, die Präferenz, die Disziplin, die Skizze, akkurat, diskriminieren, die Collage, die Blamage, die Sensation

Was weißt du schon?

- Erklärt zu zweit die Bedeutung der Fremdwörter. Schlagt bei Bedarf im Wörterbuch nach oder tauscht euch in der Klasse aus. Formuliert z. B.: *die Reaktion: eine Wirkung (z. B. eine Handlung), die durch etwas hervorgerufen wird*

- Schreibe mit jedem Fremdwort einen Beispielsatz in dein Heft, z. B.: *Deine Reaktion auf mein Geschenk hat mich enttäuscht.*

- Jeweils drei der Wörter oben besitzen den gleichen typischen Wortbaustein. Schreibe die zusammengehörigen Wörter in sechs Gruppen in dein Heft.
Markiere den gemeinsamen Wortbestandteil und ergänze weitere Wörter, die nach dem gleichen Prinzip geschrieben werden, z. B.:
1. *die Reaktion, die Variation, die Sensation, die Nation.*

Richtig schreiben

Fremdwörter kennen, richtig verwenden und schreiben

Fremdwörter richtig verwenden
> *intensiv*
> *diskret*
> *(das) Symbol*
> *(der) Effekt*
> *(die) Blamage*

1 a) Lies die folgenden Sätze und die Fremdwörter am Rand. Welches Fremdwort passt in welche Lücke?

A Die Taube gilt als ein ...... des Friedens.
B Ich bitte Sie darum, diese private Angelegenheit ...... zu behandeln.
C Mit ihrem Auftritt erlebte die Sängerin leider eine ....
D Lesen hat bei manchen einen entspannenden ....
E Die beiden Gegner hatten sich ...... auf das Spiel vorbereitet.

b) Übertrage die Sätze in dein Heft und ergänze die Lücken.

c) Notiert in Partnerarbeit zu jedem Fremdwort möglichst viele Wörter aus derselben Wortfamilie. Ihr könnt auch Zusammensetzungen bilden. Schreibt z. B.:
intensiv: die Intensität, intensivieren, die Intensivstation, ...

Wortfamilien bilden

TIPP
Schlage im Wörterbuch nach.

die Wortbedeutung im Kontext erklären

2 a) Lies den folgenden Text. Zu welchem Themenbereich gehören die fett gedruckten Fremdwörter?

Während die meisten Erstklässler noch mit dem **Alphabet** beschäftigt sind, können Fortgeschrittene sich der **Lektüre** ganzer Bücher widmen. **Bibliotheken** stellen z. B. **Lexika** und **Enzyklopädien** zum Nachschlagen bereit und ermöglichen das Ausleihen von **Bestsellern**. Den Umgang mit den verschiedenen **Medien** vermitteln **Bibliothekare**.

b) Erkläre die Bedeutung der Wörter *Enzyklopädie*, *Bestseller* und *Bibliothekar*.

c) Übt den Text im Partnerdiktat.

 Partnerdiktat, S. 237

Fremdwörter thematisch ordnen

3 a) Notiert in Partnerarbeit jeweils zehn Fremdwörter zu folgenden Themen. Kontrolliert die Schreibung mit einem Wörterbuch.

Technik, z. B.: *der/das Laptop, mailen, ...*
Sport, z. B.: *das Foul, qualifizieren, ...*
Kunst/Kultur, z. B.: *das Museum, das Aquarell, ...*

b) Schreibe zu einem der Themen einen zusammenhängenden Text, in dem mindestens fünf der Fremdwörter vorkommen. Orientiere dich am Text in Aufgabe 2.

Fremdwörter verwenden

4 Nur bei wenigen Wörtern wird ein lang gesprochenes *i* mit einfachem *i* geschrieben, die meisten sind Fremdwörter. Viele verwenden wir so häufig, dass wir sie kaum noch als Fremdwörter wahrnehmen.
Übe die Schreibung der folgenden Wörter in Beispielsätzen.
Verwende möglichst viele der Wörter in einem Satz, z. B.:

Sie kam verspätet aus der Klinik, verpasste ihre Maschine und versäumte den Termin.

> die Cousine   die Gardine   die Kantine   die Mandarine
> die Margarine   die Maschine   die Fabrik   die Klinik
> das Benzin   der Termin   das Vitamin   das Reptil   das Ventil
> die Bibel   das Kilo   das Klima   die Krise   das Lineal   die Linie
> der Liter   die Notiz   das Souvenir

Fremdwörter mit lang gesprochenem *i* richtig schreiben

5 a) Notiert in Partnerarbeit jeweils vier Nomen zu den folgenden Suffixen (Nachsilben).

-ion: die Aggress*ion*, ...   *-tion*: die Gratula*tion*, ...
-age: die Band*age*, ...   *-ur*: die Dress*ur*, ...   *-eur*: der Mass*eur*, ...

typische Suffixe richtig schreiben

b) Überprüft die Schreibung mit Hilfe eines Wörterbuches.

c) Notiert zu acht Nomen möglichst viele Wörter aus derselben Wortfamilie (auch Zusammensetzungen), z. B.:
die Aggression: aggressiv, das Aggressionspotenzial, ...

Wortfamilien bilden

6 a) Beschreibe, wie folgende Fremdwörter getrennt werden.

> die Talk-show   kre-a-tiv   das Pu-bli-kum / das Pub-li-kum
> die Re-ak-ti-on   mas-siv   der Ak-ku-sa-tiv

Fremdwörter richtig trennen

INFO
> Fremdwörter werden meist – wie andere Wörter auch – nach Sprechsilben getrennt, z. B.:
> *die Mind-map,*
> *die Re-a-li-tät.*
> Bei Konsonantenverbindungen mit *l* und *r* sowie *gn* hat man die Wahl, z. B.:
> *das Di-plom/*
> *Dip-lom*
> *der Hy-drant/*
> *Hyd-rant*
> *der Ma-gnet/*
> *Mag-net*

b) Trenne die folgenden Wörter in deinem Heft. Orientiere dich an den Beispielen, lies in der Randspalte nach und nutze bei Bedarf ein Wörterbuch.

> der Februar   die Stornierung   jonglieren   der Smalltalk
> manipulativ   die Aktion   das Niveau   das Signal
> das Interesse   kollidieren   der Airbag   die Massage

Das habe ich gelernt

- Was hilft dir dabei, Fremdwörter richtig zu schreiben? Notiere.

- Welche Fremdwörter aus diesem Kapitel möchtest du dir besonders merken, z. B. für die eigene Verwendung?
  Notiere zehn Wörter.

Schreibe in dein Heft oder Portfolio.

Richtig schreiben

Anwenden und vertiefen

themenbezogene Fremdwörter sammeln

1 a) Sammelt in Partnerarbeit möglichst viele Fremdwörter zu den Themen unten. Überprüft ihre Schreibung im Wörterbuch.

Fremdwörter nach Wortarten ordnen

b) Übertragt die Tabelle ins Heft und tragt eure Beispiele, soweit möglich, nach Wortarten sortiert ein.

Thema	Nomen	Verben	Adjektive/ Partizipien
Beruf	der Jurist ...	qualifizieren ...	engagiert ...
Musik / Unterhaltung	der Hip-Hop ...	casten ...	kreativ ...
Politik / Geschichte	das Parlament, ...	subventionieren ...	pazifistisch ...

Fremdwörter erklären

c) Wähle zehn Fremdwörter aus und erkläre ihre Bedeutung anhand eines Beispielsatzes, z. B.:
Erhält eine Einrichtung (z. B. ein Theater) zur Unterstützung Geld vom Staat, wird sie subventioniert.

Fremdwörter in Zeitungen untersuchen

2 a) Wertet in Partnerarbeit Tageszeitungen aus und schreibt nach Rubriken geordnet Fremdwörter heraus, z. B.:

Politik: die Opposition, ...
Gesellschaft: die Sozialisation, ...
Wirtschaft: monopolisieren, ...
Sport: athletisch, ...
Kultur: die Vernissage, ...

Wortbausteine untersuchen

b) Untersucht die Fremdwörter in eurer Liste. Markiert typische Vorsilben (z. B. *anti-, kon-, ex-, inter-, pro-, prä-, trans-*) und Endungen (z. B. *-ieren, -eur, -euse, -age, -ion, -thek*).
Klärt die Bedeutung unbekannter Wörter.

Wortfamilien bilden

3 a) Schreibe zu folgenden Verben möglichst viele Wörter aus derselben Wortfamilie auf (auch Zusammensetzungen). Nutze bei Bedarf ein Wörterbuch.

> fotografieren   diktieren   dramatisieren   disziplinieren

Fremdwörter in Sätzen verwenden

b) Wähle fünf Wörter aus und schreibe Beispielsätze damit auf.

Getrennt oder zusammen?
Wortgrenzen erkennen

Amateur – Spaß am Sport

Amateure wollen nicht wegen des Geldes Sport treiben, sondern aus Spaß an der Sache. Das Wort „Liebhaber" steckt in dem französischen Wort „Amateur". Lange Zeit versuchten die Funktionäre, den Sport und das Geld zu trennen. So sollten an den Olympischen
5 Spielen der Neuzeit eigentlich nur Amateure teilnehmen. Wer sich im Sport nur gegen Geld anstrengt, ist kein Ehrenmann, meinte Baron Coubertin, der die Spiele 1896 wieder ins Leben gerufen hatte. Seit 1988 in Seoul sind Profis jedoch zugelassen. Die deutsche Tennisspielerin Steffi Graf gehörte zu den ersten Profisportlern,
10 die diese Chance schätzen lernten. Aber noch immer gibt es viele Amateure, die bei den Spielen erfolgreich sind. Die „Helden von Bern", die 1954 profihaft spielten und Deutschland zur Fußball-Weltmeisterschaft schossen, waren übrigens auch Amateure. Das Training kam erst nach der Arbeit in der Wäscherei, als Lehrling
15 oder als Chauffeur. Im Fußball wurde die Amateurregel erst 1963 abgeschafft. Notgedrungen! Denn die besten deutschen Kicker wurden aus dem Ausland mit viel Geld abgeworben.

Was weißt du schon?

- Lies den Text. Erkläre einer Lernpartnerin / einem Lernpartner, was du Neues über Amateurinnen/Amateure erfahren hast.

- Schreibt die markierten Wörter in Partnerarbeit geordnet auf: Verbindungen aus Nomen + Verb, Nomen + Nomen usw. Erklärt, welche Regel für jede Gruppe gilt, und ergänzt jeweils weitere Beispiele.

- Verbindungen aus Nomen und Verb werden in der Regel getrennt geschrieben. In welchen Fällen trifft dies nicht zu?

Richtig schreiben

Verbindungen aus Nomen und Verb

Verbindungen aus Nomen + Verb getrennt schreiben

1 „Vitamine einnehmen" oder „Training einhalten" – wie lauten deine Fitness-Tipps?

a) Notiere Verbindungen aus Nomen und Verb, z. B.:
Gewichte stemmen,
Treppen steigen, ...

b) Schreibe mit den Nomen-Verb-Verbindungen ganze Sätze auf, z. B.:
– Wer seine Armmuskulatur trainieren will, sollte öfter Gewichte stemmen.
– Wenn man Treppen steigt, ...

Nominalisierungen zusammen- und großschreiben

c) Formuliere mögliche Überschriften für eine Sportzeitung, in denen die Verbindungen aus Nomen und Verb nominalisiert sind, z. B.:
Stärkt Tütenschleppen die Armmuskulatur?
Eindeutig alltagstauglich: Fit durch Fensterputzen!

> **❗ Verbindungen aus Nomen und Verb**
>
> Verbindungen aus **Nomen und Verb** schreibt man meist **getrennt**, z. B.: *Handball spielen, Auto fahren, Schlange stehen.*
> Aber: Werden sie **nominalisiert**, musst du sie **zusammen- und großschreiben**, z. B.: *beim Handballspielen, zum Autofahren, das Schlangestehen.*

besondere Fälle der Nomen-Verb-Verbindung richtig schreiben

2 Die folgenden besonderen Verbindungen aus Nomen und Verb werden jedoch zusammengeschrieben.

a) Lies die Wörter und den Merkkasten unten. Erkläre die Regel am Beispiel des Wortes *leidtun*.

> eislaufen   handhaben   haushalten   heimfahren   irreführen
> kopfstehen   leidtun   lobpreisen   preisgeben   schlafwandeln
> schlussfolgern   sonnenbaden   standhalten   stattfinden
> teilnehmen   wehklagen   wettmachen

b) Schreibe die Wörter in dein Heft ab und präge sie dir ein.

c) Schreibe mit fünf Verben Beispielsätze auf. Schreibe z. B.:
Seine Unhöflichkeit hat ihm leidgetan.

> **❗ Besondere Verbindungen aus Nomen und Verb**
>
> Wenn ein Nomen verblasst ist oder in Verbindung mit dem Verb seine Eigenständigkeit verloren hat, schreibt man **zusammen**, z. B.:
> *An der Aktion wollte er gern <u>teilnehmen</u>.*

TIPP
Präge dir die besonderen Verbindungen aus Nomen und Verb ein.

Richtig schreiben

Verbindungen aus Adjektiv und Verb

1 Verbindungen aus Adjektiv und Verb schreibt man meist getrennt.

a) Welche Tätigkeiten passen zu welcher Sportart?
Notiere möglichst viele Verbindungen aus Adjektiv und Verb.

Leichtathletik: schnell rennen, ...
Fußball: sicher passen, ...
Schwimmen: kraftvoll kraulen, ...

b) Schreibe Beispielsätze auf, in denen das Verb einmal
im Partizip I, einmal im Partizip II steht. Schreibe auch hier
getrennt, z.B.:
Heftig keuchend erreichte er das Tor. Er hat heftig gekeucht.

> **Verbindungen aus Adjektiv + Verb getrennt schreiben**
>
> **INFO**
> Zu den Grundformen des Verbs gehören neben dem Infinitiv:
> **das Partizip I**, z.B.: *lesend, werfend*
> **das Partizip II**, z.B.: *gelesen, geworfen*

2 Verbindungen aus Adjektiv und Verb schreibt man nur dann
zusammen, wenn sie eine übertragene Bedeutung haben, die sich
erst aus der Verbindung der beiden Wörter ergibt.

a) Umschreibe die Bedeutung der markierten Adjektiv-Verb-
Verbindungen in den folgenden Schlagzeilen, z.B.:
jemanden bloßstellen: jemanden lächerlich machen

> **besondere Verbindungen aus Adjektiv + Verb zusammenschreiben**

Fußballstar: „Der Gegner hat uns bloßgestellt!"

Handballprofi wird sich im neuen Verein schwertun

Mannschaftsarzt: „Nach Verletzung muss sie kürzertreten!"

b) Formuliere mit jeder Adjektiv-Verb-Verbindung eine weitere
Überschrift und schreibe sie auf, z.B.:
Sprintstar durch Dopingverdacht bloßgestellt!

> ❗ **Verbindungen aus Adjektiv und Verb**
>
> Verbindungen aus **Adjektiv und Verb** schreibt man meist
> **getrennt**, z.B.: *Das Kind kann schon gut schreiben.*
> Aber: Entsteht durch die Verbindung Adjektiv + Verb ein Wort mit
> einer **übertragenen Bedeutung**, schreibt man **zusammen**, z.B.:
> *Die Polizei musste den Verdächtigen festnehmen.* (verhaften)
> *Die Bank wird das Geld gutschreiben.* (auf mein Konto überweisen)
> Beim Sprechen liegt hier die Hauptbetonung auf dem Adjektiv.

> **INFO**
> Adjektiv-Verb-Verbindungen mit übertragener Bedeutung:
> > richtigstellen
> > schwerfallen
> > gutschreiben
> > feinmachen
> > freihalten
> > blaumachen
> > dichthalten
> > sichergehen

3 a) Schreibe mit den Wörtern am Rand je einen Beispielsatz auf.

b) Überprüft eure Sätze in Partnerarbeit und übt im Partnerdiktat.

Richtig schreiben

Verbindungen aus Adverb und Verb

Verbindungen aus Adverb + Verb getrennt schreiben

INFO
Adverbien geben an, wann, wo, wie oder warum etwas geschieht. Sie sind nicht veränderbar.

1 a) Ergänze in den Lücken passende Verbindungen aus den angegebenen Adverbien und Verben. Schreibe getrennt, z. B.:
Wir können gerne ein Auto nehmen und zusammen fahren.

wieder zusammen dabei	sitzen sehen holen fahren

Wir können gerne ein Auto nehmen und ....
Der Ball ist im Aus. Könntest du ihn ....
Nach der Augenoperation kann er endlich ....
Möchtest du beim Konzert stehen oder lieber ....?
Natürlich wollten wir im Zug gern .... Aber wir fanden nur noch zwei getrennte Plätze.

HILFE
sitzen – gesessen
fahren – gefahren
sehen – gesehen
holen – geholt

b) Formuliere mit denselben Adverb-Verb-Verbindungen Sätze im Perfekt, z. B.:
Ich habe den Ball wieder geholt.

> **❗ Verbindungen aus Adverb und Verb**
>
> Behält das Adverb bei der Verbindung mit einem Verb seine **wörtliche Bedeutung**, schreibt man **getrennt**, z. B.:
> *Können wir den Wagen zusammen schieben?* (gemeinsam schieben)
> *Können wir dabei sitzen?* (Platz nehmen, nicht stehen)

Adverb-Verb-Verbindungen untersuchen

2 a) Bei den folgenden Sätzen schreibt man einmal getrennt, einmal zusammen. Stelle Vermutungen an, warum das so ist.
Wir möchten das Buch zusammen schreiben.
Das Wort kann man zusammenschreiben.

b) Untersuche genauer:
– Welcher Wortbestandteil wird jeweils betont?
– In welchem Satz hat *zusammen* die adverbiale Bedeutung von *gemeinsam*? In welchem ist die Bedeutung verblasst und die Verbindung lässt sich durch ein ganz neues Wort ersetzen?

zusammen fahren   zusammenfahren

3 Lies die Informationen im Merkkasten. Vergleiche mit deinem Ergebnis aus Aufgabe 2.

❗ Besondere Verbindungen aus Adverb und Verb

Entsteht durch die Verbindung von Adverb und Verb ein Wort mit **übertragener Bedeutung**, schreibt man es **zusammen**, z. B.:
Er wollte mit ihr zusammenbleiben. (ein Paar sein)
Möchtest du dabeisitzen? (anwesend sein, Teil der Runde sein)
Die Hauptbetonung liegt auf dem ersten Teil der Verbindung.

---

4 Schreibe Beispielsätze für diese Verbindungen aus Adverb und Verb in dein Heft: *vorwärtskommen, aufeinanderprallen, wiederkommen, zusammenfassen.*

Können wir diesen Diskussionspunkt beenden,
damit wir vorwärtskommen ?

> Verbindungen aus
> Adverb + Verb
> verwenden

> **TIPP**
> Wenn du unsicher bist,
> schlage im Wörter-
> buch nach.

5 a) Kläre die richtige Schreibung der folgenden Verbindungen aus Adverb und Verb, indem du die jeweilige Bedeutung klärst. Schreibe die Sätze dann in dein Heft.

> die richtige Schreib-
> weise klären

b) „Übersetze" die Wortverbindungen durch eine Umschreibung wie im Merkkasten oben.

A Wenn die beiden weiter stören, wird der Lehrer sie *auseinander setzen*.

B *Mit dieser Frage sollten wir uns dringend auseinander setzen.*

Das habe ich gelernt

- Getrenntschreiben ist die Regel! – Notiere zehn Beispiele.

- Die Bedeutung entscheidet! – Erkläre einer Lernpartnerin / einem Lernpartner, in welchen Fällen Verbindungen mit Verben zusammengeschrieben werden. Nenne Beispiele.

- Die Betonung gibt dir einen Hinweis darauf, ob ein Wort getrennt oder zusammengeschrieben wird. Erkläre dies einer Lernpartnerin / einem Lernpartner anhand eines Beispiels.

- Was kann dir noch helfen, wenn du bei der Schreibung unsicher bist?

- Was kannst du schon sicher? Woran musst du noch arbeiten? Stelle einen Übungsplan auf, z. B.:
  1. Verbindungen aus Adverb und Verb üben: sich Beispielsätze ausdenken und aufschreiben, Lernpartner/in die Schreibweise erklären
  2. ...

Schreibe in dein Heft oder Portfolio.

Richtig schreiben

177

Anwenden und vertiefen

Adverb-Verb-Verbindungen richtig schreiben

1 Wörtliche oder übertragene Bedeutung – getrennt oder zusammen? Prüfe und übertrage die Sätze in der richtigen Schreibweise in dein Heft.
- Leider werde ich heute nicht dazu kommen / dazukommen, dich anzurufen.
- Ich würde gerne umziehen und mir dir zusammen ziehen / zusammenziehen.
- Möchtest du gerne mitmachen und dazu kommen / dazukommen?
- Wenn wir zusammen ziehen / zusammenziehen, können wir die alte Truhe endlich bewegen.
- Wir sollten uns in Gruppen zusammensetzen / zusammen setzen.

Adverb-Verb-Verbindungen verwenden und richtig schreiben

2 a) Denke dir Sätze wie in Aufgabe 1 aus und schreibe sie auf.

b) Lass eine Lernpartnerin / einen Lernpartner die richtige Schreibweise bestimmen. Besprecht die Lösung gemeinsam.

Adjektiv-Verb-Verbindungen verwenden und richtig schreiben

3 a) Bilde Adjektiv-Verb-Verbindungen mit dem Wortmaterial und ergänze die Lücken. Schreibe die Sätze in dein Heft.

frei dicht ~~leicht~~ gerade	schreiben halten stehen
gut sicher	gehen ~~fallen~~ sprechen

- Bei einer Nachtwanderung kann man leicht fallen.
- Du solltest beim Referat möglichst ......
- Beim Ballett muss sie häufig ......
- Mir gefällt deine Geschichte, du kannst wirklich ......
- Kannst du auf diesem unsicheren Untergrund wirklich ......?
- Hoffentlich wird der Verschluss ......!

b) Bilde nun mit dem Wortmaterial Adjektiv-Verb-Verbindungen in übertragener Bedeutung.
Ordne die Worterklärungen am Rand passend zu.

- vor Gericht für unschuldig befinden
- für etwas einstehen / haften
- Geld überweisen
- so handeln, dass man kein Risiko hat
- keine Mühe bereiten
- ein Geheimnis für sich behalten

c) Notiere jeweils einen Beispielsatz in der richtigen Schreibweise. Schreibe z. B.: *Diese Aufgabe wird dir sicher leichtfallen.*

Groß oder klein?
Wortarten kennen, Begleitwörter nutzen

Torten – für den Geburtstag viel zu schade

Torten spielen im <mark>allgemeinen</mark> bei Geburtstagen eine wichtige Rolle. Wahre Tortenschlachten wiederum waren insbesondere in der Stummfilmzeit ein beliebtes <mark>mittel</mark>, um die Menschen zum <mark>lachen</mark> zu bringen. Nach der riesigen Tortenschlacht im
5 Abenteuerfilm „Das große <mark>rennen</mark> um die Welt" (1965) sollen noch 300 Kuchen übrig gewesen sein, die das Filmteam verspeisen musste. Von einer „Tortung" spricht man im <mark>übrigen</mark>, wenn jemand als Zeichen des politischen Protests mit einer Torte beworfen wird, z.B. bei einer <mark>rede</mark>.

Achtung: Fehler!

korrigiertes Fehlerwort	Beispielsatz	Wie vermeide ich den Fehler?
im Allgemeinen	Im April regnet es im Allgemeinen sehr viel.	– auf Begleitwörter achten (im = in dem) – Schreibung von festen Wendungen auswendig lernen

Was weißt du schon?

- Im Text sind sechs Fehler im Bereich der Großschreibung markiert, jeweils zwei gehören in eine Fehlergruppe.
  – Lege in deinem Heft eine Tabelle zur Fehleranalyse wie oben an und vervollständige sie.
  – Vergleicht eure Ergebnisse in Partnerarbeit.

- Groß- und Kleinschreibung bei Zahlen – was wisst ihr darüber? Erklärt einander in Partnerarbeit wichtige Regeln anhand von Beispielen, z.B.: *Sie lief als Dritte ins Ziel.*
  Wir kommen am dritten Mai zurück.
  Opa feiert am achten Juli seinen Achtzigsten!

Richtig schreiben

179

Nominalisierungen

1 a) Lies den Text und erkläre, was mit „Slow food" gemeint ist.

GENUSS STATT TEMPO

MCDONALD'S MACHTE 1986 ETWAS GEWAGTES: MAN ERÖFFNETE IN ROM, IN DER STADT DES GENUSSES, EIN FAST-FOOD-RESTAURANT. GEGNER UNTERSTELLTEN NICHTS GUTES UND PROTESTIERTEN LAUTSTARK GEGEN DAS AUFKOMMEN VON
5   HAMBURGER-HEKTIK. ES DAUERTE NICHT LANGE UND CARLO PETRINI GRÜNDETE „SLOW FOOD INTERNATIONAL". BEWUSSTER GENUSS IST DEM GRÜNDER EBENSO WICHTIG WIE VERANTWORTUNGSBEWUSSTES WIRTSCHAFTEN (Z. B. ARTGERECHTES HALTEN VON NUTZTIEREN).

Nominalisierungen erkennen

b) Schreibe alle Nominalisierungen mit ihren Begleitwörtern aus dem Text heraus, z. B.: *etwas Gewagtes*, …

c) Schreibe den Text in der richtigen Groß- und Kleinschreibung in dein Heft.

 Partnerdiktat, S. 237

d) Übt den Text im Partnerdiktat.

Nominalisierungen verwenden

2 Formuliere mögliche Werbesprüche – entweder für Fast Food oder Slow Food – mit Nominalisierungen. Schreibe z. B.:
Unser Burger hilft beim Zeitsparen!
Das Beste für Mensch und Umwelt – Slow Food

Nominalisierungen in Medien untersuchen

3 Wertet in Partnerarbeit Tageszeitungen im Hinblick auf Nominalisierungen aus. Schreibt möglichst viele Beispiele (mit Begleitwörtern) heraus.

4 a) „Slow Food – langsam is(s)t besser?"
Lies die folgenden Meinungsäußerungen dazu.

Nominalisierungen erkennen

- Slow-Food-Gründer Petrini hat das einzig Richtige getan!
- Seine Idee ist aber doch nichts wirklich Neues!
- Petrini hat etwas außerordentlich Schwieriges geschafft: Denken und Essen zusammenzubringen!
- Über Essgewohnheiten nachzudenken ist etwas dermaßen Langweiliges!

b) Schreibe alle Nominalisierungen mit ihren Begleitwörtern heraus.
das einzig Richtige, …

5 a) Verwende die Nominalisierungen aus Aufgabe 4 und aus der Randspalte in Beispielsätzen. Schreibe in dein Heft, z. B.:
Den Ort schnell zu verlassen, das war das einzig Richtige.

b) Überprüft die Ergebnisse in Partnerarbeit. Unterstreicht zur Kontrolle alle Nominalisierungen mit ihren Begleitwörtern.

c) Übt die Beispielsätze im Partnerdiktat.

Sätze mit Nominalisierungen bilden
- etwas besonders Leckeres
- das einzig Gute
- etwas wirklich Lustiges
- das schier Unmögliche
- nichts sonderlich Bemerkenswertes
- etwas eindeutig Falsches

Nominalsierungen großschreiben

- Nomen schreibt man stets groß. Wörter anderer Wortarten können **nominalisiert** werden und werden dann **großgeschrieben**, z. B.: *Beim Aufräumen entdeckte sie etwas Altes.*
- **Begleitwörter** helfen, Nominalisierungen zu erkennen, z. B.: Artikel (*ein/das Lachen, beim = bei dem Sprechen*), Pronomen (*dieses/dein Nachdenken*), unbestimmte Mengenangaben (*das viele Arbeiten*).
- Manchmal gibt es **mehrere Begleitwörter**, z. B.:
Beim letzten Aufräumen entdeckte sie etwas wirklich Altes.
- Manchmal müssen **Begleitwörter dazugedacht** werden, z. B.:
Wir erlebten nur (etwas) Schönes.
- Wörter **anderer Wortarten** können **nominalisiert** werden, z. B.:
auf Du und Du, das Du anbieten, kein Aber, mit Ach und Krach, nach langem Hin und Her, das Für und Wider, dein Ja/Nein

Richtig schreiben

Feste Wendungen

feste Wendungen richtig verwenden
> *nach Lust und Laune*
> *auf Wunsch*
> *in Kauf nehmen*
> *in Betracht*
> *in Bezug auf*

INFO
Die meisten festen Wendungen werden **großgeschrieben**, z.B.:
im Allgemeinen
im Besonderen
in Zweifel ziehen
ohne Gewähr
außer Acht lassen
im Übrigen
im Grunde
im Folgenden

1 a) Lies den Auszug aus einem Stellenangebot. Übertrage den Text und ergänze je eine passende feste Wendung aus der Randspalte.

> • Können Sie längere Wartezeiten ....?
> • Sind Sie .... den Arbeitsort flexibel?
> • Kommt für Sie Teamarbeit ....?
> • Wollen Sie sich .... kreativ ausprobieren?
>
> Dann sollten Sie sich bewerben!
> Wir suchen **zum 1. Juli eine Köchin / einen Koch**.
> Ein späterer Arbeitsbeginn ist .... möglich.

b) Vergleicht eure Ergebnisse in Partnerarbeit.

2 Ersetze die folgenden markierten Wörter durch passende feste Wendungen aus dem Kasten. Schreibe die Sätze in dein Heft, z.B.:
Kommt für Sie Schichtdienst in Frage?

> außer Haus   im Allgemeinen   in Erwägung ziehen
> in Frage kommen

Ist für Sie Schichtdienst möglich?
Arbeiten Sie nicht gerne außerhalb von zu Hause?
Sind sie generell offen und kontaktfreudig?
Denken Sie über eine Führungsposition nach?

feste Wendungen kennen und verwenden

INFO
Bei diesen **festen Wendungen mit *zu*** hat man die Wahl, z.B.:
zuhause / zu Hause,
zurzeit / zur Zeit,
zuleide / zu Leide,
zugrunde / zu Grunde,
zustande / zu Stande

3 a) Verbindet in Partnerarbeit Wörter aus den drei Spalten zu festen Wendungen und schreibt sie auf, z.B.: *außer Acht lassen*

b) Schreibt zu jeder festen Wendung einen Beispielsatz auf.

	Acht	
	Kauf	
außer	Übrigen	lassen
in	Bezug	nehmen
im	Konkurrenz	sein
	Einzelnen	
	Besonderen	

❗ Feste Wendungen richtig schreiben

Die meisten festen Wendungen werden **großgeschrieben**, z.B.:
im Besonderen, im Grunde, bis ins Einzelne, des Weiteren
Die Schreibweise von festen Wendungen musst du dir **merken**.

Richtig schreiben

Zeitangaben

1 **a)** Lies den folgenden Text und gib wieder, was du über den ersten deutschen Fernsehkoch erfährst.

Textinhalte wieder-geben

Kochen im Fernsehen ist <u>heute</u> keine Besonderheit mehr. Wer will, kann <u>morgens</u>, mittags und abends Fernsehköchen auf die Finger schauen. Auch gestern Abend brutzelte, zischte und blubberte es wieder auf allen Kanälen. Der erste deutsche Fernsehkoch trat bereits 1953 seinen Dienst an. Pünktlich um halb zehn begrüßte Clemens Wilmenrod seine Zuschauer.
5 Wer sich freitagabends vor den Bildschirm setzte, erfuhr, dass Wilmenrod den Schnellbrater „Heinzelkoch" ebenso dringend benötigte wie den Müllentsorger „Schluckspecht". Ganz nebenbei betrieb der Fernsehkoch also Schleichwerbung. Trotzdem war der Freitagabend ohne Wilmenrod für viele Fans bald undenkbar.
10

b) Schreibe alle Zeitangaben aus dem Text nach Gruppen sortiert auf.

Zeitangaben nach Groß- und Klein-schreibung ordnen

Kleinschreibung	Großschreibung
heute, morgens (Zeitadverbien und Zeitadverbien mit „s")	*– ...*

c) Ergänzt in Partnerarbeit in jeder Gruppe möglichst viele weitere Beispiele. Überprüft die Schreibung mit Hilfe eines Wörterbuches.

d) Übt den Text im Partnerdiktat.

➜ *Partnerdiktat, S. 237*

2 Verwende möglichst viele Zeitangaben aus Aufgabe 1 in einem kurzen Text mit der Überschrift „Vom ersten Fernsehkoch bis heute".
Schon früher ...
Wenn man heute ...
So kann man an einem Mittwochabend z. B. ...

Zeitangaben in einem Text verwenden

INFO
Achtung! Hier schreibt man trotz **-s** am Ende **groß**, da es sich um Nomen im Genitiv handelt – erkennbar am Begleitwort: *eines Dienstags, eines Montagabends*

> ❗ **Zeitangaben richtig schreiben**
>
> **Groß** schreibt man alle Zeitangaben, die als Nomen auftreten:
> - **Wochentage**: *der Montag, am Donnerstag*
> - **zusammengesetzte Zeitangaben**: *am Montagmorgen*
> - **Tageszeiten mit Zeitadverb davor**: *heute Morgen, gestern Abend*
>
> **Klein** schreibt man:
> - **Zeitadverbien** (oft mit **-s**): *heute, morgen, mittags, montag-abends*
> - **Uhrzeitangaben**: *Es ist halb neun. Ich komme gegen zehn.*

Richtig schreiben

Zahlwörter

Zahlwörter richtig schreiben

1 a) Groß oder klein? Schreibe die Zahlwörter in der richtigen Groß- und Kleinschreibung auf: *zweihundert*, …

„Wir hätten gern zweihundert Vorspeisen, bitte!"

Der Countdown läuft: Im Speisesaal eines Hamburger Spitzenrestaurants warten HUNDERTE auf ihr Menü aus FÜNF Gängen. In der Küche schaufeln ZWEI Köche kiloweise Filetspitzen in riesige Pfannen. Andere haben gerade HUNDERT Schüsseln mit
5 Kohlrabisuppe gefüllt oder UNZÄHLIGE Kunstwerke aus Salatblättern zusammengesteckt – Alltag für Meisterköche.
Der Hamburger Heiko Stock hat schon als ZWÖLFJÄHRIGER seine Leidenschaft fürs Kochen entdeckt. Jetzt, mit ENDE ZWANZIG, hat er bereits den ERSTEN Stern. Der Traum jedes Kochs ist
10 der DRITTE Stern als die höchste Auszeichnung.

Zahlwörter verwenden

TIPP
Schlage im Zweifelsfall im Wörterbuch nach.

b) Schreibe mit jedem Zahlwort aus dem Text einen passenden Beispielsatz auf, z. B.:
Diesen Film habe ich bestimmt schon zweihundert Mal gesehen!

❗ Zahlwörter richtig schreiben

- Zahlwörter schreibt man **meist klein**:
  – Grundzahlen: *eins, zwei, tausend*
  – Ordnungszahlen: *erstens, zweitens, die erste Aufgabe*
  – unbestimmte Zahlwörter: *etwas, viel, wenig, ein wenig*
- **Groß** schreibt man **nominalisierte** Zahlwörter. Achte auf Begleitwörter: *Sie war die Erste. Ich wurde (die) Letzte.*
  Jeder Zweite treibt zu wenig Sport.
  Feierst du wirklich schon deinen Achtzehnten?
  Am Zwanzigsten steigt die Party.
  In Mathe bekam ich nur eine Vier.
- Bei **Zusammensetzungen aus Buchstaben und Ziffern** steht ein **Bindestrich**, z. B.:
  der 1000-Meter-Lauf, 15-jährig, alle 25-Jährigen, die 3:2-Niederlage, 100-prozentig, 4,5-fach, 2,5-mal, ¾-Takt, 3-Tonner

Eigennamen und Straßennamen

1 Lies die Schlagzeilen. Schreibe sie in der richtigen Groß- und Kleinschreibung in dein Heft und unterstreiche den Eigennamen, z. B.:
Zweithöchste Kirche in Europa: der Kölner Dom

> BELIEBTES URLAUBSZIEL:
> DAS SCHWARZE MEER

> BOMBE AUS DEM ZWEITEN
> WELTKRIEG ENTSCHÄRFT

> KIPPT DER SCHIEFE TURM
> VON PISA?

> SCHIFFSUNGLÜCK AM KAP
> DER GUTEN HOFFNUNG

> DEUTSCHES ROTES KREUZ
> RUFT ZU SPENDEN AUF

> WAHLKAMPF IN DEN
> VEREINIGTEN STAATEN

Eigennamen richtig schreiben

2 a) Wertet in Partnerarbeit Tageszeitungen aus und schreibt
Überschriften heraus, in denen Eigennamen auftauchen, z. B.:
Fischesterben im Roten Meer

b) Lest den Merkkasten. Ordnet die notierten Eigennamen der
passenden Stelle im Merkkasten zu.

Eigennamen sammeln und die Schreibung begründen

Eigennamen und Straßennamen richtig schreiben

- **Adjektive, Partizipien und Zahlwörter** schreibt man **groß**,
  wenn sie Teil eines Eigennamens sind, z. B.:
  *die Vereinigten Staaten, der Schiefe Turm von Pisa, Karl der
  Zweite, Friedrich der Große, Krumme Gasse, An der Alten Kirche*
- Bei **Straßennamen** gibt es folgende Schreibmuster:
- **Wortzusammensetzung**, z. B.: *Bahnhofstraße, Reuterplatz*
- **Wortgruppe**, z. B.: *An der Johanniskirche, Beim Grünen Jäger*
- **Zusammensetzung mit mehrteiligem Namen**, z. B.:
  Georg-Büchner-Weg, Kaiserin-Augusta-Ring
- **Ableitungen von Ortsnamen auf -er**, z. B.:
  Leipziger Straße, Heidelberger Platz, Berliner Ring

3 a) Übe die richtige Schreibung von Straßennamen, indem du eine
Wegbeschreibung deiner Wahl verfasst (z. B. Schulweg).

b) Vergleicht die Ergebnisse in Partnerarbeit.

Straßennamen richtig schreiben

TIPP
Ihr könnt einen
Stadtplan zu Hilfe
nehmen.

Das habe ich gelernt

- Groß- oder Kleinschreibung? – Was kann helfen, wenn man
  unsicher ist? Notiere deine persönlichen Tipps.

- Zahlwörter und Zeitangaben – das möchte ich mir merken!
  Schreibe einen „Spickzettel" mit Beispielen.

Schreibe in dein Heft oder Portfolio.

Richtig schreiben

Anwenden und vertiefen

Nominalisierungen bilden

 1 a) Nominalisierungen können helfen, etwas in knapper Form auf den Punkt zu bringen. Ersetze die markierten Satzteile durch Nominalisierungen. Schreibe z. B.: *Beim Radiohören erfuhr er, ...*

Als er Radio hörte, erfuhr er von der Eröffnung der Kochschule. Er hatte sich schon oft, wenn er einkaufte, Gedanken über eine bessere Esskultur gemacht: Wie kann man etwas, das gut schmeckt, und etwas, das gesund ist, unter einen Hut bekommen?

b) Überprüft die Schreibung in Partnerarbeit.

Zahlwörter richtig schreiben

 2 Groß oder klein? Schreibe die Sprichwörter in der richtigen Groß- und Kleinschreibung in dein Heft und begründe die Schreibung.

Die LETZTEN werden die ERSTEN sein!
Wenn ZWEI sich streiten, freut sich der DRITTE.
Ein fauler Apfel steckt HUNDERT gesunde an.
Heute ist der ERSTE Tag vom Rest deines Lebens!

Straßennamen richtig schreiben

 3 Erfinde ungewöhnliche Straßennamen (z. B. mit *Straße, Gasse, Allee, Platz, Ring, Weg, ...*) und schreibe sie in der richtigen Schreibung auf, z. B: *Robbie-Williams-Platz, Skaterallee, Hintertupfinger Weg, ...*

Fehler bestimmen und korrigieren

4 Lies den folgenden Text, der sechs Fehler bei der Groß- und Kleinschreibung enthält. Wähle Aufgabe a) oder b).

Die „deutschen" Bananen

Anfang des Zwanzigsten Jahrhunderts war Kamerun (Afrika) eine deutsche Kolonie. Weil Bananen damals immer beliebter wurden, pflanzte eine Firma namens afrikanische Frucht-Compagnie die Früchte in Kamerun und verschiffte
5 sie nach dem ernten nach Deutschland. Seine Kolonien musste Deutschland nach dem ersten Weltkrieg wieder abgeben.
Noch heute gehören Bananen zu den beliebtesten Importgütern in Deutschland. Bananen werden im allgemeinen
10 grün geerntet, auch dann, wenn sie in den herstellerländern gegessen werden.

R
R
R
R
R
R
R

 a) Bestimmt in Partnerarbeit die Fehler und schreibt die Ausdrücke korrigiert auf. Begründet mit der passenden Regel.

 b) Decke die Markierung am Rand ab und suche die Fehler. Schreibe die korrigierten Wörter und die passende Regel auf.

186

Mit Komma oder ohne?
Zeichen richtig setzen

Wenn Turnschuhe siegen

Als die deutsche Fußball-Nationalmannschaft 1954 Weltmeister wurde, war dies ein großes Ereignis. Sie besiegte im Endspiel die Mannschaft von Ungarn, die als haushoher Favorit gegolten hatte. Der Sieg, der in „Das Wunder von Bern" (2003) verfilmt wurde, sorgte
5 im Nachkriegsdeutschland für eine wochenlange Euphorie*. Obwohl keiner an der sportlichen Leistung der deutschen Mannschaft zweifelte, rückten die deutschen Fußballschuhe plötzlich in den Mittelpunkt des Interesses. Der wesentliche Unterschied seien die Stollen gewesen, so soll Jenö Buzánzky, damaliger Verteidiger in der
10 ungarischen Nationalmannschaft, einmal gesagt haben. Viele glauben bis heute, dass die schnell austauschbaren Stollen zum Sieg geführt haben. Sie sollen der deutschen Fußball-Nationalelf den entscheidenden Kick gegeben haben, denn das Spiel fand bei Regen statt. Das richtige Schuhwerk kann also entscheidend sein,
15 zumindest auf nassem Rasen!

* **die Euphorie:** starkes Glücksgefühl, große Begeisterung

Was weißt du schon?

- Lies den Text. Gib kurz wieder, worum es hier geht.
- Untersucht Satz für Satz in Partnerarbeit. Begründet die Kommasetzung, indem ihr die Sätze folgenden Satzmustern zuordnet: Satzreihe mit Hauptsatz-Konjunktion, Satzgefüge mit Nebensatz-Konjunktion, Satzgefüge mit Relativsatz, Einschübe und Nachträge
- Schreibe die Meinung von Jenö Buzánzky (Z. 8 f.) in die direkte Rede um. Setze die nötigen Satzzeichen.
- Wie gibt man eine Textstelle wieder? Sammelt zu zweit Möglichkeiten des Zitierens und schreibt Beispiele auf, z. B.:
  – <u>wörtliches Zitat</u>: Der Sportreporter stellt fest: „..." (Z. 45). ...

Richtig schreiben

Kommas in Aufzählungen setzen

Formen der Aufzählung kennen und verwenden

1 a) Lies die folgenden Texte. Erkläre, was sie unterscheidet.

Turnschuhe werden im Berufsleben, im privaten Bereich und beim Sport getragen. Einige Firmen erlauben keine Turnschuhe, Freizeitkleidung oder zu freizügige Kleidung.

Turnschuhe werden sowohl im Berufsleben als auch im privaten Bereich und beim Sport getragen. Einige Firmen erlauben weder Turnschuhe noch Freizeitkleidung oder zu freizügige Kleidung.

b) Schreibe heraus, mit welchen sprachlichen Mitteln im zweiten Text aufgezählt wird, z. B.:
sowohl ... als auch ...

c) Schreibe eigene Beispielsätze auf, in denen auf diese Weise aufgezählt wird. Beachte den Merkkasten. Schreibe z. B.:
Mir gefällt sowohl sportliche als auch elegante Kleidung.

> **! Kommas in Aufzählungen richtig setzen**
>
> - **Ein Komma** setzt man bei Aufzählungen von **gleichrangigen** Wörtern und Wortgruppen, z. B.:
>   *Ich mag Schwimmen, Wandern und Klettern.*
> - **Kein Komma** setzt man, wenn die Bestandteile der Aufzählung verbunden sind durch *und, oder, sowie, beziehungsweise (bzw.), entweder ... oder, sowohl ... als auch, weder ... noch*, z. B.:
>   *Ich mag sowohl Schwimmen als auch Wandern und Klettern.*

Kommas bei Aufzählungen richtig setzen

2 a) Schreibe den Text ab und setze die nötigen Kommas bei Aufzählungen.

Vor Tausenden von Jahren unterschieden die Menschen nicht zwischen Turnschuhen Wanderschuhen und Arbeitsschuhen. Sie umwickelten ihre Füße und schützten sich so vor Kälte Nässe und spitzen Steinen. Heute gibt es Schuhe in allen möglichen Farben Formen und Materialien.

einen Text umformulieren

b) Schreibe den Text mit Hilfe der sprachlichen Mittel im Merkkasten so um, dass keine Kommas gesetzt werden müssen, z. B.:
Vor Tausenden von Jahren unterschieden die Menschen weder ...

Kommas in Satzreihen und Satzgefügen

1 a) Der folgende Text besteht nur aus Hauptsätzen. Schreibe ihn so um, dass Satzreihen entstehen.

Joggingschuhe trug man eigentlich nur zu sportlichen Zwecken. 1980 wurden sie plötzlich als Straßenschuhe akzeptiert. Tausende von Frauen gingen in diesem Jahr in Kostüm und Turnschuhen zur Arbeit. Die New Yorker Verkehrsbetriebe streikten.

b) Vergleiche deine Überarbeitung mit dem Originaltext. Welcher Text ist deiner Meinung nach leserfreundlicher? Begründe.

Satzreihen bilden

INFO
Vor diesen Hauptsatz-Konjunktionen setzt man ein Komma:
denn, aber, doch, sondern

> ## Kommas in Satzreihen
>
> In einer Satzreihe werden zwei oder mehr Hauptsätze (HS) verknüpft. Sie werden durch ein Komma getrennt, z. B.:
>
>   *HS*   **+**   *HS*
>
> *Viele tragen Turnschuhe, denn sie sind bequem.*
> Vor **und** und **oder** muss in der Satzreihe **kein Komma** stehen:
> *Turnschuhe sind bequem (,) und sie sind gesünder als Schuhe mit hohen Absätzen.*

INFO
Ein **Hauptsatz** kann für sich allein stehen. Das gebeugte Verb steht an zweiter Satzgliedstelle: *Ich will Laufschuhe kaufen.*

---

2 a) Die Hauptsätze im folgenden Text kann man in Satzgefüge umformen. Erprobt und notiert zu zweit, welche Satzgefüge möglich sind, z. B.:
1. HS + NS + HS

Der Turnschuh „Ked" war der erste populäre Turnschuh. Er kam 1917 auf den amerikanischen Markt. „Ked" wurde bald von vielen getragen. Er war im Vergleich zu seinen Vorgängern für die Massen erschwinglich. Turnschuhe sind bis heute beliebt. Viele sind nicht günstiger als Lederschuhe.

b) Schreibe nun in einen Text mit Satzgefügen um. Setze die nötigen Kommas. Unterstreiche Hauptsätze und Nebensätze. Schreibe z. B.:
Der Turnschuh „Ked", der 1917 …

Satzgefüge bilden

INFO
Wichtige **Nebensatz-Konjunktionen**:
als, da, damit, dass / sodass, falls / wenn, obwohl, weil

Ein **Nebensatz** kann nicht allein stehen. Das gebeugte Verb steht im Nebensatz an letzter Satzgliedstelle: *Weil ich Laufschuhe kaufen will,…*

> ## Kommas in Satzgefügen
>
> In einem Satzgefüge werden Hauptsatz (HS) und Nebensatz (NS) verknüpft. Nebensätze werden durch ein Komma abgetrennt, z. B.:
>
>   *HS*   **+**   *NS*
>
> *Viele tragen Turnschuhe, **weil** sie bequem sind.*
> *Ich finde, **dass** ich dringend neue Laufschuhe brauche.*
>
> Der Nebensatz kann auch eingeschoben sein, z. B.:
> *Ein Joggingschuh, der gut verarbeitet ist, stützt die Füße.*

Richtig schreiben

Relativsätze vervollständigen und mit Kommas einleiten

3 Turnschuhe haben 1985 sogar politisches Aufsehen erregt.

a) Lies den Text und ergänze mündlich passende Relativpronomen und Präpositionen aus dem Kasten.

die	die	mit denen	für die	der

der Landtag:
das Parlament
eines Bundeslandes

Achtung: Fehler!

Die weißen Turnschuhe .... Joschka Fischer zum ersten
grünen Minister 1985 im Wiesbadener Landtag* vereidigt wurde
gingen in die Geschichte ein. Was heute nicht mehr groß auffallen
würde, war damals eine Provokation. Die Grünen ..... heute
5   Wahlerfolge feiern galten damals als nicht hoffähig. Abschätzig
wurden sie die „Turnschuh-Fraktion" genannt. Mit seiner Aktion
hat Fischer viele Abgeordnete vor den Kopf gestoßen .... ein
Arbeitstag ohne Anzug und Schlips nicht in Frage kam.
Fischer ..... es bis zum Außenminister schaffte schenkte seine
10 Schuhe später einem Museum. Dort gehören die weißen
Treter ..... bis heute ausgestellt werden zu einer der Attraktionen.

b) Schreibe den Text ab. Ergänze die Lücken und setze fehlende Kommas.

Infinitivgruppen bilden und Kommas richtig setzen

4 Formuliere zum Text passende Infinitivgruppen mit Vermutungen zu
Fischers Motiven. Informiere dich im Merkkasten, in welchen Fällen
Kommas nötig sind. Schreibe z.B.:
Fischer hoffte (,) mit seiner Aktion aufzufallen.
Er hoffte darauf, mit ...

Fischer hoffte ...	mit seiner Aktion auffallen
Er hoffte darauf...	andere zum Umdenken bewegen
Er hatte das Ziel ...	unvergessen bleiben
Er provozierte ...	mehr Wähler/innen gewinnen

Kommas bei Infinitivgruppen

Ein Sonderfall sind Infinitivgruppen, die die Funktion von
Nebensätzen übernehmen. Sie bestehen aus einem Infinitiv mit
zu und mindestens einem weiteren Wort.
Eine Infinitivgruppe muss durch ein **Komma** abgetrennt werden,
wenn sie ...
– durch *um, ohne, statt, anstatt, außer, als* eingeleitet wird, z.B.:
  Er arbeitet, um Geld zu verdienen.
– von einem hinweisenden Wort abhängt, z.B.:
  Wir träumten davon, bald eine große Reise machen zu können.
– von einem Nomen abhängt, z.B.:
  Sie hatte den Wunsch, in eine andere Stadt zu ziehen.
In anderen Fällen gilt: Ein **Komma kann**, muss aber nicht gesetzt
werden, z.B.: *Sie hoffte(,) den Zug noch zu erreichen.*

INFO
Hinweisende Wörter:
*damit, daran, darauf,
davon, dazu*

Einschübe und Nachträge abtrennen

1 a) Lies den folgenden Text. Schreibe ihn ab und ergänze die Kommas bei Einschüben und Nachträgen.

das Komma bei Einschüben und Nachträgen setzen

Erst seit hundert Jahren gibt es für den linken und rechten Fuß unterschiedliche Schuhe auch „krumme Schuhe" genannt. Die Schuhe sind heute auch genauer auf die Form der Füße zugeschnitten also viel angenehmer zu tragen. Die Birkenstock-
5 sandale war in den 70er-Jahren bei jungen Leuten vor allem bei Anhängern der Zurück-zur-Natur-Bewegung beliebt. Auch heute werden bestimmte Markenschuhe
10 und zwar häufig von Stars getragene manchmal unerwartet zu Verkaufsschlagern.

b) Vergleicht eure Ergebnisse in Partnerarbeit.

> ### Kommas bei Einschüben und Nachträgen
>
> Zusätzliche Informationen zu einem Satz werden durch Komma abgetrennt; sind sie eingeschoben, setzt man zwei Kommas, z. B.:
> *Die Stadt ist, wie unschwer zu erkennen, ein wahrer Touristenmagnet.*
> *Man kann oft, insbesondere an den Abenden, große Menschentrauben auf den Straßen sehen.*
> *Ich reise gern, vor allem im Sommer.*
> *Er liebt Sport, insbesondere Tennis.*

TIPP
Nachgestellte Erläuterungen erkennt man oft an **einleitenden Wörtern,** z. B.:
also, besonders, das heißt (d.h.), insbesondere, nämlich, und zwar, vor allem, zum Beispiel (z. B.), zumindest

2 a) Lies die folgenden Zeit- und Ortsangaben. Beschreibe, wann Kommas gesetzt werden müssen und welche entfallen können.
– Montag, 12. April (,) reisen wir ab.
– Montag, den 12. April (,) reisen wir ab.
– Am Montag, dem 12. April (,) reisen wir ab.
– Wir treffen uns Montag, 12. April, 8 Uhr (,) am Hauptbahnhof.

das Komma bei Zeit- und Ortsangaben setzen

INFO
Wochentag und Datum stehen im selben Fall, z. B.:
Freitag, den 17. Mai …
Am Freitag, dem 17. Mai …

b) Formuliere nach den Beispielen eigene Sätze, z. B.:
Unsere nächste AG findet Dienstag, den 20. Juli, 14 Uhr (,) in Raum 303 statt.

> ### Kommas bei Zeit- und Ortsangaben
>
> Mehrteilige Zeit- und Ortsangaben ohne Präposition grenzt man durch Kommas ab. Das abschließende Komma kann entfallen, z. B.: *Sie wohnt in Berlin, Baumstraße 38 (,) in einem Altbau.*
> *Wir tagen am Freitag, 7. August, 10 Uhr (,) im Konferenzraum.*

Zitate richtig kennzeichnen

einen Romanauszug lesen und zusammenfassen

1 Lies den Auszug aus dem Roman „Löcher" von Louis Sachar und gib seinen Inhalt kurz wieder.

Stanley Yelnats, 15 Jahre alt, ist in der Schule ein Außenseiter. Sein Vater möchte durch Recycling alter Turnschuhe zu Geld gelangen. Als Stanley ein Paar riesige Turnschuhe von einer Brücke auf den Kopf fallen, hält er dies für ein Zeichen und nimmt sie mit. Erst später erfährt er, was es mit den Schuhen auf sich hat …

[…] Er rannte los. Wenn er jetzt daran zurückdachte, war er sich nicht mehr so sicher, warum er eigentlich gerannt war. Vielleicht hatte er es eilig gehabt, seinem
5 Vater die Schuhe zu bringen, vielleicht wollte er auch bloß vor dem ganzen Elend und den Demütigungen davonrennen, die er an diesem Tag in der Schule erlebt hatte. Dann hatte ein Polizeiwagen neben ihm
10 angehalten. […] Es hatte sich herausgestellt, dass die Turnschuhe aus dem Heim für Straßenkinder gestohlen worden waren, wo man sie in einer Vitrine ausgestellt hatte. […] Clyde Livingston*, der früher einmal selbst in diesem Heim gelebt hatte, sollte dort
15 sprechen und Autogramme geben. Seine Schuhe sollten versteigert werden, und es wurde damit gerechnet, dass sie mehr als fünftausend Dollar einbringen würden. Das ganze Geld sollte für die Straßenkinder ausgegeben werden. […] Stanley hatte die Wahrheit gesagt, aber vielleicht wäre es besser gewesen, wenn er
20 ein bisschen gelogen hätte. Er hätte sagen können, er hätte die Schuhe auf der Straße gefunden. Dass sie vom Himmel gefallen waren, hatte ihm niemand geglaubt. […]

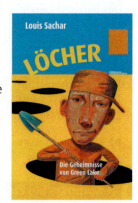

Clyde Livingston: im Roman ein bekannter Baseballspieler

2 Bei einer Auseinandersetzung mit einem Text, z. B. bei einer Interpretation, wird das Textverständnis mit Hilfe von Zitaten belegt.

a) Beschreibe die folgenden unterschiedlichen Möglichkeiten des Zitierens und wie welche Zeichen gesetzt werden müssen.

A Im Rückblick zeigt sich, dass Stanley nicht mehr genau weiß, „warum er eigentlich gerannt war" (Z. 3).
B Rückblickend hinterfragt Stanley sein Verhalten: „Wenn er jetzt daran zurückdachte, war er sich nicht mehr so sicher, warum er eigentlich gerannt war" (Z. 1 ff.).

Zitiermuster kennen
➔ S. 53

b) Tauscht euch aus:
– Warum ist es wichtig, beim Zitieren sehr genau zu sein?
– Wann ist es sinnvoll, Textstellen wörtlich zu zitieren, wann sollte man sie in eigenen Worten wiedergeben?

die Funktion von Zitaten verstehen

Richtig schreiben

3 Schreibe die Textstellen A und B ab. Suche die passenden Stellen im Originaltext, setze die fehlenden Zitatzeichen und ergänze die Zeilenangaben.

Zitatzeichen setzen

A Stanley wird am Ende damit konfrontiert, dass ihm niemand die wundersame Herkunft der Schuhe abnimmt: Dass sie vom Himmel gefallen waren, hatte ihm niemand geglaubt. Erst im Nachhinein kommt Stanley auf die Idee, dass er, statt die Wahrheit zu sagen, lieber ein bisschen gelogen hätte.

B Stanley kann sich seine Flucht nicht richtig erklären: Vielleicht hatte er es eilig gehabt, seinem Vater die Schuhe zu bringen, vielleicht wollte er auch bloß vor dem ganzen Elend und den Demütigungen davonrennen, die er an diesem Tag in der Schule erlebt hatte.

Zitieren und Zeichen richtig setzen

Wird in einem Text eine Stelle aus einem anderen Text wörtlich übernommen, muss dies gekennzeichnet werden.
- **Übernahme eines vollständigen Satzes**, z. B.:
  Der Verlust der Turnschuhe wiegt besonders schwer: „Das ganze Geld sollte für die Straßenkinder ausgegeben werden" (Z. 17 f.).
- **Übernahme eines Satzteils**, z. B.:
  Der Verlust der Turnschuhe wiegt schwer, denn das gesamte Geld sollte „für die Straßenkinder" (Z. 18) verwendet werden.
- **Auslassungen innerhalb des Originaltextes**, z. B.:
  „Das ganze Geld sollte [...] ausgegeben werden" (Z. 17 f.).

INFO
Die Zeilen werden direkt nach dem Zitat angegeben, z. B.:
Z. 7; Z. 8–10;
Z. 15 **f.** (für eine folgende Seite)
Z. 24 **ff.** (für mehrere folgende Seiten)

4 a) Zitiere die Textstelle B aus Aufgabe 3 auf zwei alternative Weisen:
– Übernahme von Einzelwörtern oder Satzteilen,
– Auslassung innerhalb des Originaltextes.

b) Vergleicht eure Ergebnisse in Partnerarbeit.

auf unterschiedliche Arten zitieren

Das habe ich gelernt

- Vervollständige die Auflistung und ergänze je ein Beispiel:
  <u>Kommas setzen</u>
  – Aufzählung, z. B.: Lisa, Orhan, Merle sowie Carla
  – Satzreihe (HS + ...)
  – ...

- *Wer sich nicht mehr wundern kann, ist seelisch bereits tot.*
  Gib diesen Satz von Albert Einstein auf verschiedene Weise als Zitat wieder. Achte auf die richtigen Satzzeichen.

Schreibe in dein Heft oder Portfolio.
Markiere, was du dir besonders merken willst.

Anwenden und vertiefen

dass-Sätze bilden und Kommas setzen

1 a) Bilde aus jeweils zwei Sätzen Satzgefüge mit einem *dass*-Satz. Setze die nötigen Kommas.

Einige glauben.	Die deutsche Mannschaft hat nur dank ihrer Stollen gesiegt.
Seit 1980 ist es in den USA normal.	Man geht mit Turnschuhen zur Arbeit.
Es ist erstaunlich.	Ein deutscher Minister erregte damals mit Turnschuhen so großes Aufsehen.

b) „Turnschuhe: Viel Lärm um nichts oder wichtiges Kleidungsstück?" Wie lautet deine Meinung? Formuliere sie mit Hilfe von *dass*-Sätzen und setze die nötigen Kommas.

Kommas bei Aufzählungen und Satzgefügen richtig setzen

2 a) Im folgenden Auszug aus dem Roman «Löcher» von Louis Sachar fehlen fünf Kommas. Übertrage den Text in dein Heft und setze die fehlenden Kommas.

Stanley Yelnats war der einzige Fahrgast im Bus wenn man den Fahrer und den Wachmann nicht mitrechnete. Der Wachmann saß neben dem Fahrer auf einem umgedrehten Sitz sodass er Stanley im Blick hatte. <u>Auf seinen Knien lag ein Gewehr.</u>
5 Stanley saß ungefähr zehn Reihen weiter hinten und war mit Handschellen an einer Armlehne festgekettet. Auf dem Sitz neben ihm lag sein Rucksack. <u>Darin waren seine Zahnbürste Zahnpasta und eine Schachtel mit Briefpapier die seine Mutter ihm geschenkt hatte.</u> Er hatte ihr versprochen wenigstens einmal die
10 Woche zu schreiben. (…)

b) Formuliere den unterstrichenen Satz so um, dass nur ein Komma gesetzt werden muss.

c) Bei welchem Satz kann man ein zusätzliches Komma setzen?

richtig zitieren und Zeichen setzen

3 Im Folgenden wird auf den farbig markierten Satz im Text aus Aufgabe 2 eingegangen. Schreibe die Sätze ab und ergänze Satzzeichen und die Zeilenangabe, wo nötig.
– Die Situation hat etwas Bedrohliches Auf seinen Knien lag ein Gewehr
– Die Waffe des Wachmanns liegt griffbereit auf seinen Knien

Teste dich selbst!
Richtig schreiben

Die Ferienjob-Paragrafen

Sechs Wochen Sommerferien – das ist viel Zeit zum Erleben und Entspannen. Da bleiben meist auch ein paar Wochen zum Jobben um die eigenen Finanzen aufzubessern. Viele Firmen sind in der Urlaubszeit dankbar für Aushilfen. Ob im Service oder in der
5 Produktion: Allerorts sind Stellen vakant*. Babysitten oder Früh- oder Spätschichten im Café zu übernehmen, ist aber nicht in jedem Fall erlaubt. Denn für Ferienjobber die noch zur Schule gehen gilt das Jugendarbeitsschutzgesetz. Hier sollten sich potenzielle Ferienjobber im Voraus darüber informieren wie viel
10 sie legal arbeiten können.
15- bis 18-Jährige dürfen in den Schulferien maximahl 20 Tage und höchstens 8 Stunden am Tag jobben, erläutert eine Mitarbeiterin der Argentur für Arbeit. Das ist in der Teorie so, doch in der Praxis gibt es zahlreiche Ausnahmen. Sie betreffen im wesentlichen die
15 Gastronohmie, Bäckereien und die Landwirtschaft. Wer auf dem laufenden ist, weiß, dass Jugendliche unter 16 Jahren beispielsweise auch Abends kellnern dürfen. Die darauf folgende Frühschicht ist dann aber tabu. Denn zwischen Arbeitsende und -anfang müssen Jugendliche mindestens 12 Stunden ununter-
20 brochen Freizeit haben. Für alle Jobs gilt: Beträgt die tägliche Arbeitszeit 4,5 bis 6 Stunden, haben sie ein Anrecht auf 30 Minuten Pause, ab sechs Stunden sind es 60 Minuten.
An Wochenenden sind jugendliche Ferienjobber generell freizustellen, aber auch hier gilt: keine Regel ohne Ausnahme.
25 An Samstagen dürfen Jugendliche etwa bei Frisören oder in Bäckereien arbeiten. An Feiertagen, samstags oder an Sonntagvormittagen und -nachmittagen sind Dienste in Pflegeeinrichtungen, in Restaurants und bei Musik- oder Sportevents erlaubt. Ein Sprecher des Verbraucherministeriums ergänzt
30 jedoch: Mindestens zwei Samstage im Monat sollen, zwei Sonntage im Monat müssen beschäftigungsfrei bleiben.
Neben den Ruhephasen muss der Arbeitgeber weitere Schutzpflichten beachten: Verboten sind Jobs bei extremer Hitze Kälte Nässe das Gehör schädigendem Lärm die Gesundheit gefähr-
35 denden Strahlen oder Erschütterungen. Jugendliche dürfen auch nicht mit toxischen* ätzenden oder die Atemwege reizenden Stoffen hantieren*.

vakant: frei, offen

toxisch: giftig
hantieren: (mit etwas) tätig sein

1 Warum sind die folgenden Wörter im Text großzuschreiben? Formuliere die Regel dazu in deinem Heft.

> Erleben (Z.1)   Entspannen (Z.2)   Jobben (Z.2)

195

2 Folgende Verben sind oft mit dem Ausdruck „im Voraus" (Z.9) verbunden:
(sich) informieren, sich erkundigen, anfragen, danken.
Wähle ein Verb aus und schreibe einen Beispielsatz mit „im Voraus" in dein Heft.

3 Suche die Beispiele für die Schreibung mit Bindestrich aus dem Text heraus. Schreibe in dein Heft: *Früh- oder Spätschichten, ...*

4 a) Im zweiten Abschnitt (Z.11–22) sind vier Fremdwörter falsch geschrieben.
Schreibe die Zeile und die richtige Schreibung in dein Heft.

b) Wähle fünf der folgenden Fremdwörter aus und notiere dazu zwei Mitglieder der jeweiligen Wortfamilie in dein Heft.

die Finanzen	die Firma	der Service	die Produktion
babysitten	extrem	informieren	

c) Suche aus dem dritten und vierten Abschnitt (Z.23–37) insgesamt fünf Fremdwörter heraus und bilde damit jeweils einen Satz. Schreibe in dein Heft.

5 Verbessere die weiteren Fehlerwörter des zweiten Abschnitts. Schreibe sie in der richtigen Schreibweise in dein Heft. Notiere eine kurze Begründung bzw. Regel dazu.

6 a) Übernimm die Zeitangaben aus dem dritten Textabschnitt (Z.23–31) in dein Heft. Ergänze jeweils drei Beispiele nach dem gleichen Muster.
Schreibe zum Beispiel: *an Samstagen – an Dienstagen ...*

b) Schreibe die jeweilige Rechtschreibregel dazu auf.

7 Im zweiten und dritten Abschnitt (Z.11–31) wurde jeweils ein wörtliches Zitat nicht gekennzeichnet. Schreibe die Textzeilen in dein Heft und ergänze die Anführungszeichen.

8 Im ersten Abschnit (Z.1–10) fehlen vier Kommas, im letzten Abschnitt (Z.32–37) fehlen fünf Kommas.

a) Schreibe die entsprechenden Sätze mit der richtigen Komma-setzung in dein Heft.

b) Gib jeweils eine kurze Begründung für die Kommasetzung.

Der Blaue Planet

Georg Britting (1891–1964)
Grüne Donauebene

Grün ist überall. Grün branden die Felder.
Nur die Straße ist ein weißer Strich
Quer durchs Grün. Aber herrlich,
Herrlich grün lodern die Wälder.

5 Die Lerche sirrt. Der Himmel ist blau,
Sonst überall ist nur Grün.
Ein kochendes Grün, ein erzgrünes Glühn –
Flirrend darin eine Bauernfrau

Mit weißem Kopftuch, und ihr rotes Gesicht
10 Trieft flammend vom unendlichen Licht.

In diesem Kapitel wiederholst du:
- Gedichte erschließen
- die Figuren einer Geschichte charakterisieren
- produktiv zu Texten schreiben
- Diagramme und argumentative Sachtexte erschließen
- eine Erörterung schreiben
- eine Bewerbung schreiben und überarbeiten
- ein Vorstellungsgespräch üben

Joseph von Eichendorff (1788–1857)
Mondnacht

Es war, als hätt der Himmel
Die Erde still geküsst,
Dass sie im Blütenschimmer
Von ihm nun träumen müsst.

5 Die Luft ging durch die Felder,
Die Ähren wogten sacht,
Es rauschten leis die Wälder,
So sternklar war die Nacht.

Und meine Seele spannte
10 Weit ihre Flügel aus,
Flog durch die stillen Lande,
Als flöge sie nach Haus.

1 Wovon erzählen die Gedichte? Notiere Stichpunkte.

2 Notiere Stellen, die Sinneseindrücke wiedergeben (sehen …), und beschreibe die Stimmung, die so vermittelt wird.

3 Lege zu einem der Gedichte ein Gedankengitter an und trage deine Überlegungen zu Inhalt, Form und Sprache ein. Beschreibe die Wirkung und Funktion der Gestaltungsmittel.

4
a) Formuliert zu zweit Leitfragen für einen Gedichtvergleich.
b) Vergleiche die Gedichte anhand der Leitfragen. Formuliere deine Ergebnisse in einem kurzen Text.

den Inhalt eines Gedichts erfassen

Inhalte und Wirkung untersuchen

Form und Sprache untersuchen und ihre Funktion beschreiben
→ S. 126 f.

Gedichte vergleichen
→ S. 128

„Nur noch ... ein Wald, ein paar Berge"

Leseeindrücke formulieren

1 Lies die Kurzgeschichte.
Formuliere mündlich deinen ersten Leseeindruck.

Sibylle Berg
Nacht

Sie waren mit Tausenden aus unterschiedlichen Türen in den Abend geschoben. Es war eng auf den Straßen, zu viele Menschen müde und sich zu dicht, der Himmel war rosa. Die Menschen würden den Himmel ignorieren, den Abend und würden nach
5 Hause gehen. Säßen dann auf der Couch, würden Gurken essen und mit einem kleinen Schmerz den Himmel ansehen, der vom Rosa ins Hellblaue wechseln würde, dann lila, bevor er unterginge. Eine Nacht wie geschaffen, alles hinter sich zu lassen, aber wofür? Sie funktionierten in dem, was ihnen Halt schien, die
10 Menschen in der Stadt, und Halt kennt keine Pausen, Regeln, keine stille Zeit, in der Unbekanntes Raum hätte zu verunsichern mit dummen Fragen.
Das Mädchen und der Junge gingen nicht nach Hause. Sie waren jung, da hat man manchmal noch Mut. Etwas ganz Verrücktes
15 müsste man heute tun, dachten beide unabhängig voneinander, doch das ist kein Wunder, denn bei so vielen Menschen auf der Welt kann es leicht vorkommen, dass sich Gedanken gleichen.
Sie gingen auf einen Berg, der die Stadt beschützte. Dort stand ein hoher Aussichtsturm, bis zu den Alpen konnte man schauen und
20 konnte ihnen Namen geben, den Alpen. Die hörten dann darauf, wenn man sie rief. Die beiden kannten sich nicht, wollten auch niemanden kennen in dieser Nacht, stiegen die 400 Stufen zum Aussichtsturm hinauf. Saßen an entgegengesetzten Enden, mürrisch zuerst, dass da noch einer war. So sind die Menschen,
25 Revierverletzung nennt man das. Doch dann vergaßen sie die Anwesenheit und dachten in die Nacht. Vom Fliegen, vom Weggehen und Niemals-Zurückkommen handelten die

Gedanken, und ohne dass es ihnen bewusst gewesen wäre, saßen
sie bald nebeneinander und sagten die Gedanken laut.

30 Die Gedanken ähnelten sich, was nicht verwundert, bei so vielen
Menschen auf der Welt, und doch ist es wie Schicksal, einen zu
treffen, der spricht, was du gerade sagen möchtest. Und die Worte
wurden weich, in der Nacht, klare Sätze wichen dem süßen Brei,
den Verliebte aus ihren Mündern lassen, um sich darauf zum

35 Schlafen zu legen. Sie hielten sich an der Hand, die ganze Nacht,
und wussten nicht, was schöner war. Die Geräusche, die der Wind
machte, die Tiere, die sangen, oder der Geruch des anderen. Dabei
ist es so einfach, sagte der Junge, man muss nur ab und zu mal
nicht nach Hause gehen, sondern in den Wald. Und das Mädchen

40 sagte, wir werden es wieder vergessen, das ist das Schlimme.
Alles vergisst man, das einem guttut, und dann steigt man wieder
in die Straßenbahn, morgens, geht ins Büro, nach Hause, fragt
sich, wo das Leben bleibt. Und sie saßen immer noch, als der
Morgen kam, als die Stadt zu atmen begann. Tausende aus ihren

45 Häusern, die Autos geschäftig geputzt, und die beiden erkannten,
dass es das Ende von ihnen wäre, hinunterzugehen ins Leben.
Ich wollte, es gäbe nur noch uns, sagte der Junge. Das Mädchen
nickte, sie dachte kurz: So soll das sein, und im gleichen Moment
verschwand die Welt. Nur noch ein Aussichtsturm, ein Wald, ein

50 paar Berge blieben auf einem kleinen Stern.

2 a) Unterteile den Text in Abschnitte. Gib jedem eine Überschrift.

b) Fasse den Inhalt der Kurzgeschichte in 7 bis 10 Sätzen zusammen.

_den Inhalt zusammen-
fassen_

3 a) Notiert stichpunktartig in Partnerarbeit, was ihr über „die
Menschen" und was ihr über die Hauptfiguren erfahrt.
Schreibt entsprechende Textstellen mit Zeilenangaben auf.

b) Beschreibt, wie sich die äußere und die innere Situation der beiden
Hauptfiguren im Verlauf der Geschichte entwickeln.

Figuren untersuchen
➜ S. 31–38

4 a) Sprecht zu zweit darüber, wie Stadt und Natur dargestellt werden.
Nennt entsprechende Textstellen.

b) Beschreibe in einem kurzen Text die Bedeutung der Stadt und
der Natur in der Kurzgeschichte. Gib Textstellen an.

_die Bedeutung von
Stadt und Natur im
Text beschreiben_

5 Lies den Merkkasten zu den Merkmalen einer Kurzgeschichte
auf Seite 120. Prüfe, ob die Merkmale auf den Text „Nacht" zutreffen.
Begründe und belege in einem kurzen Text.

_die Merkmale einer
Kurzgeschichte unter-
suchen_
➜ S. 115–124

6 a) „... und sagten die Gedanken laut." (Zeile 29). – Notiere stichpunktartig, was den beiden durch den Kopf gehen könnte.

b) Schreibe einen Dialog zwischen den beiden.

_produktiv zu einem
Text schreiben_

7 Deute schriftlich den Schluss der Kurzgeschichte.

den Schluss deuten

Wissen sichern und vernetzen

Naturerfahrung – Naturbedrohung

einen Sachtext lesen
→ S. 89–104

1 Lies den folgenden Zeitungsartikel unter der Fragestellung: Welche Folgen kann Reisen für die Umwelt haben und was kann man dagegen tun?

Umweltzerstörung durch Massentourismus

Die Vorstellungen von einem gelungenen Urlaub sind sicher verschieden. Ob man nun Zeit mit den Freunden verbringt, die Beine am Pool eines Fünf-Sterne-Hotels hochlegt oder mit dem Rucksack ferne Länder und fremde Kulturen erkundet – eines scheint dabei oft vernachlässigt zu
5 *werden: Welche Auswirkungen haben unsere Reisen eigentlich auf die Umwelt?*
Es scheint längst überfällig, dass wir uns diese Frage einmal stellen, auch auf die Gefahr hin, einer unbequemen Wahrheit zu begegnen. „Der Massentourismus ist ein großes ökologisches und
10 soziales Problem in vielen Ländern", sagt Anne Bernhardt von der Umweltschutzorganisation Greenpeace. „Besonders groß ist das Problem auf Inseln, die oft keinen Platz für Müllbehandlungsanlagen oder Deponien haben."
Auch – oder gerade – die Umwelt von Schwellenländern wie
15 Mexiko oder Brasilien wird durch den Tourismus beeinträchtigt. Es fehlt dort oft an ausreichender Abfallentsorgung und genügend gutem Trinkwasser, da es nur wenige gesicherte Deponien und veraltete Kläranlagen gibt. Dies verstärkt sich dadurch, dass Touristen industriell hergestellte Güter aus ihren Heimatländern
20 mitbringen, die vor Ort nicht ökologisch nachhaltig entsorgt werden können.

Beitrag zum Klimawandel

Umweltbelastungen durch Tourismus entstehen also vor allem in
Ländern, die ein sensibles* Ökosystem* und mangelnde Infra-
25 struktur* aufweisen. Dort werden oft rücksichtslos Hotelanlagen
und Straßen ausgebaut. Ein Beispiel dafür ist die Küstenland-
schaft der Iberischen Halbinsel. Auch besonders sensible
Ökosysteme wie Korallenriffe werden durch zu viele tauchende
Touristen oft irreparabel* beschädigt. Während sich in diesen
30 Fällen die Konsequenzen noch auf bestimmte Regionen
beschränken, bleiben die Wirkungen des erhöhten Verkehrs-
aufkommens nicht auf einzelne Gebiete beschränkt. Der Massentourismus zieht einen sehr intensiven Auto- und vor allem
Flugverkehr nach sich und trägt dadurch zu Luftverschmutzung
35 und Klimawandel bei.

Wasserknappheit ist ein großes Problem

„Das Abfallaufkommen, aber auch der Wasser- und der Energie-
konsum durch den Massentourismus in den Urlaubsparadiesen
ist immens* und bringt die lokale Bevölkerung in große
40 Bedrängnis", erläutert Petra Bollich vom WWF* Deutschland.
Vor allem im Mittelmeerraum ist Wasserknappheit ein großes
Problem. Täglich werden dort im Sommer zwischen 300 und
850 Liter Süßwasser pro Tourist verbraucht (in Deutschland sind
es 150 Liter pro Kopf). Ein Großteil des Süßwassers wird für
45 Swimmingpools oder die Bewässerung von Golfplätzen benutzt
und fehlt dann in der Natur. Das strapaziert die natürlichen
Grundwasserreserven extrem und in Küstennähe dringt oft Salz
ins Grundwasser ein. Durch die Versalzung kann wiederum
weniger Trinkwasser aus Grundwasser gewonnen werden – ein
50 Teufelskreis.

Problem erkannt – warum ändert sich nichts?

Der Wassermangel im Boden hat nicht nur Auswirkungen auf die
Landschaft – in Form von Verödung und Dürren –, sondern stellt
auch für viele Tierarten eine Bedrohung dar. Außerdem müssen
55 zur Deckung des enormen Bedarfs an Trinkwasser teure
Entsalzungsanlagen gebaut werden, was sich wiederum in stark
steigenden Wasserpreisen niederschlägt.
Dass der Massentourismus eine der gravierendsten Ursachen
dieser Entwicklungen ist, wird weithin anerkannt. Doch warum
60 ändert sich dann so wenig? Ganz einfach: Der Massentourismus
hat auch positive Seiten. Er ist in vielen Ländern ein bedeutender
Wirtschaftsfaktor und Arbeitgeber – weltweit sind um die
100 Millionen Menschen in der Tourismusbranche beschäftigt.
Außerdem wird ein Urlaub durch den Massentourismus für fast
65 jeden bezahlbar, denn Pauschalreisen* machen das Reisen sehr
preiswert. Auch der Spaßfaktor spricht für den Massentourismus.
Denn in den Regionen des Massentourismus werden besonders
viele Freizeitmöglichkeiten angeboten.

---

sensibel:
empfindlich, anfällig
das Ökosystem:
ein Lebensraum mit
Wechselwirkungen
zwischen Tieren,
Pflanzen, Luft, Boden
usw.
die Infrastruktur:
zum Funktionieren
einer Wirtschaft
notwendige Einrich-
tungen wie Verkehrs-
netz, Energie- und
Wasserversorgung,
Schulen usw.
irreparabel: nicht
wiederherstellbar

immens:
unermesslich groß
**der WWF (World
Wildlife Fund for
Nature):** eine Natur-
schutzorganisation

die Pauschalreise:
eine Reise, in deren
Preis alle Leistungen
(Anreise, Hotel,
Ausflüge) enthalten
sind

Wissen sichern und vernetzen

Manche sind sich ihres schädlichen Verhaltens bewusst

Hinzu kommt, dass sich noch immer viel zu wenig Touristen der manchmal extremen Auswirkungen ihres Verhaltens bewusst sind. Doch langsam beginnt man umzudenken. Katharina Becker etwa, eine Studentin aus Potsdam, die in ihrer Freizeit gern Ski fährt, erzählt: „Ich finde zum Beispiel das Abholzen in Ski-Gebieten sehr schlimm, weil das ja Ausmaße angenommen hat, die nicht mehr zu akzeptieren sind. Das sollte man den Leuten mal bewusst machen! Neben den Bäumen verschwinden auch viele Tiere, weil sie einfach keinen Lebensraum mehr haben."
Wenn Urlaubsgebiete durch Tourismus allzu starken Schaden nehmen, leiden die Einheimischen nicht nur darunter, dass ihre Heimat zerstört wird. Auch die Touristen bleiben irgendwann weg und ziehen zum nächsten, noch unbeschädigten Gebiet weiter. So verlieren die Einheimischen auch noch diese wichtige Einnahmequelle.

Jeder Reisende kann etwas tun

Aber wie findet man einen Ausgleich zwischen ökologischer Nachhaltigkeit* und wirtschaftlichem Aufschwung? Sicher können Politiker und Umweltorganisationen ihren Teil beitragen, aber vor allem müssen wir, jeder, der „einmal eine Reise tut", selbst handeln. „Die Auswahl des Fortbewegungsmittels ist der erste Schritt. Inlandsflüge müssen nicht sein, in so gut wie jedem Land gibt es ein Netz öffentlicher Verkehrsmittel wie Züge und Busse", sagt Anne Bernhardt von Greenpeace. Vielleicht muss es auch nicht jeden Sommer eine Fernreise wie etwa eine Safaritour in Afrika sein – zum Entspannen kann manchmal schon eine Campingtour mit Freunden in die nähere Umgebung dienen! Wer ein paar Souvenirs aus dem Urlaub mitnehmen will, sollte nicht das kaufen, was die Umwelt zusätzlich belastet – wie zum Beispiel Muschelketten oder Seeigel, die extra für Touristen gefangen werden. Und natürlich gilt im Urlaub dieselbe Regel wie zu Hause: Keinen Müll liegen lassen!

Erste Initiativen lassen hoffen

Auch internationale Organisationen haben das Problem erkannt – und beginnen zu handeln. Die UN-Organisation „United Nations Environment Programme" (UNEP) und die Welttourismusorganisation (UNWTO) haben Kriterien für einen nachhaltigen Tourismus entwickelt. In Ägypten, das jährlich von über sieben Millionen Touristen besucht wird, wurde ein Öko-Siegel, der „Green Star", eingeführt. Diese Siegel bekommen Hotels, die bestimmten Mindestanforderungen beispielsweise beim Energie- und Wassersparen oder bei der Abfallentsorgung genügen. Dieses Beispiel macht Mut – Tourismus und Umweltschutz müssen einander nicht ausschließen!

---

die Nachhaltigkeit:
hier: verantwortungsvoller Umgang mit der Natur, auch im Hinblick auf künftige Generationen

2 Untersuche, wie die Autorin den Text aufgebaut hat.

a) Beschreibe Inhalt und Funktion der Einleitung.

b) Welche Funktion haben die Überschriften der Absätze?

den Aufbau untersuchen

3 Fasse den Text Schritt für Schritt zusammen.

a) Schreibe die Fragestellung am Ende der Einleitung in dein Heft. Suche in den ersten drei Absätzen (Zeilen 7–50) Antworten auf die Frage und notiere sie in Stichworten.

b) Welche Lösungen nennt die Autorin im zweiten Teil (Zeilen 51–116)? Notiere in Stichworten.

Textinhalte exzerpieren und zusammenfassen

4 a) Beschreibt die Wirkung und Funktion der markierten Formulierungen.

b) Formuliert diese Sätze „neutral", also ohne erkennbare Autormeinung. Vergleicht die Wirkung der Sätze.

c) Wo werden Frage- und Ausrufesätze im Text verwendet? Beschreibt ihre Wirkung und Funktion.

sprachliche Mittel untersuchen

5 Untersuche, wie die Autorin ihren appellativen, d.h. mit einer Aufforderung verbundenen Text stützt.

a) Gib die eingebauten Zitate in freier Form wieder und nenne die zitierten Sprecher/innen. Schreibe z.B.:
– *Mitarbeiterin der Umweltschutzorganisation Greenpeace: Massentourismus ist ...*

b) Welche Zahlenangaben macht die Autorin und welche Aussagen untermauert sie damit? Notiere die Textstellen und die stützenden Argumente. Schreibe z.B.:
– *Problem Wasserknappheit im Mittelmeerraum (Z. 40 ff.): Jeder Tourist verbraucht dort 300–850 Liter Süßwasser ...*

c) Erkläre die Funktion der Zitate und Zahlenangaben.

die Verwendung von Zitaten und Zahlenangaben untersuchen

6 a) Die Autorin appelliert an die Leser/innen. Finde drei Appelle, d.h. Aufforderungen, im vorletzten Absatz (Zeilen 85–104) und schreibe sie mit eigenen Worten auf, z.B.:
Reisende sollten ...!

b) Beschreibe Wirkung und Funktion des Schlusssatzes.

die Appellfunktion des Textes untersuchen

Wissen sichern und vernetzen

203

Diagramme auswerten
→ S. 102

TIPP
Nutze die Hinweise auf der inneren Umschlagseite hinten im Buch.

7 Werte die beiden Diagramme in folgenden Schritten aus:

a) Lies jeweils die Überschrift und formuliere in einem Satz, worüber das Diagramm informiert.

b) Verfasse jeweils einen auswertenden Informationstext.

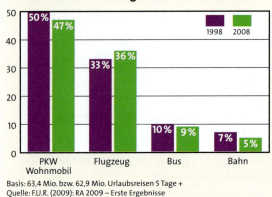

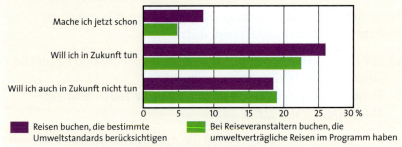

Aussagen von Texten und Diagrammen zueinander in Beziehung setzen

8 a) Notiere Zahlenangaben aus den Diagrammen, die die Aussagen des Sachtextes auf Seite 200 ff. stützen können. Schreibe passende Textstellen mit Zeilenangabe auf.

b) Ergänze den Text mit den ausgewählten Angaben. Schreibe dazu den entsprechenden Satz aus dem Text ab und füge einen Satz mit der Zahlenangabe hinzu.

Pro- und Kontra-Argumente formulieren
TIPP
Nutze auch die Texte auf S. 200–204.

eine Erörterung schreiben
→ S. 73–80

eine Fragestellung formulieren und erörtern

9 „Massentourismus – weiterhin erlauben oder verbieten?"

a) Recherchiere zum Thema und bilde dir eine eigene Meinung.

b) Sammle und ordne Argumente für und gegen Massentourismus. Stütze sie durch Beispiele bzw. Belege.

c) Schreibe eine Erörterung zur Fragestellung.

10 Formuliere eine eigene Pro-Kontra-Fragestellung zum Thema „Tourismus" bzw. „Reisen". Recherchiere Informationen dazu und verfasse eine Erörterung.

Ein naturnaher Beruf

1 Welche formalen, inhaltlichen und sprachlichen Kriterien muss eine Bewerbung erfüllen? Notiere in dein Heft, z. B.:
- <u>formale Bestandteile</u>: Absenderadresse ...
- <u>Inhalte des Hauptteils</u>: Grund des Schreibens ...
- <u>sprachlich</u>: ...

die Anforderungen an ein Bewerbungsschreiben notieren
→ S. 57–64

Ausbildung 20.. – Gärtner/in – Baumschule Meier

Die Baumschule Meier sucht für das Ausbildungsjahr 20.. Auszubildende für den Beruf der Gärtnerin / des Gärtners, Fachrichtung Baumschule.

Wir erwarten einen guten bis befriedigenden Hauptschulabschluss oder Realschulabschluss. Sie sollten motiviert, körperlich belastbar, an Pflanzen interessiert sein und über praktische Fähigkeiten verfügen. Gärtner/innen der Fachrichtung Baumschule vermehren Bäume und Sträucher art- und fachgerecht, kultivieren* sie umweltschonend bis zur Verkaufsreife und vermarkten sie.

Ihre Bewerbung richten Sie bitte an:
Baumschule Meier
Herrn Uwe Meier
Geranienweg 15
34125 Kassel
oder an: Uwe.Meier@Baumschule-Meier-Kassel.de

kultivieren: *hier:* Pflanzen veredeln

2 a) Notiere folgende Informationen aus der Anzeige:
- <u>erwartete fachliche Qualifikationen</u>: guter bis ...
- <u>gewünschte Interessen und Eigenschaften</u>: ...
- <u>Informationen über die Tätigkeit als Gärtner/in</u>: ...

eine Stellenanzeige auswerten

b) Notiere weitere Interessen, Eigenschaften und Erfahrungen, die für eine Bewerbung auf die ausgeschriebene Stelle günstig sein könnten.

Inhalte für eine schriftliche Bewerbung notieren

3 Recherchiere eine weitere Stellenanzeige für einen Ausbildungsberuf. Markiere dort die Anforderungen an die Bewerber/innen und verfasse ein Bewerbungsschreiben, das diese Anforderungen erfüllt.

eine Anzeige auswerten und ein Bewerbungsschreiben dazu verfassen

Wissen sichern und vernetzen

ein Bewerbungsschreiben prüfen und überarbeiten

 4 a) Lies Timos Bewerbung um den ausgeschriebenen Ausbildungsplatz. Prüfe, ob sie alle Kriterien erfüllt. Begründe.

 b) Überarbeite die Bewerbung. Schreibe in dein Heft.

Timo Kluge Kassel, 11.10. 20..
Schieferweg 17
34125 Kassel

Baumschule Meier
Herrn Uwe Meier
Geranienweg 15
34125 Kassel

Bewerbung um eine Ausbildungsstelle als Gärtner

Sehr geehrter Herr Meier,

im „Kassel-Kurier" las ich die Stellenanzeige zur Ausbildung als Gärtner in Ihrer Baumschule. Aus diesem Grund sende ich Ihnen meine Bewerbungsunterlagen zu.
Ich gehe zurzeit noch auf die Steinbach-Gesamtschule in Kassel, die ich im Juli nächsten Jahres hoffentlich mit der mittleren Reife abschließen werde.
Während eines vierwöchigen Betriebspraktikums im April 20.. in der Gärtnerei Hohe habe ich einen ersten Einblick in die Arbeit eines Gärtners gewinnen können. Die schmutzige Arbeit machte mir auch nichts aus. Und danach war klar – ich muss Gärtner werden.
Total gern möchte ich Sie in einem Vorstellungsgespräch von meinen Stärken überzeugen. Laden Sie mich doch einfach ein!

Mit freundlichen Grüßen
Timo Kluge

Anlagen:
– Lebenslauf
– Lichtbild
– Kopie des letzten Schulzeugnisses

---

ein Vorstellungsgespräch üben
➔ S. 21–26

5 Timo wird zu einem Vorstellungsgespräch eingeladen.

 a) Notiert in Partnerarbeit mögliche Fragen und passende Antworten. Verteilt die Rollen für das Gespräch.

 b) Übt das Vorstellungsgespräch mehrfach und tauscht dabei die Rollen. Die Beobachter/innen geben eine Rückmeldung zum Inhalt wie auch zur Körpersprache.

Zukunftsvisionen

In diesem Kapitel wiederholst du:
- eine Statistik auswerten
- motivähnliche Gedichte untersuchen
- einen Jugendbuchauszug untersuchen
- Sachtexte erschließen
- Diskutieren
- eine Erörterung schreiben

Überschwemmung in der Wüste!

Das 1000. Retortenbaby geboren!

Weltbevölkerung wächst auf 10 Milliarden

Wer heute 14 ist, wird zum Mond fliegen können

SPIESSER befragte SPIESSER.de-User zu ihren Wünschen und Ängsten für die Zukunft. Hier lest ihr die Umfrage-Ergebnisse.

1 Was verbindet ihr mit dem Stichwort „Zukunft"? Tragt eure Gedanken zu dem Thema in einer Mindmap zusammen.

eine Mindmap anfertigen → Mindmap, S. 243

2 a) Welche der obigen Texte und Bilder zum Thema „Zukunft" verbindest du mit Neugier und freudiger Erwartung, welche eher mit Unbehagen? Begründe deine Meinung.

b) Fertige eine Collage an, in der deine Gedanken und Gefühle zum Thema „Zukunft" zum Ausdruck kommen

eine Collage anfertigen

3 Schreibe einen auswertenden Informationstext zu den Ergebnissen der Jugend-Umfrage oben.
Beantwortet die Fragen für euch selbst. Tauscht euch über eure Antworten und die Ergebnisse der Umfrage aus.

eine Statistik auswerten

Es reden und träumen die Menschen viel

Leseeindrücke formulieren

1 Lies das Gedicht. Formuliere deinen ersten Leseeindruck.

Friedrich Schiller
Hoffnung

Es reden und träumen die Menschen viel
Von besseren künftigen Tagen,
Nach einem glücklichen goldenen Ziel
Sieht man sie rennen und jagen;
5 Die Welt wird alt und wird wieder jung,
Doch der Mensch hofft immer Verbesserung.

Die Hoffnung führt ihn ins Leben ein,
Sie umflattert den fröhlichen Knaben,
Den Jüngling locket ihr Zauberschein,
10 Sie wird mit dem Greis nicht begraben;
Denn beschließt er im Grabe den müden Lauf,
Noch im Grabe pflanzt er – die Hoffnung auf.

Es ist kein leerer schmeichelnder Wahn,
Erzeugt im Gehirne der Toren,
15 Im Herzen kündigt es laut sich an:
Zu was Besserem sind wir geboren.
Und was die innere Stimme spricht,
Das täuscht die hoffende Seele nicht.

INFO
Friedrich Schiller
(1759–1805): zählt zu den wichtigsten deutschen Dramatikern und Lyrikern. Zu seinen bekanntesten Theaterstücken gehören „Wilhelm Tell", „Die Räuber", „Kabale und Liebe" und „Maria Stuart". Seine Balladen „Die Bürgschaft" und „Der Handschuh" zählen zu den bekanntesten lyrischen Texten.

den Inhalt eines Gedichts wiedergeben

2 Gib mit eigenen Worten den Inhalt des Gedichtes wieder. Gehe dabei strophenweise vor.

das Leitmotiv des Gedichts untersuchen
TIPP
Beachte vor allem die Verben in der zweiten Strophe.

3 „Hoffnung" ist die Überschrift und das Motiv (Leitthema) des Gedichtes. Beschreibe, wie die Hoffnung dargestellt wird und welche Bedeutung im Leben ihr zugewiesen wird, z.B.:
– *Strophe 1, Vers 6: Die Hoffnung auf Verbesserung ist immer und bei allen Menschen vorhanden. ...*

Inhalt, Form und Sprache untersuchen
→ S. 127

4 Lege ein Gedankengitter zum Gedicht an (vgl. S. 126). Fertige dazu eine Textkopie an oder lege eine Folie über den Text.

a) Beschreibe die äußere Form, z.B.: *Anzahl der Strophen: ...*

b) Beschreibe die sprachlichen Mittel. Erkläre ihre Funktion für den Inhalt, z.B.: *„rennen und jagen" (V. 4): Betonung der Hetze ...*

schwierige Textstellen erklären

5 Nennt und erklärt zu zweit schwierige Textstellen, z.B.:
„Die Welt wird alt und wird wieder jung" (V. 5): Die Welt verändert sich in einem ewigen Kreislauf ...

Wissen sichern und vernetzen

6 a) Bereite einen Lesevortrag des folgenden Gedichts vor.

b) Tragt das Gedicht in der Klasse vor und tauscht euch über seine Wirkung aus. Welche Stimmung wird vermittelt?

ein Gedicht vortragen und seine Wirkung beschreiben

INFO
Alfred Lichtenstein (1889–1914): deutscher Schriftsteller (Lyrik, Prosa), der im Alter von 25 Jahren im Ersten Weltkrieg starb

Alfred Lichtenstein
Die Zeichen (um 1912)

Die Stunde rückt vor.
Der Maulwurf zieht um.
Der Mond tritt wütend hervor.
Das Meer stürzt um.
5 Das Kind wird Greis.
Die Tiere beten und flehen.
Den Bäumen ist der Boden unter den Füßen zu heiß.
Der Verstand bleibt stehen.

Die Straße stirbt ab.
10 Die stinkende Sonne sticht.
Die Luft wird knapp.
Das Herz zerbricht.
Der Hund hält erschrocken den Mund.
Der Himmel liegt auf der falschen Seite.
15 Den Sternen wird das Treiben zu bunt.
Die Droschken* suchen das Weite.

die Droschke: Pferdefuhrwerk zur Beförderung von Personen

7 a) Wer kommt im Gedicht oben vor? Ordne Bereichen zu, z. B. *Tiere, Umwelt* ... Beschreibe, was sie im Gedicht gemeinsam haben.

b) Deute die Überschrift: Was für „Zeichen" werden beschrieben und worauf könnten sie hindeuten?

Inhalte untersuchen und deuten
TIPP
Achte auf die Verben.

8 a) Beschreibe die Form (Reimschema, Satzbau ...) des Gedichts oben.

b) Vergleiche den Inhalt mit der äußeren Form des Gedichts. Beschreibe, wie beides zusammenhängt.

äußere Form und Inhalt zueinander in Beziehung setzen

9 Beschreibe die Holzplastik „Panischer Schrecken" von Ernst Barlach, die um die gleiche Zeit wie das Gedicht oben entstand. Vergleiche ihre Aussage mit der des Gedichts.

künstlerische Ausdrucksweisen untersuchen

INFO
Ernst Barlach (1870–1938): deutscher Bildhauer, Zeichner und Schriftsteller, v. a. bekannt durch Bronze- und Holzplastiken (die Plastik: Werk eines Bildhauers)

10 Vergleiche die beiden Gedichte (Aufgaben 1 und 6) in Bezug auf Form, Sprache und Inhalt. Schreibe in dein Heft.

motivähnliche Gedichte vergleichen

Die perfekte Stadt der Zukunft

Leseeindrücke formulieren

1 Lies den Ausschnitt aus dem Jugendbuch „Version 5 Punkt 12" von Reinhold Ziegler. Notiere deinen ersten Leseeindruck.

Deutschland im Jahre 2015: Der in einer Wirtschaftskrise arbeitslos gewordene Tubor Both, Protagonist* und Ich-Erzähler des Buches, entscheidet sich, in die hypermoderne Modellstadt „Wohnwiesen" zu ziehen, in der ihm ein Job in der Datenzentrale angeboten wurde. Seine Freundin Nuala weigert sich mitzugehen.

der Protagonist: *hier:* die Hauptfigur

Wohnwiesen hatte damals einen zwiespältigen Ruf. Viele fanden die Idee einer neuen, geplanten Stadt faszinierend, einer Stadt, in der alle technischen und informellen* Systeme auf dem neuesten Stand waren, vieles, was man bei uns in München nur für viel
5 Geld bekam, war in Wohnwiesen von vornherein eingeplant und damit Standard in jeder Wohnung. Der PT, der Personal Telecommunicator, gehörte dazu, jede Wohnung hatte Anschluss an WWTV und WWDW, die weltweiten Fernseh- und Datennetze, und war mit dem VOC, dem Video-On-Call-System der drei
10 großen europäischen Filmanbieter, verbunden. Die Stadt war konsequent auf die Verwendung der π-Karte ausgelegt, Bargeld war dort überflüssig geworden genauso wie Führerschein, Personalausweis oder andere Ausweispapiere, es genügte die Karte oder sogar nur die π-Nummer in Verbindung mit der einmal
15 erfassten Sprachunterschrift, dem Voicesign. […]
Nuala wusste andere Zahlen: Der Wohnraum pro Person lag bei 29 Quadratmeter, es gab fast keine Kinder und alten Leute in der Stadt, die Lebenshaltungskosten lagen um 34 Prozent über dem Durchschnitt Europas, die Zahl der Schlaganfälle um 17 Prozent,
20 die Zahl der Herztoten um 42 Prozent und die Zahl der Selbstmorde um 112 Prozent darüber. Sie wollte es sich nicht einmal anschauen. Aber ich wollte hin, wollte mir selbst erst mal ein Bild machen. […]

informell: *hier:* der Information dienend

Dazu loggt sich Tubor, der Ich-Erzähler, in das Internet-Portal der Modellstadt „Wohnwiesen" ein und sieht sich auf einem virtuellen Spaziergang die Stadt an. Dazu muss er sich einen VR-Helm* aufsetzen, der ihm mittels spezieller Computertechnik nahezu perfekt vorspielt, sich tatsächlich in der Stadt zu bewegen.

VR (Virtual Reality): vom Computer erzeugte Scheinwirklichkeit

Eine knappe Woche später landete ich selber auf dem Flughafen
25 Wohnwiesen. Ich sah schon beim Anflug die vier Wohntürme stehen, jetzt, real, erschienen sie mir düsterer und dreckiger, rau und unscharf, wie der schlechte Farbausdruck eines grob gerasterten Virtual-Reality-Bildes. Aber es war nur ein kurzer Moment des Zweifels, dann fesselte mich die Perfektion der
30 schönen, neuen Stadt. Es war faszinierend. Ab dem Terminal brauchte ich nichts anderes mehr als meine π-Karte. In der Kabine des NEAR* schob ich sie in den Leseschlitz, wurde nach

NEAR (New Electronic Area Rickshaw): im Buch eine Art Schwebekabinen mit vielen Haltestellen über der Stadt

Wissen sichern und vernetzen

210

meinem Ziel gefragt, gab es an: „West 2, Wohnung 4256" und schon setzte sich das Ding in Bewegung. Nach ein paar Minuten stoppte die Kabine sanft. „Bitte steigen Sie jetzt aus und benutzen Sie die blaue Rolltreppe mit der Nummer vier, vielen Dank für Ihre Mitfahrt!", rief mir eine sanfte Frauenstimme nach. Hinter mir schloss sich leise die Tür und die Kabine schwebte davon. Ich ließ mich von der blauen Rolltreppe unter die Glaskuppel der Mall tragen, die zwischen den vier Türmen lag, fand mich am Rande des Einkaufszentrums vor dem Eingang meines Wohnblocks. Es war ein Déjà-vu* der realistischen Art, ich kannte das Innere der Kuppel, kannte den Eingang des Hauses, die große Halle, wusste, wohin ich mich wenden musste, um zu den Aufzügen zu kommen. Zwischen den Türen der beiden Aufzüge stand ein großer Papierkorb mit Aschenbecher – auch ihn kannte ich, das VR-Programm hatte ihn wahrheitsgetreu, aber leer dorthin platziert. Hier aber, in der wirklichen Realität, quoll er über von Kippen, Papier und Getränkedosen.

„Willkommen, Herr Both", sagte der Aufzug, als ich die π-Karte durch den Schlitz führte, „wir hoffen, Sie hatten eine angenehme Reise. Ihre Wohnung ist bezugsfertig und reagiert bereits auf Ihre Karte und Stimme. Dieser Aufzug bringt Sie jetzt in den 42. Stock. Wenden Sie sich beim Hinaustreten nach links und beachten Sie die Wohnungsnummern." Der Gang war mit dunkelblauem Teppich verkleidet, die Türen waren in einem Taubenblau abgesetzt, in der Mitte der Tür, klein, die Nummer der Wohnung, keine Namen. Neben jeder Tür ein Kartenleser. Ich lief, bis ich zur 4256 kam, dort zog ich meine Karte durch den Schlitz. […]

„Nuala", sagte ich deutlich. Es summte und die Tür sprang auf. Die Wohnung war kühl und leer. Was hatte ich erwartet? Wie eine eiskalte Wolke wehte die Einsamkeit mir aus diesen Wänden entgegen und ich spürte es. […] Es war eine Kälte, die ich nicht mehr vergessen konnte. Mit einem kleinen Ruck innerer Überwindung trat ich durch die Tür und schloss sie hinter mir. […]

das Déjà-vu (*franz.:* schon gesehen): das Gefühl, eine neue Situation schon einmal erlebt zu haben

2 Würdet ihr gerne in einer solchen Stadt leben? Tauscht euch darüber aus, was euch anspricht und was abschreckend klingt.

sich über Inhalte austauschen

Inhalte erschließen und tabellarisch darstellen

3 Im Text heißt es: „Wohnwiesen hatte damals einen zwiespältigen Ruf" (Z.1). Notiere in einer Tabelle die im Text genannten Vor- und Nachteile dieser Stadt.

Vorteile	Nachteile
– *technisch alles auf dem neuesten Stand*: ...	– ...

4 a) „Die Stadt war konsequent auf die Verwendung der π-Karte ausgelegt." (Zeile 10 f.) – Erkläre, was das bedeutet.

b) Besprecht und erläutert in Partnerarbeit: Welche Möglichkeiten und Gefahren birgt diese Technik?

das Innere einer Figur untersuchen

5 Welchen Eindruck macht die Stadt auf den Ich-Erzähler? Beschreibe Tubors Gefühle und Gedanken, als er in seinem neuen Wohnort ankommt. Gib entsprechende Textstellen an, z. B.:
Die vier Wohntürme erscheinen Tubor „düsterer und ..." (Z.26 f.)

einen Sachtext erschließen

6 Auch im folgenden Text geht es um die Zukunft – allerdings um eine Zukunft, die längst eingetroffen ist: Der Text stammt nämlich aus dem vorigen Jahrhundert.

a) Lies den Text. Kläre schwierige Begriffe mit einer Lernpartnerin / einem Lernpartner.

Das Telephon in der Westentasche

Die Bürger der drahtlosen Zeit werden überall mit ihrem „Empfänger" herumgehen, der irgendwo im Hut oder anderswo angebracht und auf eine der Myriaden* von Vibrationen* eingestellt sein wird, mit der er gerade Verbindung sucht. Einerlei,
5 wo er auch sein wird, er wird bloß den „Stimm-Zeiger" auf die betreffende Nummer einzustellen brauchen, die er zu sprechen wünscht, und der Gerufene wird sofort seinen Hörer vibrieren oder das Signal geben können, wobei es in seinem Belieben stehen wird, ob er hören oder die Verbindung abbrechen will.
10 Solange er die bewohnten und zivilisierten* Gegenden nicht verlassen wird, wird er es nicht nötig haben, auch einen „Sendapparat" bei sich zu führen, denn solche „Sendstationen" wird es auf jeder
15 Straße, in jedem Omnibus, auf jedem Schiffe, jedem Luftschiffe und jedem Eisenbahnzug geben, und natürlich wird der Apparat auch in keinem öffentlichen Lokale und in keiner
20 Wohnung fehlen. Man wird also da nie in Verlegenheit kommen. [...]

die Myriade: *hier:* unzählig große Menge
die Vibration: Schwingung, Erschütterung

zivilisiert: *hier:* technisch fortgeschritten

Wissen sichern und vernetzen

Der drahtlose Telephonapparat, der jetzt allerdings noch in seiner Kindheit steckt, ist ziemlich schwerfällig und groß. […]
Wenn aber dieser Apparat erst so vollkommnet sein wird, daß

25 auch der gewöhnliche Sterbliche sich seiner wird bedienen können, dann werden dessen Lebensgewohnheiten dadurch noch weit mehr beeinflußt werden, als sie dies schon jetzt durch die Einführung unseres gewöhnlichen Telephones geworden sind. Auf seinem Wege von und ins Geschäft wird er seine Augen nicht

30 mehr durch Zeitunglesen anzustrengen brauchen, denn er wird sich in der Untergrundbahn oder auf der Stadtbahn oder im Omnibus oder wo er grad' fährt, und wenn er geht, auch auf der Straße, nur mit der „gesprochenen Zeitung" in Verbindung zu setzen brauchen, und er wird alle Tagesneuigkeiten, alle

35 politischen Ereignisse und alle Kurse erfahren, nach denen er verlangt. R

b) Um welchen Gebrauchsgegenstand geht es im Text? Erkläre.

das Thema benennen

7 a) Lies nochmals ab folgender Stelle: „ … dann werden dessen Lebensgewohnheiten dadurch noch weit mehr beeinflußt werden …" (Z. 26 ff.). Beschreibe in eigenen Worten, welche Möglichkeiten der Autor in der neuen Erfindung sieht.

Textstellen erklären

b) Gib Textstellen an, die auf die Haltung des Autors gegenüber der neuen Erfindung schließen lassen.

8 a) Nennt Textstellen, die zeigen, dass es sich um einen älteren Text handelt, zum Beispiel: „Die Bürger der drahtlosen Zeit werden …" (Z. 1): Diese Zeit ist längst gekommen.

die Entstehungszeit eines Textes klären

b) Überlegt zu zweit, wann der Text verfasst wurde. Entscheidet euch für eine der Antworten A – D und begründet eure Meinung.
A 1820 **B** 1910 **C** 1945 **D** 1980

TIPP
Ihr könnt zum Thema im Internet recherchieren.

9 Tauscht euch in der Klasse über den Text aus.
– Haben sich die Zukunftserwartungen an das „drahtlose Telephon" bestätigt?
– Welche anderen, nicht geahnten Entwicklungen hat es in diesem Bereich gegeben?
– Welchen Stellenwert hat das Mobiltelefon für Menschen heute?
– Welchen wird es in der Zukunft haben?

sich vertiefend über Textinhalte austauschen

10 a) Informiert euch im Internet über folgende Fragen:
– Welche technischen Träume gab es in den letzten 100 Jahren?
– Welche davon wurden verwirklicht, welche nicht?
– Woran scheiterte die Umsetzung mancher Ideen?

b) Stellt in Partnerarbeit je eine Idee in der Klasse vor.

TIPP
Beginnt eure Recherche mit Suchbegriffen wie *Utopie, technischer Fortschritt, Träume, Zukunft, Vergangenheit*.

Wissen sichern und vernetzen

213

Unsere Welt von morgen

einen Sachtext überfliegen und das Thema erfassen

1 Überfliege den folgenden Text, der über technische Entwicklungen der Zukunft informiert. Um welche technische Neuerung geht es?

Die entschlüsselte Welt

Man stelle sich vor, man könnte durch die Straßen gehen, und wo man auch hinblickt, schweben seifenblasengleiche Gebilde, gefüllt mit interessanten Informationen zu allem, was man gerade vor sich sieht. Ein klarer Fall von Science-Fiction*? Von wegen. Das ist „erweiterte Realität"
5 *und eines Tages wird sie ebenso selbstverständlich sein wie das Surfen im Internet.*
Die Welt, so wie wir sie mit unseren fünf Sinnen wahrnehmen, könnte man auch als „Wirklichkeit 1.0" bezeichnen. Sie kommt recht ungeschönt daher und ist nicht immer sehr benutzerfreundlich.

die Science-Fiction: wissenschaftlich-fantastische Literatur, die Zukunftsträume schildert

10 Wir verlaufen uns in fremden Städten. Wir treffen auf Menschen, deren Sprache wir nicht verstehen. Doch glücklicherweise ist ein Upgrade* auf dem Weg, das Abhilfe verspricht: Die „erweiterte Realität" (englisch *Augmented Reality* – AR). Bei dieser noch im Entstehen begriffenen Technologie wird die reale Welt mit
15 computergenerierten* Bildern überlagert. Dies geschieht mit Hilfe eines Fotohandys oder einer speziell angefertigten Videobrille.

das Upgrade: verbesserte Fassung einer Computerfunktion
generieren: erzeugen, hervorbringen

Frühformen von AR gibt es bereits. Nach dem Herunterladen der entsprechenden Software können Besitzer von Smartphones* (z. B. iPhone oder Droid) eingebaute Elemente wie GPS*, Kompass
20 und Kamera nutzen, um Informationen über nahe gelegene Geldautomaten, Restaurants, U-Bahn-Stationen oder andere städtische Knotenpunkte abzurufen. Mit AR könnte man eine Handykamera auf ein Restaurant richten und auf dem Display würde neben dem Bild des Lokals auch gleich eine dazugehörige
25 Restaurantkritik erscheinen. […]

das Smartphone: Mobiltelefon und vielseitiger Computer in einem
das GPS (engl. Global Positioning System): satellitengestütztes Navigationssystem, das Standorte auf der Erde sehr genau ermittelt

Das im Handydisplay angezeigte Bild der Sehenswürdigkeit wird mit historischen Fotografien und Informationen überblendet.

Wissen sichern und vernetzen

214

Frühanwender können die weltweit ersten AR-Brillen für Normal-
verbraucher bereits testen. Sie stammen von der US-amerikani-
schen Firma „Vuzix". Diese Brillen sehen wie Panorama-
Sonnenbrillen* aus – mit dem Unterschied, dass man nicht direkt
30 durch die Gläser hindurchsehen kann. Stattdessen sind zwei
kleine Kameras, je zentriert auf der Außenseite der Gläser,
angebracht. Diese senden über einen tragbaren Computer, z.B. ein
iPhone, ununterbrochen Videomaterial an einen LCD-Bildschirm
auf der Innenseite der Brillengläser. Man sieht die Welt also
35 indirekt durch die Einspeisung der beiden Minikameras. Ohne
Rundumsicht muss man natürlich darauf achten, wo man
hintritt. Der Preis für eine dieser Brillen mit Kameras beträgt ca.
600 US-Dollar*. […]

Der nächste Schritt in der Evolution der „erweiterten Realität"
40 nimmt derzeit im Labor von Babak Parviz, Professor in
Washington, Gestalt an*. Parviz hat eine Kontaktlinse entwickelt,
die einen winzigen transparenten*, elektronischen Stromkreis mit
einer einzigen Leuchtdiode (LED) enthält. Parviz hofft, im Laufe
der nächsten Jahre Hunderte weitere LEDs in die Linse integrieren
45 zu können. Dies würde es schließlich ermöglichen, Texte und
Bilder scheinbar vor dem Auge des Benutzers im Raum schweben
zu lassen – natürlich in ausreichendem Leseabstand. „Mit
genügend Rechnerleistung könnte die Linse in Echtzeit Sprache
in lesbaren Text umwandeln – etwa für gehörlose Menschen",
50 so Parviz. […]

Doch bei vielen Nutzern könnte die „erweiterte Realität" zur
Beeinträchtigung persönlicher Interaktion führen – ganz so, wie
das bei anderen Technologien der Fall ist. Scott Rigby ist Gründer
von Immersyve, einer Forschungsgruppe, die die psychologischen
55 Auswirkungen von Videospielen untersucht. Er fragt: „Welche
Konsequenzen wird es haben, wenn man sich in eine Welt
vertieft, die den Menschen, der direkt neben einem steht,
ausgrenzt?" Willkommen in der Wirklichkeit 2.0.*

die Panorama-Sonnenbrille: schützt die Augen rundum vor Sonnen-strahlen

600 US-Dollar: etwa 460 Euro

Gestalt annehmen: entstehen, sich entwickeln
transparent: durch-sichtig

Wirklichkeit 2.0: bezieht sich auf die neue Wahrnehmung mit von Computern erzeugten Zusatz-informationen

2 Welches Vorwissen setzt der Text voraus? Gib Textstellen an.
Schreibe z.B.:
Wissen über Computer und Internet: Surfen im Internet (Z. 5 f.), …

einen Sachtext erschließen

3 a) Teile den Text in sinnvolle Abschnitte und gib ihnen Zwischen-überschriften.

b) Notiere die Zwischenüberschriften mit Zeilenangaben in dein Heft.
Ergänze Stichworte zu jedem Abschnitt.

Sinnabschnitte finden und benennen

4 An einer Stelle im Text kommt Kritik gegenüber „augmented reality"
zur Sprache. Gib diese Stelle in eigenen Worten wieder.

Inhalte in eigenen Worten wiedergeben

Wissen sichern und vernetzen

zu Inhalten Stellung nehmen

5 Wie beurteilst du diese technische Errungenschaft bzw. Vision? Tauscht euch zu zweit über den Text aus.

6 Auch im folgenden Auszug aus einem Interview mit dem Zukunftsforscher Michio Kaku geht es um „augmented reality".

einen Sachtext erschließen

a) Lies den Text. Kläre schwierige Textstellen mit deiner Lernpartnerin / deinem Lernpartner.

[...] Ein anderes Beispiel ist die **Kontaktlinse**, die ebenfalls intelligent sein wird. Sie ist in der Lage, die Person zu identifizieren, mit der man gerade spricht, und daraufhin deren persönliche Daten in die Linse einzublenden. Sollte die Person
5 eine Fremdsprache sprechen, werden die entsprechenden Übersetzungen in Echtzeit eingeblendet. Auch dafür gibt es bereits erste Prototypen*.

der Prototyp: Muster

Diese Linsen werden ebenfalls in der Lage sein, in dem Augenblick, in dem Sie einen Lebensmittel- oder Spielzeugladen
10 betreten, alle Produkte einzuscannen und dann die Preise oder den billigsten Anbieter anzuzeigen. [...]

tangieren: *hier:* betreffen

Wer wird sonst noch von dieser „Kontaktlinse" tangiert*?
Zum Beispiel **Studenten** bei ihren Prüfungen. Ein Lidschlag und schon sehen sie die richtige Antwort. Das macht eine Anpassung
15 der Prüfungen nötig, und die Bedeutung des Auswendiglernens wird sich verringern.
Auswirkungen hat die Linse auch auf den **Fremdenverkehr.**
Es gibt Rombesucher, die enttäuscht sind, dass vom römischen Reich nur noch Ruinen übrig sind. Doch schon bald wird die Linse
20 die Bauwerke rekonstruieren können. Die dazu notwendige Technologie gibt es bereits. Eine chinesische Stadt, die im letzten Opiumkrieg zerstört wurde, konnte durch diese Art der Animation rekonstruiert werden. Heute können Sie durch die Stadt spazieren und erleben, wie sie einmal aussah.
25 Das **Militär** wird diese Technologie auf dem Gefechtsfeld einsetzen. Dann können die Soldaten sofort Freund und Feind oder auch Flugzeuge mit einem einzigen Lidschlag lokalisieren. [...]

Inhalte in eigenen Worten wiedergeben

b) Gib in eigenen Worten wieder, was eine „intelligente Kontaktlinse" laut Text zukünftig leisten kann.

eine Pro-Kontra-Debatte führen

7 Führt eine Pro-Kontra-Debatte zur Frage: Ist die „intelligente Kontaktlinse" eine sinnvolle Erfindung? Geht so vor:
– Klärt, wer welchen Standpunkt vertreten soll, wer moderiert und wer die Beobachterrolle übernimmt.
– Die Diskutierenden notieren in Partnerarbeit Argumente für ihre Position und stützen sie mit Beispielen bzw. Belegen.
– Führt die Debatte, wie ihr es auf Seite 19 gelernt habt.

Wissen sichern und vernetzen

Teste dein Wissen!
Lernstandstest Klasse 9

Wer bei der WM* so richtig absahnt
von Jens Witte

[...] Fußball ist längst zum Milliardenspiel geworden. Die alle vier Jahre stattfindenden Turniere sind Mega-Events. [...] Ganz egal, welche Länder den Zuschlag bekommen, der größte Gewinner steht bereits fest. Es ist die Fifa* selbst.

5 Der Fußballweltverband finanziert sich zu mehr als 90 Prozent aus dem Verkauf von WM-Rechten. Für das Turnier 2010 in Südafrika kassierte die Fifa allein 1,6 Milliarden an TV-Geld. Zusätzliche Einnahmen erzielte sie mit Marketingrechten für ihre Großsponsoren und Lizenzrechten, etwa für Merchandising-

10 Artikel. Insgesamt kalkulierte der Verband mit Einnahmen von 2,6 Milliarden Euro. Ein lukratives Geschäft. Doch wer profitiert noch wirtschaftlich von der Fußball-WM? Sind es die ausrichtenden Länder? Sind es bestimmte Branchen? [...]

Mehr ausländische Touristen

15 Die Touristenbranche hat [...] zu den Profiteuren gehört. Das DIW* kam zu dem Ergebnis, dass es in den WM-Monaten Juni und Juli wegen der Weltmeisterschaft rund 1,6 Millionen zusätzliche Übernachtungen ausländischer Gäste in Deutschland gab. Dabei sind allerdings sogenannte Verdrängungseffekte nicht berück-

20 sichtigt. Also die Frage: Wie viele Touristen bleiben wegen des Großereignisses weg, weil sie zum Beispiel den Trubel meiden wollen? Das Beispiel zeigt, wie schwierig es ist, die volkswirtschaftlichen Auswirkungen von Fußballweltmeisterschaften zu messen. Es gibt zweifelsohne Wirtschaftszweige, denen eine WM

25 zusätzliche Aufträge beschert. So profitiert die Bauindustrie vom Neu- oder Umbau zahlreicher Stadien sowie vom Ausbau der Verkehrswege. Konjunkturelle Auswirkungen hatten diese enormen, WM-bedingten Investitionen laut DIW-Studie in den Jahren vor dem Turnier in Deutschland* jedoch nicht. Ausrichter

30 solcher Großereignisse dürfen bei einem reibungslosen Ablauf aber zumindest mit einem Imagegewinn rechnen, wie die WM 2006 gezeigt hat. Welchen Einfluss die positivere Außendarstellung eines Landes dann auf die Entscheidung internationaler Investoren oder den Tourismus in der Zukunft hat, lässt sich

35 jedoch nicht exakt feststellen.

Gute Geschäfte mit kleinen Tütchen

Zu den Gewinnern jeder Fußballweltmeisterschaft gehören die großen Sportartikelhersteller wie Adidas, Puma oder Nike. So erwies sich der offizielle WM-Ball von 2006 als großer Erfolg. Rund

40 15 Millionen Teamgeist-Exemplare soll Adidas weltweit verkauft

---

die WM: *hier:* Fußballweltmeisterschaft

die Fifa, FIFA *(franz.* Fédération Internationale de Football Association): Internationaler Fußballverband

das DIW: Deutsches Institut für Wirtschaftsforschung

Die **Fußball-WM 2006** fand in Deutschland statt.

haben. Hinzu kamen drei Millionen Nationaltrikots, allein die
Hälfte davon im Look der deutschen Elf. Und auch im Jahr 2010
konnte Adidas wieder von der WM profitieren. Die Trikots der von
den Unternehmen ausgerüsteten Mannschaften [...] verkauften
45 sich jeweils millionenfach.
Gleiches gilt für die Fanartikel anderer Hersteller. Viele dieser
Merchandising-Produkte wie Fahnen, T-Shirts oder Kappen
werden in China produziert. Das asiatische Land gehört also auch
zu den Gewinnern, obwohl es am Turnier in Südafrika gar nicht
50 teilgenommen hat. So trugen selbst das WM-Maskottchen, der
Leopard Zakumi, und rund 90 Prozent der Vuvuzelas* das Label
„Made in China".
Zu den Unternehmen, die gute Geschäfte mit der WM machen,
zählt auch Panini – mit kleinen Tütchen. Der Sammelbilder-
55 Hersteller rechnet durch das Turnier in Südafrika [...] mit einem
Rekordumsatz aus dem Verkauf von Stickern und Aufklebern in
Höhe von 95 Millionen Euro. [...]
Das Geschäft mit den Fußballstickern mache 2010 rund ein Drittel
des Verlagsumsatzes aus, sagte Geschäftsführer Frank Zomerdijk.
60 Zur WM seien mehr als 100 Millionen Tüten mit Sammelbildern
verkauft worden. Im kommenden Jahr werde das Geschäft mit
Fußballstickern voraussichtlich nur 10 Prozent zu den Erlösen
beitragen [...]
Fazit: Von einer Fußball-WM profitieren nach der Fifa vor allem
65 Sport- und Fanartikelhersteller, TV-Sender, Brauereien sowie die
Bau- und Tourismusbranche der Gastgeberländer. Erfolgreiche
Ausrichter dürfen auf einen Imagegewinn hoffen. Die gesamt-
wirtschaftlichen Auswirkungen sind allerdings zu vernachläs-
sigen – insbesondere bei größeren Staaten.

die Vuvuzela (Zulu):
Blasinstrument und
Symbol des südafri-
kanischen Fußballs

Bearbeite die folgenden Aufgaben und schreibe in dein Heft.

1 Fasse den Inhalt des Textes in fünf Sätzen zusammen.

2 Welche Bedeutung trifft im Text zu?
Notiere den jeweiligen Buchstaben.

kalkulieren (Z.10):	**A** überlegen	**B** genau ausrechnen
	C vermuten	**D** zahlenmäßig schätzen
lukrativ (Z.11):	**A** überdurchschnittlich	**B** einträglich
	C unvorhergesehen	**D** erfolgreich
Label (Z.51):	**A** Modemarke	**B** Herkunftsnachweis
	C Tonträgerproduzent	**D** Einprägung

3 Auf welche Aspekte einer Fußball-WM geht der Text nicht ein? Notiere die entsprechenden Buchstaben und erläutere.

A der finanzielle Gewinn der Fan-Artikel-Hersteller
B die Prämien der beteiligten Fußball-Nationalspieler
C der wirtschaftliche Nutzen für das Gastgeberland
D die Auswirkungen auf die Menschen im Gastgeberland
E der Gewinn für den Fußballweltverband

4 Welche der folgenden Aussagen stimmen mit dem Textinhalt überein? Notiere zu dem entsprechenden Buchstaben: *J* (ja, stimmt überein) oder *N* (nein, stimmt nicht überein).

A Es ist schwierig, die langfristigen Zuwächse für die Tourismusbranche des Gastgeberlandes einzuschätzen.
B Es profitieren auch Länder in einem ganz erheblichen Maße von der WM, deren Mannschaften nicht am Turnier teilnehmen.
C Der Imagegewinn für die Gastgeberländer ist von vornherein garantiert.
D Die Übertragungsrechte sind bei Fußballweltmeisterschaften die größte Einnahmequelle für die Fifa.

5 **a)** Was bedeutet das Wort *absahnen* in der Überschrift? Erläutere die Bedeutung im Textzusammenhang. Erkläre auch den Unterschied zum Wort *verdienen*.

b) Welcher Sprachvariante gehört das Wort *absahnen* an?

c) Welche Meinung des Autors spiegelt die Überschrift wider?

6 **a)** Erkläre die Bedeutung des Wortes *bescheren* (Z. 25) im Text.

b) Schreibe den Satz mit einem passenden gleichbedeutenden Wort auf.

7 Untersuche die Autorintention: Soll der Text in erster Linie
A informieren,
B kommentieren,
C unterhalten,
D die Leser/innen zum Handeln auffordern?
Begründe deine Entscheidung.

Lernstandstest

8 Was bedeutet „Imagegewinn (für die Gastgeberländer)" (Z.31, 67)? Erkläre den Ausdruck und nenne drei Beispiele für einen möglichen Imagegewinn.

9 Notiere drei Beispiele für Anglizismen im Text und erkläre sie.

10 Bestimme die Art der markierten Nebensätze.

11 Schreibe die Sätze mit Konjunktiv I in dein Heft.
Markiere jeweils die Prädikate. Erkläre jeweils die Verwendung des Konjunktivs.

12 Im Text steht ein Satz im Zustandspassiv.
Schreibe den Satz heraus und unterstreiche das Prädikat.

13 Bei den folgenden Wörtern sind mögliche Fehlerquellen markiert. Begründe jeweils die Schreibung bzw. erkläre, wie man hier einen Fehler vermeiden kann.

> sta**tt**finden   ka**ss**ieren   profi**ti**eren
> Au**ß**endarstellung   **D**rittel   feststelle**n** lassen

14 Der folgende Text enthält Fehler im Bereich Rechtschreibung und Zeichensetzung.

   a) Lies den Text und finde die Fehler mit Hilfe der Hinweise in der Randspalte. Nutze bei Bedarf ein Wörterbuch.

   b) Schreibe den Text korrigiert in dein Heft.

Was wird nach der WM für das Gastgeber Land bleiben?	R
Natürlich, wie bei jedem Großturnier, zählbares: rießige	RR
Fußballstadien Straßen Autobahnen Infrastruckur eben.	ZZZR
„Wir werden von diesen Inwestitionen noch viele jahre	RR
lang profitieren" sagte einmal der südafrikanische Finanz-	Z
minister. „Die WM kommt und geht aber viele Entwick-	Z
lungsprogramme bleiben." Immerhin: Infrastruktur und	
Stadien waren rechtzeitig fertiggeworden, wenn auch	R
unter großem Druck der Fifa.	

Wissen und Können

Sprechen und Zuhören

adressatengerechtes Sprechen → S. 7 ff.

Adressatengerechtes Sprechen – z. B. *sich vorstellen, sich entschuldigen, anfragen* – bedeutet, sich in Sprechinhalt und Sprechweise auf den Gesprächspartner / die Gesprächspartnerin einzustellen.
- Wähle eine angemessene Anrede.
- Sprich höflich und freundlich.
- Stelle wichtige Fragen und gib bereitwillig und präzise Antwort.
- Wähle eine angemessene Schlussformel.

ein Bewerbungsgespräch vorbereiten → S. 21 ff.

Auf ein **Bewerbungsgespräch** kannst du dich so vorbereiten:
- Informiere dich gut über die angebotene Stelle und das Unternehmen.
- Überlege, was die Arbeitgeberin / den Arbeitgeber an dir interessieren könnte. Notiere mögliche Fragen und deine Antworten dazu.
- Notiere deine eigenen Fragen zur Ausbildung, zum Unternehmen usw.
- Übe das Bewerbungsgespräch möglichst vorher im Rollenspiel.
- Achte beim Gespräch auf deine Körpersprache, Mimik und Gestik.

Das **Assessment-Center** ist ein Gruppenverfahren zur Personalauswahl. Du kannst dich darauf vorbereiten, indem du die typischen Aufgaben in einem Assessment-Center trainierst:
- Selbst- oder Partnerpräsentation
- Fragebögen zum Allgemeinwissen
- Gruppenaufgaben mit anschließender Präsentation
- Kurzvortrag zu einem vorgegebenen Thema
- Gruppendiskussion

Argumentieren → S. 13 ff., 73 ff.

Durch gute Argumente kannst du andere in einem Gespräch oder einer Diskussion überzeugen. Dazu gehören:
- die **Behauptung (These)**, z. B.: *Moderatoren sind unverzichtbar.*
- die **Begründung (Argument)**, z. B.: *Moderatoren helfen, das Gespräch zu gliedern.*
- das **Beispiel**, z. B.: *Moderatoren leiten zu den Rückfragen über.*

Diskutieren → S. 7 ff., 13 ff.

Gesprächs- und Diskussionsregeln
- Sprich laut und deutlich, damit dich alle gut verstehen.
- Bleibe sachlich und höflich.
- Lass andere zu Wort kommen und ausreden.
- Bleibe beim Thema.
- Gehe auf die Beiträge der anderen ein.
- Akzeptiere die Meinung anderer.
- Frage nach, wenn du etwas nicht verstehst.

Die Diskussionsleiterin / Der Diskussionsleiter (Moderation) hat die Aufgabe,
- die Diskussion einzuleiten, zu lenken und zu beenden;
- auf die Einhaltung der Diskussionsregeln zu achten;
- Aussagen der Diskussionsteilnehmer zu verknüpfen;
- Beiträge zusammenzufassen.

Die Beobachterinnen / Die Beobachter
- verfolgen und beurteilen das Gesprächsverhalten, die Argumente, den Gesprächsverlauf und das Ergebnis der Diskussion.
- können vorbereitete Beobachtungsbögen nutzen und die Beobachtungsaufträge unter sich aufteilen.

In einer **Rollendiskussion**
- nehmen die Teilnehmerinnen/Teilnehmer bestimmte Rollen ein (z.B. Jugendliche/r, Erwachsene/r, Expertin/ Experte) und diskutieren als Rollenträger, nicht aus ihrer persönlichen Sicht.
- kann man Rollenkarten verwenden, auf denen man Argumente der eigenen Rolle in Stichworten notiert hat.

Debattieren
Die Debatte ist ein Streitgespräch nach festgelegten Regeln:
- Die Moderatorin / Der Moderator formuliert einleitend das Thema.
- Es folgt die **Eröffnungsrunde** mit den Statements der Redner/innen (pro und kontra) in der vereinbarten Reihenfolge und Redezeit.
- Danach folgt eine freie Aussprache bzw. Diskussion.
- Nach einer festgelegten Redezeit beendet die Moderatorin / der Moderator die Debatte und fasst das Gesagte zusammen.

Konfliktgespräche führen S. 7 ff.

- **Du-Botschaften** greifen das Gegenüber oft an, weil sie „Fehler" des anderen betonen, z.B.: *Du nervst mich mit deiner lauten Musik. Kannst du sie bitte ausschalten?*
- **Ich-Botschaften** artikulieren eigene Gefühle und Wahrnehmungen, ohne das Verhalten des anderen zu werten. Sie tragen so zum gegenseitigen Verständnis und zu einer Konfliktlösung bei.
Beispiel: *Ich ertrage momentan keine laute Musik. Kannst du sie bitte ausschalten?*

Präsentieren / Ein Kurzreferat halten

Mit einer Präsentation (z.B. Folienpräsentation) ist die Vorstellung eines bestimmten Themas vor Zuhörerinnen und Zuhörern gemeint.
Hinweise zur **Erstellung** einer (Folien-)Präsentation:
- Wähle eine neugierig machende Einleitung und einen passenden Schluss.
- Ordne die Informationen nach dem Prinzip des „roten Fadens".
- Schreibe nur die wichtigsten Stichworte auf die Folien/Vorlagen.
- Schreibe klar und übersichtlich.
- Setze gezielt Farben, Bilder und/oder Animationen ein.
- Nutze Computerprogramme bei der Erstellung der (Folien-)Präsentation.

Achte beim **Vortragen** auf folgende Punkte:
- Halte dich an die festgelegte Redezeit.
- Nenne alle wichtigen Informationen und erkläre sie verständlich.
- Sprich laut und deutlich.
- Schaue während des Vortrags dein Publikum an und beziehe es durch Fragen ein.

Ein **Handout** gibt den Aufbau/Inhalt eines Vortrags kurz und übersichtlich wieder.
Die Zuhörer/innen können darin Notizen machen und Informationen nachlesen.

Schreiben

Beschreiben

- In einer Beschreibung wird ein Sachverhalt (z. B. ein Gegenstand, ein Weg, ein Vorgang, eine Person, ein Beruf) so dargestellt, dass die Leser/innen eine genaue Vorstellung davon bekommen.
- Beschreibungen sind sachlich, genau und **frei von persönlichen Wertungen**. Sie gehen auf **alle wichtigen Merkmale** des beschriebenen Sachverhaltes ein.
- Beschreibungen stehen im **Präsens**.
- Mache bei einer **Vorgangsbeschreibung** die Reihenfolge der Arbeits-/Handlungsschritte mit sprachlichen Mitteln wie Konjunktionen oder Adverbien deutlich.
- Verwende **Fachbegriffe, treffende Verben** und achte auf einen **übersichtlichen Satzbau**.

die schriftliche Bewerbung → S. 57 ff.

Mit der Bewerbung wirbt der Schreiber / die Schreiberin für sich, beispielsweise im Zusammenhang mit einem Praktikum oder einem Ausbildungsplatz.
Das Bewerbungsschreiben ist in seinem Aufbau weitgehend normiert:

- Der Briefkopf enthält Angaben zu **Ort und Datum,** zum **Absender** (Name, Postadresse, Telefonnummer, E-Mail-Adresse) und zum **Adressaten** (Empfänger).
- Die **Betreffzeile** wird vom Briefkopf durch vier Leerzeilen abgesetzt.
- Dann folgt die **Anrede.**
- Anrede- und **Grußformel** sind unverzichtbare Wendungen, sie sollen eingehalten werden, um nicht unhöflich zu wirken.

Im Hauptteil des Bewerbungsschreibens gehst du darauf ein,

- woher du weißt, dass ein Praktikums- bzw. Ausbildungsplatz frei ist;
- wo und wie du dich über das Berufsbild / das Unternehmen informiert hast;
- welche Voraussetzungen du für diese Stelle mitbringst.
- Beende das Bewerbungsschreiben mit der höflichen Bitte um ein Vorstellungsgespräch.

Es ist wichtig, dass der Hauptteil individuell gestaltet und auf deine Person abgestimmt ist, damit das Interesse des Empfängers für dich geweckt wird.
Zu den **Anlagen** einer Bewerbung gehören neben dem Bewerbungsschreiben ein tabellarischer Lebenslauf, Zeugnisse, weitere Zertifikate und ein aktuelles Passbild.

Der (tabellarische) Lebenslauf enthält persönliche Daten des Schreibers / der Schreiberin, Angaben zum schulischen Werdegang, zu (angestrebten) Schulabschlüssen und zu besonderen Kenntnissen und Qualifikationen. Er vermittelt einen ersten Eindruck von der Entwicklung des Schreibers / der Schreiberin.
Folgende Angaben sind unverzichtbar:

- persönliche Daten und aktuelles Foto,
- Fakten und Daten zum schulischen Werdegang,
- Sprachkenntnisse, besondere Kenntnisse und weitere Qualifikationen,
- persönliche Interessen, soweit sich ein Zusammenhang zum angestrebten Praktikumsplatz oder Ausbildungsplatz herstellen lässt.

Im tabellarischen Lebenslauf werden diese Angaben stichpunktartig formuliert.
Der Lebenslauf muss klar gegliedert, die Daten müssen chronologisch und lückenlos angeordnet sein.
Der Lebenslauf wird unterschrieben.

Bei einer **Online-Bewerbung** solltest du Folgendes beachten:
- Bewirb dich (nur) online, wenn dies vom Unternehmen gewünscht wird.
- Gib eine neutrale, seriöse E-Mail-Adresse sowie deine Postadresse mit Telefonnummer an.
- In der Betreffzeile der E-Mail dürfen das Wort *Bewerbung*, der Titel und die Kennziffer der Anzeige (ggf. gekürzt) nicht fehlen.
- Sende dein Bewerbungsschreiben als Anlage mit. Verweise in deiner Mail auf alle Anhänge.
- Erkundige dich nach gewünschten Anlagen- und Dateiformaten (z. B. alles in einem einzigen PDF-Dokument). Achte darauf, dass die Datei-Anhänge nicht zu groß sind.

über das Praktikum schreiben

In **Praktikumsberichten** (Tages- oder Wochenberichte) wird über einen zurückliegenden Vorgang/Arbeitsablauf exakt, verständlich, knapp und in der richtigen zeitlichen Abfolge informiert. Gehe so vor:
- Orientiere dich an den 6 W-Fragen (Wer?/Was?/Wann?/Wo?/Wie?/Warum?).
- Stelle den Vorgang nachvollziehbar dar.
- Vermeide wörtliche Rede.
- Schreibe sachlich und im Präteritum.
- Beachte, dass die Verben oft im Passiv benutzt werden.

Über dein Praktikum kannst du auch in einem Tagebuch berichten.
Der **Tagebucheintrag** unterscheidet sich vom Praktikumsbericht dadurch, dass
- Gefühle, Gedanken, Wünsche niedergeschrieben werden können;
- der Ablauf der Vorgänge aus subjektiver Sicht beschrieben wird;
- in der Ich-Form nicht sachlich, sondern persönlich geschrieben wird;
- keine verbindlich festgelegte Abfolge eingehalten werden muss.

Berichten

Ein Bericht informiert **genau, knapp und sachlich** und **in der Abfolge der Geschehnisse** über ein zurückliegendes Ereignis.
- In der **Einleitung** werden kurz folgende W-Fragen beantwortet:
  Wer (tat etwas)? / Was (geschah)? / Wann (fand das Geschehen statt)? /
  Wo (fand das, worüber berichtet wird, statt)?
- Der **Hauptteil** beantwortet ausführlich die Fragen: Wie (lief das ab, worüber berichtet wird)? / Warum (geschah das, worüber berichtet wird)?
- Im **Schlussteil** werden entweder die Folgen (des Ereignisses / der Maßnahme) beschrieben oder es wird ein Ausblick gegeben.
- Die **Überschrift** ist knapp und informativ.
- Der Bericht steht meist im **Präteritum** und **vermeidet wörtliche Rede.**
- Oft werden Verben im **Passiv** verwendet.

Protokollieren → S. 65 ff.

Das **Protokoll** ist eine besondere Form des Berichtes.

- In einem Protokoll werden Verlauf und/oder Ergebnisse von Besprechungen, Verhandlungen, Unterrichtsstunden, Experimenten usw. festgehalten.
- Es dokumentiert Beschlüsse verbindlich, dient als Gedächtnisstütze für die Teilnehmer/innen oder zur Information für nicht Anwesende.
- Das Protokoll sollte sachlich, genau und ohne persönliche Wertung formuliert sein, entweder im Präteritum oder im Präsens.
- Notiere im **Protokollkopf**: Thema der Veranstaltung, Datum, Uhrzeit, Ort, Teilnehmerkreis, Tagesordnung.
- Der **Hauptteil** hängt von der Art des Protokolls ab:
- Beim **Verlaufsprotokoll** wird der gesamte Ablauf der Veranstaltung wiedergegeben, die Redebeiträge werden in der zeitlichen Reihenfolge aufgeführt. Gib Redebeiträge (z.B. aus einer Diskussion) entweder in der indirekten Rede oder sinngemäß in eigenen Worten wieder.
- Beim **Ergebnisprotokoll** werden nur Ergebnisse, Beschlüsse, vereinbarte Termine usw. festgehalten.
- **Unterschreibe** am Schluss als Protokollant/in mit deinem Namen und vermerke, **wo** und **wann** du das Protokoll geschrieben hast.

Erörtern → S. 73 ff., 81 ff.

Die Erörterung ist eine schriftliche Form der Argumentation. Man unterscheidet zwei Formen: **die lineare Erörterung** (steigernde Erörterung) und die **Pro-Kontra-Erörterung** (kontroverse Erörterung).

- Die Form der **linearen Erörterung** bietet sich besonders an, wenn ein Thema als Sach- oder Ergänzungsfrage formuliert ist, z.B.
- Wie kann man Gewalt in der Schule vorbeugen?
- Warum sollte eine Fahrradhelmpflicht eingeführt werden?
- Wozu sollten Computer im Unterricht eingesetzt werden?
- Ordne deine Argumente nach ihrer Wichtigkeit an, sodass dein Standpunkt schlüssig und überzeugend dargestellt wird.
- Bei der **Pro-Kontra-Erörterung** werden zwei gegensätzliche Positionen gegenübergestellt, dabei Argumente und Gegenargumente abgewogen.

Gehe beim schriftlichen Erörtern so vor:

- Recherchiere zur Themenstellung.
- Lege eine **Stoffsammlung** an, in der du Argumente und Beispiele/Belege notierst. Ordne bei der kontroversen Erörterung die Argumente den Pro- und Kontra-Positionen zu.
- Ordne die Argumente der Wichtigkeit nach.
- Entwirf einen **Schreibplan**. Beachte dabei:
- Die **Einleitung** soll zum Thema hinführen und das Interesse der Leser/innen wecken. Beginne z.B. mit einer persönlichen Erfahrung, mit interessanten Fakten, aktuellen Bezügen oder einer Begriffsklärung.
- Im **Hauptteil** stellst du die gegensätzlichen Positionen zur Ausgangsfrage bzw. zu deiner These (Behauptung) dar. Beginne bei der kontroversen Erörterung mit der Gegenposition und führe deren Argumente in absteigender (abfallender) Reihenfolge an. Leite dann über zu deiner eigenen Position und führe deine Argumente in steigernder Reihenfolge an. Nenne dein stärkstes Argument zuletzt.
- Im **Schlussteil** formulierst du abschließend deine Meinung. Hierbei kannst du an die Einleitung anknüpfen. Du kannst auch einen Kompromiss formulieren (z.B.: *Ich bin für ... , jedoch nur unter der Bedingung, dass ...*) und einen Ausblick auf die Zukunft geben.
- Schreibe die Erörterung in einem **sachlichen** Stil.

Figuren charakterisieren
→ S. 27 ff., 39 ff.; 47 ff.; 87 f.

Die **Charakterisierung** beschreibt und deutet eine literarische Figur möglichst genau. Dabei gehst du von Textstellen aus, in denen wichtige Eigenschaften der Figur durch ihr Verhalten indirekt deutlich werden oder in denen (z. B. seitens anderer Figuren) Aussagen über sie gemacht werden.

So kannst du eine schriftliche Charakterisierung gliedern:
- Nenne in der **Einleitung** Titel des Textes, Autor/in, Textsorte und Thematik.
- Beschreibe im **Hauptteil** in dieser Reihenfolge:
– allgemeine Angaben zur Textfigur (Name, Alter...),
– Aussehen, besondere äußere Kennzeichen,
– Lebensumstände (Familie, Beruf ...),
– Eigenschaften und Verhaltensweisen,
– das Verhältnis zu anderen (Figurenkonstellation im Text),
– Wünsche, Ziele, Einstellungen, Absichten.
- Gib im **Schlussteil** ein Urteil über die Figur ab.
- Schreibe die Charakterisierung im **Präsens**.
- Belege deine Aussagen mit **Zitaten** (wörtlich wiedergegebenen Textstellen) oder sinngemäß wiedergegebenen Textstellen (zum Zitieren vgl. S. 29, 51, 244).

Eine **Figurenkarte** (S. 30) hilft beim Sammeln von Informationen zu einer literarischen Figur (Aussehen, Verhaltensweisen, Lebensumstände, Wünsche ...). Sie ist hilfreich bei der Vorbereitung einer Charakterisierung.

Die **Figurenskizze** (S. 42) ist ein Schaubild, das die Figuren eines Textes und ihre Beziehungen zueinander darstellt. In diese Skizze kannst du Charaktereigenschaften der Figuren (Selbst- und Fremdaussagen) eintragen.

gestaltend zu einem literarischen Text schreiben
→ S. 39 ff.

Das **gestaltende/produktive Schreiben** zu einem literarischen Text kann dir helfen, den Text besser zu verstehen. Du kannst dich zum Beispiel in eine Figur hineinversetzen und aus ihrer Sicht schreiben. Gehe dabei immer von dem aus, was der Text über die Figuren aussagt.

Beachte Folgendes:
- Das, was du in deinem eigenen Text zusätzlich erfindest, darf nicht im Gegensatz zu den Darstellungen im literarischen Text stehen, sondern soll diese weiterentwickeln.
- Überlege dir den Adressaten deines Textes, bevor du zu schreiben beginnst. In einem inneren Monolog z. B. wird offener über die Ereignisse gesprochen als in einem Interview für die Zeitung.

Eine Form des gestaltenden Schreibens ist das Verfassen eines **Tagebucheintrags** (vgl. S. 43 f.).
Beachte dabei:
- Beschreibe und reflektiere Erlebtes aus Sicht der Figur, formuliere ihre (möglichen) Gefühle, Gedanken und Wünsche.
- Ein Tagebucheintrag darf Gedanken- und Zeitsprünge sowie Ausrufe enthalten.
- Prüfe, ob der Tagebucheintrag zu den Textaussagen über die Figur passt, d. h. inhaltlich und sprachlich stimmig ist.

Texte interpretieren → S. 47 ff.

Interpretieren heißt: auslegen, deuten, erklären. Die **Textinterpretation** fasst die
Ergebnisse einer Textanalyse zusammen. So kannst du vorgehen:

- Lies die Textvorlage mehrmals und mache dir Randbemerkungen bzw. **Notizen** zu den
  Schwerpunkten deiner **Analyse**, z. B.:
  Textsorte, Thema, Inhalt und Handlungsverlauf, Figurenzeichnung und -konstellation,
  Erzählsituation, Zeit- und Raumgestaltung, sprachliche Merkmale, zentrale Textaus-
  sagen und Autorintention.
- Entwickle einen **Schreibplan** für Einleitung, Hauptteil, Schluss.
- Nenne in der **Einleitung** Titel, Autor/in, ggf. Entstehungszeit des Textes, Thema und
  Textsorte.
- Führe im **Hauptteil** die Schwerpunkte deiner Analyse aus.
- Fasse den Inhalt knapp zusammen.
- Beschreibe den Handlungsverlauf.
- Charakterisiere die Figuren und skizziere ihre Beziehungen zu anderen (Figurenkons-
  tellation).
- Beschreibe sprachliche und formale Merkmale.
- Setze dich mit der Textaussage auseinander.
- Gehe im **Schlussteil** noch einmal auf die Kernaussage des Textes ein.
  Darüber hinaus kannst du
- die Textvorlage mit anderen Texten (desselben Autors/derselben Autorin oder anderer
  Schriftsteller/innen) vergleichen,
- die Textwirkung beschreiben,
- einen persönlichen Bezug zu dir als Leser/in herstellen,
- die Glaubwürdigkeit der Figurendarstellung bewerten,
- das Verhalten der Figuren bewerten.
- Schreibe im Präsens. Gliedere deine Interpretation übersichtlich in Abschnitte und
  belege deine Aussagen mit Zitaten oder sinngemäßer Wiedergabe von Textstellen mit
  Seiten- und Zeilenangaben. (vgl. S. 29, 51, 244)

Texte schriftlich zusammenfassen

In der **Textzusammenfassung** wird Gesehenes, Gehörtes oder Gelesenes in den wesentlichen Handlungszusammenhängen mit eigenen Worten wiedergegeben.
Die Textzusammenfassung besteht meist aus drei Teilen:

- Mache in der **Einleitung** Angaben zu
- der Textsorte,
- dem Verfasser / der Verfasserin,
- der Thematik,
- ggf. auch zur Aussageabsicht des Autors / der Autorin.
- Gehe im **Hauptteil** ein auf
- den wesentlichen Inhalt (Was?),
- die Hauptpersonen (Wer?),
- den Schauplatz / die Schauplätze (Wo?),
- den zeitlichen Rahmen (Wann?)
und beschreibe
- Handlungszusammenhänge (Ursachen, Folgen/Warum?).
- Wenn du einen **Schlussteil** schreibst, dann gehe
- auf die Absicht des Textes,
- seine Wirkung (auf dich),
- die Besonderheiten der sprachlichen Gestaltung ein.
- Du kannst zum Text oder zu den Figuren Stellung nehmen.
Die Textzusammenfassung steht im Präsens, vorausgegangene Handlungen im Perfekt;
der Sprachstil ist sachlich. Die Textzusammenfassung enthält keine wörtliche Rede.

Texte überarbeiten → hinterer innerer Buchumschlag

Lesen – Umgang mit Texten und Medien

dramatische Texte

Dramatische Texte bilden neben lyrischen (Gedichte) und epischen Texten (erzählende Texte) eine der drei Gattungen der Dichtung.

In dramatischen Texten wird ein Geschehen durch **Dialoge** und/oder **Monologe** der handelnden Personen dargestellt. Auf der Bühne wird der Sprechtext durch Bewegung, **Mimik und Gestik** verstärkt.

Die Handlung ist durch drei Elemente gekennzeichnet: die handelnden Personen, die zeitliche Abfolge sowie einen oder mehrere Schauplätze.

Die Textfiguren sind Handlungsträger, die bestimmte Eigenschaften haben, eine bestimmte Absicht verfolgen und Motive für ihr Handeln erkennen lassen.

Sie stehen in einer bestimmten Beziehung (**Figurenkonstellation**) zueinander.

erzählende Texte   → S. 27 ff., 39 ff., 47 ff., 105 ff., 115 ff., 198 f., 210 f.

Erzählende Texte gehören, genau wie die dramatischen und lyrischen Texte, zu den fiktionalen Texten. Zu den erzählenden Texten gehören u. a. die Fabel, das Märchen, die Sage, der Schwank, die Legende, die Anekdote, die Parabel, die Novelle, der Roman und die Kurzgeschichte (vgl. S. 115 ff.).

- **Die Erzählerin / Der Erzähler**
  Es ist wichtig, zwischen Autor/in und Erzähler/in zu unterscheiden.
  Die Autorin / Der Autor einer Geschichte wählt eine bestimmte **Erzählperspektive,** aus der die Geschichte erzählt wird: Die Erzählerin / Der Erzähler kann an der Handlung beteiligt sein oder nur beobachten, nur das Geschehen schildern oder auch das Innenleben der Figuren. Manchmal kommentiert die Erzählerin / der Erzähler auch das Geschehen. Als **Erzählform** stehen die Ich-Form und die Sie-/Er-Form zur Wahl.
- Man unterscheidet drei **Erzählsituationen:**
- **die auktoriale Erzählsituation:** Der auktoriale oder allwissende Erzähler weiß, was die Figuren des Textes tun, denken und fühlen. Manchmal wendet er sich direkt an die Leser/innen.
- **die personale Erzählsituation:** In der personalen Erzählsituation wird das Geschehen aus der Sicht (Erzählperspektive) einer Person in der Er- oder Sie-Form erzählt.
- **die Ich-Erzählsituation:** In der Ich-Erzählsituation ist die Erzählerin / der Erzähler gleichzeitig eine Textfigur und lässt die Leser/innen das Geschehen aus ihrer Sicht nacherleben.

- **Erzählzeit und erzählte Zeit**
  Unter Erzählzeit versteht man die Zeit, in der die Geschichte gelesen oder erzählt wird. Die erzählte Zeit ist der Zeitraum, über den sich das Geschehen erstreckt.

Filmsprache   → S. 105 ff.

Im Film sehen die Zuschauer/innen „mit den Augen" der Kamera. Wichtig für die beabsichtigte Wirkung sind unter anderem:
- **die Perspektive:**
- Bei der Froschperspektive wird von unten gefilmt,
- bei der Vogelperspektive von oben,
- bei der Normalsicht auf „Augenhöhe".
- **die Einstellungsgröße**, z. B.:
  Detail, Nah, Halbnah, Groß, Totale, Halbtotale, Amerikanisch, Panorama/Weit.
- **die Kamerabewegung**, z. B. durch Kameraschwenk, -fahrt.

Sachtexte → S. 89 ff., 97 ff., 200 ff., 212 ff.

Sachtexte haben im Gegensatz zu literarischen Texten vorwiegend informierenden (z.B. Zeitungstexte) oder appellierenden Charakter (z.B. argumentative Sachtexte, Reden).

- Beim **Erschließen eines Sachtextes** kannst du so vorgehen:
- Verschaffe dir einen **Überblick** über Thema und Inhalt anhand der Überschrift und durch **überfliegendes Lesen**.
- Teile den Text in **Sinnabschnitte** ein. Oft helfen dabei Teilüberschriften und die Einteilung in Absätze.
- Lies den Text gründlich **Abschnitt für Abschnitt**.
- Kläre **schwierige Begriffe**, z.B. durch Nachschlagen. Achte auf Abbildungen, die Begriffe anschaulich erklären.
- Nutze bei **argumentativen Sachtexten** diese Leitfragen:
- Welche Meinung vertritt die Autorin / der Autor und was wird mit dem Text bezweckt? Beachte, dass die Autormeinung nicht immer explizit genannt wird.
- Mit welchen Argumenten wird diese Meinung gestützt?
- Welche sprachlichen Mittel werden verwendet (z.B. Ausrufezeichen, Über- oder Untertreibung, Euphemismen, rhetorische Fragen, d.h. Scheinfragen)?

journalistische Sachtexte → S. 74, 96, 98 f., 104, 137, 139, 141, 162, 165, 195, 216 u.a.

Journalistische Sachtexte finden sich in Zeitungen und Zeitschriften. Sie zeichnen sich durch Aktualität und die Beantwortung der 6 W-Fragen (Wer?/Was?/Wo?/Wann?/Wie?/ Warum?) aus. Man unterscheidet verschiedene Formen:

- **Die Nachricht** ist meist eine knappe Mitteilung, die sich auf Fakten und Vorgänge beschränkt. Die Autorin / Der Autor bemüht sich, objektiv und unparteiisch zu informieren. Meist werden Nachrichten im **Lead-Stil** verfasst. Das bedeutet, dass die wichtigsten Informationen am Anfang stehen, erst danach werden Details berichtet.
- **Der Bericht** unterscheidet sich von der Nachricht darin, dass er umfangreicher und detaillierter ist.
- **Der Kommentar** enthält die Meinung des jeweiligen Verfassers, er ist aus einer bestimmten Perspektive geschrieben. Die Schreiberin / Der Schreiber wertet Fakten, Vorgänge, Hintergründe und erläutert Zusammenhänge.
- **Der Leserbrief** bezieht sich meist auf veröffentlichte Texte und bringt die Meinung der Schreiberin / des Schreibers zum Ausdruck, ist also subjektiv wertend.

Schaubilder erschließen → S. 102, 204, 207, 257

Schaubilder zeigen durch Abbildungen, Zahlen und Informationen Funktionsweisen, Zusammenhänge, Größen-, Mengen- und Zahlenverhältnisse oder den (zeitlichen) Verlauf von etwas.

- Betrachte das Schaubild und lies die **Über- oder Unterschrift:** Was ist das Thema?
- **Beschreibe** das Schaubild: Was kannst du erkennen?
- Untersuche das Schaubild genauer: Aus welchen **Teilen** besteht es? Was bedeuten sie?
- „Lies" das Schaubild: Welche **Informationen** kannst du herauslesen?

Beispiele und weitere Informationen zu Diagrammen findest du auf der inneren Umschlagseite hinten im Buch.

Orientierungswissen

lyrische Texte → S. 125 ff., 197, 108 f.

Zu den lyrischen Texten zählt man alle in Gedichtform geschriebenen Texte. Es gibt unterschiedliche Formen (z. B. Balladen, konkrete Poesie usw.). Sie sind oft in Strophen und Verse gegliedert.

- Eine **Ballade** ist ein Erzählgedicht, das meist in gereimter Form verfasst ist. Sie erzählt von einem ungewöhnlichen oder dramatischen Ereignis, das erfunden oder wirklich passiert sein kann.
- Die Zeilen eines lyrischen Textes heißen **Verse**, die Abschnitte nennt man **Strophen**.
- Das **lyrische Ich**
  In vielen Gedichten drückt ein „Ich" seine Gefühle und Wünsche aus. Dieses lyrische Ich darf nicht mit dem Autor verwechselt werden.
- Der **Reim** ist ein wichtiges Gestaltungsmittel von Gedichten:

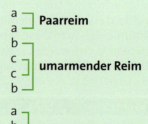

Der Mond ist aufge*gangen*   a ⎤ Paarreim
Die goldnen Sternlein *prangen*   a ⎦
  Am Himmel hell und *klar*;   b ⎤
Der Wald steht schwarz und *schweiget*, c ⎤ umarmender Reim
Und aus den Wiesen *steiget*   c ⎦
  Der weiße Nebel wunder*bar*.   b ⎦

Ich segle stolz in blauer *Höh*   a ⎤
Und lache auf euch *nieder*.   b ⎤ Kreuzreim
Wenn ich die Welt von oben *seh*,   a ⎦
Freut mich das Dasein *wieder*.   b ⎦

- **Binnenreim**: Zwei Wörter innerhalb ein und desselben Verses reimen sich (z. B.: *Wenn die Meise leise weint*...).
- Beim **Kehrreim (Refrain)** wiederholen sich Strophen/Zeilen.

- Das **Metrum** (Versmaß) ist eine gleichmäßige Abfolge von betonten und unbetonten Silben:
  - der **Jambus** (xx́):   Der Mond ist aufgegangen ...
                 x x́ x x́ x x́ x
  - der **Trochäus** (x́x):   Als ich nachher von dir ging ...
                 x́ x x́ x x́ x x́

- **Stilmittel von Gedichten**
  - **die Alliteration**: Reihung von Wörtern mit gleichen Anfangsbuchstaben, z. B.: *wogende Wellen*
  - **die Anapher**: Wortwiederholung an Satz- oder Versanfängen, z. B.:
    Viel tausend Menschen im Nordland ertrinken,
    Viel reiche Länder und Städte versinken.
  - **die Ellipse:** Die Aussage wird auf die wichtigsten Teile reduziert. Es wird das ausgelassen, was jeder sich dazu denken kann.
  - **die Metapher:** Die Metapher ist ein Sprachbild, das nicht wörtlich, sondern in seiner übertragenen Bedeutung gebraucht wird. Durch Metaphern können ganz unterschiedliche Bilder/Vorstellungen bei den Leser/innen entstehen.
  - **die Personifikation**: Vermenschlichung, z. B.:
    Noch schlagen die Wellen da wild und empört ...
  - **das Symbol**: ein Sinnbild, das für etwas Allgemeines steht, z. B. *Taube* für Frieden, *Ring* für Treue oder Ewigkeit
  - **der Vergleich:** *rot wie Blut, schlau wie ein Fuchs*

Über Sprache nachdenken

Mit Wortarten umgehen

das Adjektiv (das Eigenschaftswort) → S. 148 f.

Adjektive drücken aus, *wie* etwas ist,
z.B.: *die bunte Scheibe, das schnelle Pferd*; oder auch: *Das Pferd läuft schnell*.
Adjektive lassen sich bis auf wenige Ausnahmen steigern:
- **der Positiv** (die Grundform) des Adjektivs, z.B.: *Das ist wirklich eine lustige Geschichte*.
- **der Komparativ** (die Vergleichsform), z.B.: *Ich lese lieber kürzere Geschichten*.
- **der Superlativ** (die zweite Form der Steigerung), z.B.: *Die Geschichte scheint mir für dieses Alter am geeignetsten*.

das Adverb (das Umstandswort) → S. 161

Zu den unveränderbaren Wörtern gehören neben den Konjunktionen und den Präpositionen auch die Adverbien.
- Sie machen **nähere Angaben** zu einem Geschen, z.B. zu Ort, Zeit, Art und Weise oder Grund: *dort, da, wo, dorthin, hinten, oben; bald, gestern, nachmittags, neulich; gerne, sehr, irgendwie; darum, deshalb.*
- **Satzverbindende Adverbien** (vgl. S. 161, Aufgabe 4) machen den Zusammenhang zwischen Sätzen deutlich, z.B.: *Es regnet, darum nehme ich den Bus.*

die Konjunktion (das Bindewort) → S. 158

Konjunktionen verbinden Wörter, Satzteile oder Teilsätze miteinander.
Bei den Konjunktionen, die Sätze verbinden, unterscheidet man **nebenordnende** und **unterordnende** Konjunktionen.
- **Nebenordnende Konjunktionen** oder Hauptsatz-Konjunktionen verbinden Hauptsätze miteinander. So entstehen **Satzreihen.** Wichtige nebenordnende Konjunktionen sind: *aber, denn, jedoch, oder, und;*
  z.B.: *Sie war keine gute Läuferin, aber sie wollte unbedingt am Wettbewerb teilnehmen.*
- **Unterordnende Konjunktionen** oder Nebensatz-Konjunktionen verbinden Haupt- und Nebensätze miteinander. Es entstehen **Satzgefüge.** Wichtige unterordnende Konjunktionen sind: *dass, als, weil, obwohl, wenn, nachdem;*
  z.B.: *Die Mannschaft wurde Meister, obwohl sie im letzten Spiel kein Tor erzielte.*

das Nomen (das Hauptwort, das Namenwort) → S. 148

Nomen werden immer **großgeschrieben.** Sie bezeichnen
- Lebewesen (die Löwin, das Reh, der Mensch)
- Gegenstände (die CD, das Spiel, der Rechner)
- Gefühle (die Trauer, das Entsetzen, der Mut)
- Zustände (die Armut, das Glück, der Reichtum)

Man unterscheidet bei Nomen **drei Geschlechter** (Genus; Plural: Genera):
- **maskulin** (männlich): *der Regen*
- **feminin** (weiblich): *die Sonne*
- **neutral** (sächlich): *das Gewitter*

Jedes Nomen kann in verschiedenen **Fällen (Kasus)** stehen.
Wird das Nomen im Satz als Subjekt verwendet, steht es im Nominativ. Objekte können im Dativ, Akkusativ oder (selten) im Genitiv stehen (S. 156 f.)
- **Nominativ** (1. Fall), Frage: *Wer oder Was ...?*
  der/ein Baum, das/ein Haus, die/eine Maus, die Bäume, die Häuser, die Mäuse
- **Genitiv** (2. Fall), Frage: *Wessen ...?*
  des/eines Baumes, des/eines Hauses, der/einer Maus, der Bäume, der Häuser, der Mäuse

Orientierungswissen

231

- **Dativ** (3. Fall), Frage: **Wem ...?**
  dem/einem Baum, dem/einem Haus, der/einer Maus, den Bäumen, den Häusern, den Mäusen
- **Akkusativ** (4. Fall), Frage: **Wen oder Was ...?**
  den/einen Baum, das/ein Haus, die/eine Maus, die Bäume, die Häuser, die Mäuse

Nomen und ihre Begleiter S. 148 f.

- **bestimmter Artikel**: *Der Donner war schon ziemlich stark.*
- **unbestimmter Artikel**: *Ein Gewitter folgte dem anderen.*
- **versteckter Artikel**: ein Artikel, der mit einer Präposition zu einem neuen Wort verschmolzen ist, z. B.: *Beim Gewitter sollte man sich nicht unter Bäumen aufhalten.*
- **gedachter Artikel** (Artikel, den man sich dazudenken muss): *Viele fürchten sich bei (einem) Gewitter.*
- **Demonstrativpronomen** (hinweisende Fürwörter): *Dieses Gewitter hat lange angedauert.*
- **Possessivpronomen** (besitzanzeigendes Fürwort): *Meine kleine Schwester hält sich bei jedem Donnerschlag die Ohren zu.*
- **Indefinitpronomen** (unbestimmtes Fürwort): *Kein Mensch hätte gedacht, dass es ein so schweres Gewitter werden würde.*
- **Numerale** (Zahlwort): *Ein Dutzend Unerschrockene blieben während des Gewitters im Freien.*

die Nominalisierung S. 179 ff.

Verben, Adjektive und Pronomen können nominalisiert (zu einem Nomen) werden. Nominalisierungen werden wie Nomen **großgeschrieben,** z. B.:

	Nominalisierung
Ich schwimme gerne.	*Das Schwimmen macht mir große Freude.*
Die Geschichte bleibt bis zum letzten Satz spannend.	*Das Spannende an der Geschichte ist die Suche nach dem Schatz.*
Gehst du mit uns ins Schwimmbad?	*Er hat mir das Du angeboten.*

Oft erkennt man Nominalisierungen auch an den Begleitwörtern.

besondere Pluralformen

Viele Wörter der deutschen Sprache kommen aus anderen Sprachen (Fremdwörter, vgl. S. 169 ff.) und haben oft besondere Pluralformen, z. B.:
- der Atlas – die Atlanten
- das Museum – die Museen
- der Radius – die Radien

die Präposition (das Verhältniswort) → S. 156

Die Präposition gibt das Verhältnis zwischen Gegenständen oder Personen an:
- **Raum (Wo?):** *Die Vase steht in/auf dem Schrank..*
- **Zeit (Wann?):** Sie kommt *gegen/am* Abend.

Nach einer Präposition folgt immer ein ganz bestimmter Fall:
- **Präpositionen mit Dativ:** *aus, bei, mit, nach, seit, ...*
  Sie kommt aus dem Zimmer.
- **Präpositionen mit Akkusativ:** *durch, für, gegen, um, ...*
  Wir haben für einen guten Zweck gesammelt.
- **Wechselpräpositionen** mit Dativ (Wo?) oder Akkusativ (Wohin?):
  in, an, auf, über, unter, hinter, ...
  Sie hat Englisch in meiner Gruppe. Sie geht schon lange in meine Klasse.

das Pronomen (das Fürwort) → S. 149

Das Pronomen vertritt oder begleitet Nomen.
Man unterscheidet:
- **Demonstrativpronomen** (hinweisendes Fürwort): *dieses, jenes, diese, ...*
  Dieses Rot gefällt mir gut.
- **Personalpronomen** (persönliches Fürwort), z.B.: *ich, du, er/sie/es, wir, ihr, sie*
  Moritz → Er hat schon wieder etwas angestellt.
- **Possessivpronomen** (besitzanzeigendes Fürwort): *mein, dein, sein, unser, euer, ihr*
  Mein Geheimnis verrate ich nicht.
- **Indefinitpronomen** (unbestimmtes Fürwort): *man, keiner, niemand, ...*
  Niemand hatte damit gerechnet.
- **Reflexivpronomen** (rückbezügliches Fürwort): *Ich beeile mich.*
- **Relativpronomen** leiten Relativsätze ein: *die, der, das, welche, ...*
  Das Kind, das über die Straße lief, hatte Glück.
  Das Kind, dessen Fahrrad gestohlen worden war, weinte.

das Verb (das Tätigkeitswort) → S. 150 ff.

Das Verb gibt an, was jemand tut (*er singt*) oder was geschieht (*es regnet*).
Wenn man ein Verb im Satz verwendet, bildet man aus dem **Infinitiv** (Grundform)
die **Personalform**, z.B.: *diktieren* (Infinitiv) → *ich diktiere* (1. Person Singular).

die Zeitformen des Verbs → S. 150 ff.

Verben im **Präsens** (Gegenwart) drücken aus,
- was gerade geschieht: *Jutta fasst den Inhalt der Geschichte zusammen.*
- was immer geschieht (jetzt und in der Zukunft):
  Zu jedem Geburtstag schickt er eine Karte. Der Rhein mündet in die Nordsee.
- was in der Zukunft geschieht (mit Zeitangabe):
  Übermorgen zeige ich meine Präsentation.
Das Präsens verwendet man z.B. beim schriftlichen Argumentieren oder bei
Textzusammenfassungen.

Verben im **Präteritum** drücken aus, was in der Vergangenheit geschehen ist.
Das Präteritum verwendet man meist beim schriftlichen Erzählen oder Berichten, z.B.:
Die andere Auszubildende begleitete mich durch die Abteilungen.

Verben im **Perfekt** drücken etwas aus, was in der Vergangenheit geschehen ist,
besonders beim mündlichen Erzählen.
z.B.: *Der Dichter hat einen Großteil seines Lebens in München verbracht.*

Verben im **Plusquamperfekt** drücken aus, was vor einem Geschehen in der
Vergangenheit bereits passiert war.
z.B.: *Er hatte viele Jahre in München gelebt, bevor er nach Amerika auswanderte.*

Verben im **Futur** (Zukunft) sagen, was in der Zukunft geschehen wird.
z.B.: *Vielleicht wird er noch einmal nach Deutschland kommen.* (Futur I)
In ein paar Jahren werden wir die Katastrophe vergessen haben. (Futur II)

Indikativ und Konjunktiv → S. 150 f.

Indikativ (Wirklichkeitsform) und Konjunktiv (Möglichkeitsform) sind Verbformen,
- die Wirkliches / tatsächlich Geschehenes ausdrücken,
  z.B.: *Er lernt die Vokabeln.* **(Indikativ)**
- die etwas indirekt wiedergeben,
  z.B.: *Er behauptet, er lerne die Vokabeln.* **(Konjunktiv I)**
  Bildung des Konjunktivs I: Verbstamm + Endung im Konjunktiv, z.B.:
  verlier + e → sie verliere

Orientierungswissen

- die Gewünschtes, nur Vorgestelltes ausdrücken,
z. B.: *Wenn ich Zeit hätte, ginge ich mit dir ins Schwimmbad.* **(Konjunktiv II)**
Bildung des Konjunktivs II: Verbstamm im Präteritum (ggf. mit Umlaut) + Endung im Konjunktiv, z. B.: *ich verlor + Umlaut (ö) + e → ich verlöre*
- Der Konjunktiv II wird auch als Höflichkeitsform verwendet.
z. B.: *Würden Sie bitte das Fenster schließen?*

Am häufigsten wird der Konjunktiv in der **indirekten Rede** verwendet.
direkte Rede: *Sie sagt: „Er hört mir überhaupt nicht zu!"* **(Indikativ)**
indirekte Rede: *Sie sagt, er höre ihr überhaupt nicht zu.* **(Konjunktiv I)**
Im allgemeinen Sprachgebrauch wird der Konjunktiv häufig mit „würde" umschrieben,
z. B.: *Sie sagt, er würde ihr überhaupt nicht zuhören.*
Oft unterscheiden sich die Formen von Indikativ und Konjunktiv I nicht, dann benutzt man meist den Konjunktiv II oder die Umschreibung mit „würde",
z. B.: *Sie sagt: „Ich denke gar nicht gern daran."* (Indikativ)
Sie sagt, sie denke gar nicht gern daran. (Konjunktiv I)
Sie sagt, sie würde gar nicht gern daran denken.

das Partizip I und II → S. 152 f.

Das **Partizip I** (Partizip Präsens) setzt sich aus **Infinitiv + d** zusammen, z. B.:
gehend, zitternd, singend.
Das **Partizip II** (Partizip Perfekt) setzt sich meistens zusammen aus
ge + Verbstamm + (e)t oder en,
z. B.: *gezittert, gelaufen.*
Beide Partizipformen können wie ein Adjektiv gebraucht werden,
z. B.: *der singende Vogel, der frisch gestrichene Zaun.*

Aktiv und Passiv → S. 152 f.

In Sätzen, in denen ausgedrückt wird, was die handelnde Person tut, steht das Prädikat im **Aktiv**, z. B.: *Ich rufe meine Freundin an.*
Sätze, bei denen die handelnde Person nicht genannt wird, stehen im **Passiv**.
Das **Vorgangspassiv** beschreibt ein Geschehen, das gerade abläuft.
z. B.: *Die Bank wird gestrichen.* (Bildung mit **werden** + **Partizip II**)
Das **Zustandspassiv** beschreibt einen Zustand (als Ergebnis eines Vorgangs).
z. B.: *Die Bank ist frisch gestrichen.* (Bildung mit **sein** + **Partizip II**)

Wortbildung und Wortbedeutung

Wortbildung: Ableitung und Zusammensetzung

- Durch **Ableitung** können neue Wörter entstehen. Mit **Präfixen** (Vorsilben) und **Suffixen** (Nachsilben) kann man aus vorhandenen Wörtern neue ableiten, z. B.:
Präfixe: *an-* (der Anschluss, anschließen, anschließend), *ver-* (der Verstand, verstehen, ...),
Suffixe: *-heit* (die Freiheit), *-ung* (die Endung), *-nis* (das Zeugnis), *-ig* (mutig), *-lich* (fröhlich). Zu Fremdwort-Suffixen siehe Seite 169 ff.
- Auch durch **Zusammensetzen** von Wörtern können neue Wörter entstehen. Das **Grundwort** bestimmt die Wortart und das Geschlecht (Genus) bzw. den Artikel, z. B.:
rot (Bestimmungswort) + *der Kohl* (Grundwort) = *der Rotkohl* (Zusammensetzung).

Sprachvarianten S. 133 ff.

Eine Sprachgemeinschaft verwendet in der Regel eine allgemein verbindliche Form einer Sprache – die Standardsprache.
Sprachvarianten sind z. B. Jugendsprachen und Fachsprachen.

die Wortfamilie → S.169 ff.

Wortfamilien werden aus Ableitungen und Zusammensetzungen gebildet. Die Wörter einer Wortfamilie werden im Wortstamm meist gleich oder ähnlich geschrieben, z.B.: *fahren, ausfahren, befahren, Fahrt, Fähre, Fuhrwerk ...*

das Wortfeld

Wörter mit ähnlicher Bedeutung bilden ein Wortfeld, z.B.:
Wortfeld *„mutig"*: *waghalsig, couragiert, kühn, furchtlos, ...*

Satzglieder und Sätze

die Satzglieder → S.155 f.

Wörter oder Wortgruppen im Satz, die bei der Umstellprobe immer zusammenbleiben, sind Satzglieder, z.B.:
Morgen / schreiben / wir / eine Klassenarbeit / in der dritten Stunde.
Wir / schreiben / morgen / eine Klassenarbeit / in der dritten Stunde.
In der dritten Stunde / schreiben / wir / morgen / eine Klassenarbeit.
Eine Klassenarbeit / schreiben / wir / morgen / in der dritten Stunde.

das Prädikat (die Satzaussage)
Es wird mit der Frage *„Was tut/tun ...?"* oder *„Was geschieht?"* erfragt,
z.B.: *Wir schreiben eine Klassenarbeit. Was tun wir? Wir schreiben eine Klassenarbeit.*
Das Prädikat kann mehrteilig sein, z.B.: *Wir haben eine Klassenarbeit geschrieben.*

das Subjekt (der Satzgegenstand)
Das Satzglied, das aussagt, wer oder was etwas tut, ist das Subjekt.
Das Subjekt wird mit **Wer?** oder **Was?** erfragt,
z.B.: *Wir schreiben eine Arbeit. Wer schreibt eine Arbeit? Wir schreiben eine Arbeit.*
Das Subjekt steht im Nominativ.

die Objekte (die Satzergänzungen)
Das Dativ-Objekt erfragt man mit **Wem?**,
z.B.: *Der Lehrer gibt uns die Arbeit zurück. Wem gibt er die Arbeit zurück?*
Der Lehrer gibt uns die Arbeit zurück.
Das Akkusativ-Objekt erfragt man mit **Wen?** oder **Was?**,
z.B.: *Wir schreiben eine Arbeit. Was schreiben wir?*
Wir schreiben eine Arbeit.
Objekte, die nur mit Hilfe von Präpositionen erfragt werden können, nennt man
Präpositionalobjekte. Hier fordert das Verb eine bestimmte Präposition,
z.B.: *Ich frage nach meiner Note. Wonach (nach wem?) frage ich?*
Ich frage nach meiner Note.
z.B.: *Ich hoffe auf eine gute Note. Worauf (auf was?) hoffe ich?*
Ich hoffe auf eine gute Note.

die adverbialen Bestimmungen
Adverbiale Bestimmungen sind Satzglieder, mit denen man nähere Angaben zu einem Geschehen machen kann. Es gibt
* adverbiale Bestimmungen der **Zeit** (Frage: *Wann?*),
  z.B.: *Die Party findet am Samstag statt.*
* adverbiale Bestimmungen des **Ortes** (Fragen: *Wo? Wohin? Woher?*),
  z.B.: *Die Party findet im Jugendzentrum statt.*
* adverbiale Bestimmung **der Art und Weise** (Frage: *Wie? Womit?*),
  z.B.: *Die Partygäste haben in bester Laune gefeiert.*
* adverbiale Bestimmung **des Grundes** (Frage: *Warum? Weshalb?*),
  z.B.: *Wegen meiner schlechten Mathenote darf ich nicht an der Party teilnehmen.*

das Attribut

Attribute sind **Teil eines Satzglieds**, also keine selbstständigen Satzglieder. Sie stehen vor oder hinter ihren Bezugswörtern (z.B. einem Nomen) und bestimmen sie näher.
Frageprobe: ***Was für ein/e ...?***, z.B.: *der* tolle *Film, ein Film* mit atemberaubenden Stunts

---

die Satzarten → S. 158 ff.

Hauptsätze nennt man vollständige Sätze, die allein stehen können,
z.B.: *Sie ist angekommen.*

Nebensätze erkennt man daran, dass
* sie nicht allein stehen können,
* das Prädikat meist an der letzten Satzgliedstelle steht,
* sie durch Komma vom Hauptsatz abgetrennt werden,
* sie oft durch eine Konjunktion eingeleitet werden, z.B.:
  Die Bildschirme bleiben schwarz, **weil der Strom** **ausgefallen ist.**
     Hauptsatz   Nebensatz

Nebensätze → S. 158 ff.

Nebensätze, in denen adverbiale Bestimmungen umschrieben werden, nennt man **Adverbialsätze**. Man unterscheidet u.a.
* **Temporalsätze** (*Wann ...?*),
  z.B.: *Er war froh,* als die Arbeit endlich abgeschlossen werden konnte.
* **Kausalsätze** (*Warum ...?*),
  z.B.: *Seine Arbeit ist nicht gewertet worden,* weil er so lange krank war.
* **Modalsätze** (*Wie ...?*),
  z.B.: *Er überprüfte die Rechtschreibung,* indem er das Wort im Wörterbuch nachschlug.
* **Finalsätze** (*Wozu ...?*),
  z.B.: *Er lernt Vokabeln,* damit er im Test gut abschneidet.
* **Konditionalsätze** (*Unter welcher Bedingung ...?*),
  z.B.: *Wenn du mir hilfst, lade ich dich später ins Kino ein.*
* **Konsekutivsatz** (*Mit welcher Folge ...?*),
  z.B.: *Die Lehrerin war krank,* sodass der Test ausfiel.
* **Konzessivsätze** (*Trotz welcher Gegengründe ...?*),
  z.B.: *Er hat die Arbeit mitgeschrieben,* obwohl er so lange krank war.

Nebensätze können auch die Rolle eines Subjekts oder eines Objekts übernehmen,
z.B.: *Es ist noch ungewiss,* ob alle Gäste kommen werden. → **Subjektsatz**
(*Was ist ungewiss?*),
z.B.: *Ich finde es wichtig,* dass man sich rechtzeitig anmeldet. → **Objektsatz**
(*Was finde ich wichtig?*)

Nebensätze, die ein Nomen (Bezugswort) näher erklären, nennt man **Relativsätze**.
Sie beginnen mit einem Relativpronomen (*der/die/das* oder *welcher/welche/welches*).
Relativsätze ersetzen Attribute,
z.B.: *Dieser Film,* der bereits in den USA ein großer Erfolg war, *läuft jetzt im Kino.*
Der Wettbewerb, an dem viele Jugendliche teilnahmen, *war ein großer Erfolg.*

Satzreihe und Satzgefüge → S. 155 ff.

Das Satzgefüge ist eine Verbindung aus einem Haupt- und einem Nebensatz,
z.B.: *Die Schule bleibt geschlossen, weil die Heizung ausgefallen ist.*
      Hauptsatz   Nebensatz

Die Satzreihe besteht aus mindestens zwei Hauptsätzen,
z.B.: *Die Heizung ist repariert, aber die Schule muss noch einen Tag geschlossen bleiben.*
      Hauptsatz   Hauptsatz

Orientierungswissen

Richtig schreiben
Rechtschreibhilfen

die Fehleranalyse → S. 165 ff.

- Lege eine Tabelle mit drei Spalten an.
- Schreibe in die erste Spalte jeweils deine Fehlerwörter in der richtigen Schreibweise.
- Unterstreiche die korrigierte Stelle im Wort.
- Begründe in der zweiten Spalte, worin dein Fehler lag.
- Notiere in der dritten Spalte Regeln und Tipps für die richtige Schreibung.

korrigiertes Fehlerwort	Warum war es falsch?	Wie vermeide ich den Fehler?
zum Nachdenken	Es ist eine Nominalisierung und wird großgeschrieben.	Ich erkenne die Nominalisierung hier am verschmolzenen Artikel (zu dem = zum).

das Partnerdiktat → S. 165 ff.

- Lies zuerst den gesamten Diktattext durch und präge dir schwierige Wörter ein.
- Lass dir die erste Hälfte des Textes von einer Lernpartnerin / einem Lernpartner diktieren. Tauscht bei der zweiten Texthälfte die Rollen.
- Überprüfe deinen Text auf Fehler.
- Tauscht eure Texte aus und korrigiert euch gegenseitig.
- Verbessere deine Fehlerwörter.

Nachschlagen im Wörterbuch

Du kannst Fehler vermeiden, wenn du schwierige Wörter in einem Wörterbuch nachschlägst. Darin sind die Wörter **nach dem Alphabet** geordnet.
- Schlage das Wörterbuch an der Stelle auf, wo du den Anfangsbuchstaben des gesuchten Wortes vermutest.
- Auf jeder Doppelseite des Wörterbuchs stehen links oben und rechts oben fett gedruckte **Kopfwörter**, die angeben, welches der erste und welches der letzte Eintrag auf der Doppelseite ist.
- Da es viele Wörter mit gleichem Anfangsbuchstaben gibt, musst du meist noch den 2. oder sogar den 3. Buchstaben dazunehmen.
- Den alphabetisch aufgelisteten Wörtern sind oft weitere Wörter untergeordnet, z. B. Ableitungen oder Zusammensetzungen.

Beachte dabei:
- Verben sind im Wörterbuch im Infinitiv (Grundform) verzeichnet, z. B.: Sie vergaß, das Licht auszumachen. → Suche nach dem Verb vergessen.
- Bei zusammengesetzten Nomen musst du manchmal mehrmals nachschlagen, z. B.: Autokollision → Suche nach Auto und nach Kollision.

die Rechtschreibkonferenz

- Vier Schüler/innen bilden eine Gruppe. Sie verteilen die „Rechtschreib-Spezialfelder" (z. B. Groß- und Kleinschreibung) untereinander.
- Jede/r hat einen zu korrigierenden Fremdtext vor sich und untersucht den Text in ihrem/seinem Spezialfeld auf Fehler.
- Markiert die Fehler farbig und gebt die Texte im Uhrzeigersinn weiter.
- Nach vier Durchgängen muss jede/r wieder den ersten Text vor sich haben, versehen mit Fehlermarkierungen in vier verschiedenen Farben.
- Jede/r bekommt den eigenen Text zurück und kann nachfragen.
- Jede/r berichtigt ihre/seine Fehlerwörter.

Wörterlisten

Mit Wörterlisten kannst du deine Rechtschreibsicherheit trainieren.
- Trage in die Wörterliste schwierige Wörter ein, die du dir merken willst oder die du noch üben musst (Lernwörter).

Rechtschreibproben

die Ableitungsprobe → S. 168

Wenn du nicht sicher bist, wie ein Wort geschrieben wird (z. B. mit *e* oder *ä*, mit *eu* oder *äu*), dann suche ein verwandtes Wort, z. B.:
Gemäuer → Mauer,
Ländereien → Land,
Z(e/ä)lt → kein verwandtes Wort mit a → also: Zelt.

die Artikel- oder Pluralprobe → S. 165 ff., 179 ff.

Wörter, vor die du einen **Artikel** oder ein anderes Begleitwort setzen oder die du in den **Plural** (Mehrzahl) setzen kannst, werden großgeschrieben. Es sind Nomen, z. B.: *Stift → die Stifte (Plural).*

die Steigerungsprobe

Lässt sich ein Wort steigern, ist es meist ein **Adjektiv** (Eigenschaftswort) und wird kleingeschrieben, z. B.:
glücklich → glücklicher → am glücklichsten.

die Verlängerungsprobe → S. 168

Am Ende eines Wortes oder Wortstamms (im Auslaut) klingen *d–t, b–p* und *g–k* ähnlich. Wenn du Wörter mit diesen Auslauten verlängerst und deutlich sprichst, hörst du, welchen Buchstaben du schreiben musst, z. B.:
merkwürdig – merkwürdiger,
Technik – Techniker,
Staub – staubig,
plump – plumpe,
Rad – Räder,
Rat – raten,
gelebt – leben.

Rechtschreibregeln

Fremdwörter → S. 169 ff.

Fremdwörter sind Wörter, die aus anderen Sprachen ins Deutsche übernommen wurden. Dabei behalten sie oft die **Schreibung und Aussprache aus dem Herkunftsland** bei, z. B.: *die Gara**ge** (sprich: Garasche, franz.), das Sham**p**oo (sprich: Schampu, engl.), die Reak**tion** (lat.), das **Th**ema (griech.).*

die Getrennt- und Zusammenschreibung → S. 173 ff.

Die **Getrenntschreibung** ist in der deutschen Rechtschreibung die Regel:

- Verbindungen aus **Nomen und Verb** schreibt man meistens getrennt,
  z. B.: *Rad fahren, Angst haben.*
  Aber: Werden Verbindungen aus Nomen und Verb nominalisiert, musst du sie
  zusammen- und großschreiben, z. B.: *das Skilaufen.*
- Verbindungen aus **Verb und Verb** schreibt man meistens getrennt,
  z. B.: *sitzen bleiben, liegen lassen.*
  Aber: Werden Verbindungen aus Verb und Verb nominalisiert, musst du sie
  zusammen- und großschreiben, z. B.: *das Laufenlernen.*
- Schreibe **Verbindungen mit *sein*** getrennt, z. B.: *schuld sein, los sein.*
  Aber: Nominalisierungen dieser Verbindungen musst du zusammen- und
  großschreiben, z. B. *das Schuldsein.*
- Verbindungen aus **Adjektiv und Verb** schreibt man meist getrennt,
  z. B.: *frei sprechen (Beim Referieren sollst du frei sprechen.).*
  Aber: Zusammen schreibst du Verbindungen aus Adjektiv und Verb,
  wenn dadurch ein Wort mit neuer Bedeutung entsteht,
  z. B.: *freisprechen (Der Richter wird ihn freisprechen.).*
- Verbindung aus **Adverb und Verb**: Behält das Adverb dabei seine wörtliche
  Bedeutung, schreibt man getrennt, z. B.: *Können wir zusammen essen?*
  Aber: Zusammen schreibst du Verbindung aus Adverb und Verb, wenn dadurch ein
  Wort mit neuer, übertragener Bedeutung entsteht,
  z. B.: *Er will mit ihr zusammenbleiben.* (ein Paar sein)

die Groß- und Kleinschreibung → S. 179 ff.

- Groß schreibt man
- **alle Satzanfänge,** z. B.: *Bei diesem Wetter bleibe ich zu Hause.*
- **alle Nomen,** erkennbar an den typischen Nomenbegleitern (Artikel, versteckte und
  gedachte Artikel, Pronomen, Adjektive, unbestimmte Mengenangaben) und Nomen-
  suffixen (*-heit, -keit, -ung, -tum, -nis, -schaft*)
- **alle Namen** von Personen und Orten
- **Nominalisierungen,** erkennbar an den Nomenbegleitern, z. B.: *etwas Gutes, beim
  Tanzen.*
- Die **Schreibung von festen Wendungen** musst du dir merken, meist werden sie
  großgeschrieben, z. B.: *im Grunde, in Bezug auf.*

- Klein schreibt man
- **alle Verben** (*malen, laufen*),
- **alle Adjektive** (*ehrlich, laut*),
- **alle Pronomen** (Personalpronomen: *du*; Possessivpronomen: *dein*;
  Demonstrativpronomen: *dieses*; Indefinitpronomen: *man*).

- Eine Sonderregelung gibt es bei den Anredepronomen (z. B. in Briefen und Mails):
- Das **Sie** für Personen, die man nicht duzt, wird immer großgeschrieben.
- Die vertraute Anrede **du** kannst du in Briefen oder E-Mails klein- oder großschreiben.

die Schreibung von Eigennamen und Straßennamen → S. 185

- Schreibe Adjektive als Teil von Eigennamen groß, z. B.: *das Schwarze Meer.*
- Schreibe Straßennamen,
- die aus **zwei Wörtern** (auch Namen) bestehen, zusammen, z. B.: *Brunnenweg.*
- die aus **Ortsnamen + -er** gebildet werden, immer getrennt, z. B.: *Berliner Straße.*
- die aus **mehrteiligen Namen** bestehen, mit Bindestrich, z. B. *Astrid-Lindgren-Platz.*

die Schreibung von Zahlen → S.184

- Zahlwörter (Grundzahlen, Ordnungszahlen und unbestimmte Zahlwörter) schreibst du grundsätzlich klein, z. B.: *eins, erstens, wenig*.
- Ordnungszahlen können aber auch als Nomen auftreten, du erkennst sie dann an den Nomenbegleitern. Schreibe sie dann groß, z. B.: *zum Dreißigsten, jeder Dritte, er ging als Letzter ins Ziel*.

die Schreibung der Zeitangaben → S.183

- Zeitangaben können als Nomen auftreten, dann schreibt man sie groß, z. B.: *der Montag, am Samstag, für Samstagnachmittag*.
- Tageszeiten nach Zeitadverbien schreibt man ebenfalls groß, z. B.: *gestern Morgen, heute Abend*.
- Alle Zeitadverbien mit einem *s* am Wortende schreibt man klein, z. B.: *abends, nachts*.
- Auch alle anderen Zeitadverbien schreibt man klein, z. B.: *heute, gestern*.
- Uhrzeitenangaben schreibt man ebenfalls klein, z. B.: *Es ist halb drei*.

die Zeichensetzung → S.187ff.

- Werden zwei **Hauptsätze** durch *und* oder *oder* verbunden, muss kein Komma stehen, z. B.: *Alkohol ist gesundheitsschädlich und er darf nicht an Jugendliche verkauft werden.*
- Werden die Hauptsätze durch eine andere nebenordnende Konjunktion verbunden, dann musst du ein Komma setzen, z. B.: *Alkohol darf nicht an Jugendliche verkauft werden, denn er ist gesundheitsschädlich.*
- In **Satzgefügen** (Verbindung von Haupt- und Nebensatz) steht immer ein Komma, z. B.: *Er hat die Arbeit mitgeschrieben, obwohl er so lange krank war. Obwohl er so lange krank war, hat er die Arbeit mitgeschrieben.*
  - Vor dem *dass*-Satz steht ein Komma, z. B.: *Ich glaube nicht, dass er kommt.*
  - Ein Relativsatz wird durch Komma abgetrennt, z. B.: *Es war ein rotes Auto, das den Unfall verursacht hat. Das rote Auto, das nach links abgebogen war, hatte den Unfall verursacht.*
  - Beim Infinitivsatz (Infinitiv mit *zu* und mindestens einem weiteren Wort) kannst du ein Komma setzen, musst aber nicht, z. B.: *Sie hofft, eine gute Note zu bekommen. Sie hofft eine gute Note zu bekommen.* Du musst aber ein Komma setzen, wenn ein hinweisendes Wort den Infinitivsatz ankündigt, z. B.: *Sie hofft darauf, eine gute Note zu bekommen.* Vor Infinitiven mit *zu*, die mit *um, ohne, statt, anstatt, außer* oder *als* eingeleitet werden, musst du ein Komma setzen, z. B.: *Sie schrieb ganz schnell, ohne lange zu überlegen.*
- Alle **nachgestellten Erläuterungen und Einschübe** wie *und zwar, und das, das heißt, zum Beispiel, also, besonders, insbesondere, nämlich, vor allem, zumindest* werden durch Komma abgetrennt, z. B.: *Sie liebt Eis, insbesondere Schokoladeneis.* Auch eingeschobene vollständige Sätze werden mit Kommas abgetrennt, z. B.: *Er kommt, nehme ich an, mit dem nächsten Zug.*

Orientierungswissen

240

Methoden und Arbeitstechniken

der Cluster

Ein Cluster hilft dir, Ideen oder Aspekte zu einem bestimmten Thema zu finden.
- Schreibe das Thema bzw. den Oberbegriff in die Mitte eines Blattes.
- Notiere wichtige Gedanken/Angaben/Merkmale dazu und verbinde sie durch Linien mit dem Clustermittelpunkt.

die Figurenkarte/-skizze → S. 30, 42

Eine **Figurenkarte** (S. 30) hilft beim Sammeln von Informationen zu einer literarischen Figur (Aussehen, Verhaltensweisen, Lebensumstände, Wünsche ...). Sie ist hilfreich bei der Vorbereitung einer Charakterisierung (s. S. 226).
Die **Figurenskizze** (S. 42) ist ein Schaubild, das die Figuren eines Textes und ihre Beziehungen zueinander darstellt. In diese Skizze kannst du Charaktereigenschaften der Figuren (Selbst- und Fremdaussagen) eintragen.

die Fünfsatzmethode → S. 16

Die Fünfsatzmethode kann dabei helfen, eine überzeugende Argumentation zu formulieren. Der Fünfsatz ist meist so aufgebaut:
- Einstiegssatz (beschreibt das Problem oder die Ausgangslage),
- drei erklärende Sätze zum Problem (z. B. drei Argumente),
- Zielsatz (eigene Meinung, ggf. Forderung oder Lösungsvorschlag).

das Gedankengitter → S. 125 ff.

Das Gedankengitter erleichtert das schrittweise Verstehen eines Gedichts. Dabei schreibst du erste Gedanken auf zu äußerer Form, Inhalt und Sprache der entsprechenden Textstellen (auf eine Folie oder Textkopie).

die Gruppenanalyse → S. 127

- Jeder schreibt die Textstelle auf ein Blatt Papier.
- Jeder schreibt seinen Echotext (sein Verständnis von der Textstelle) darunter und gibt sein Arbeitsblatt im Uhrzeigersinn in der Gruppe weiter.
- Jeder schreibt in den nächsten drei bis vier Runden einen Kommentar zu dem jeweiligen Echotext der anderen.
- Wenn man den eigenen Echotext wieder vor sich liegen hat, kann man ihn verändern oder ergänzen, wenn man durch das Lesen der anderen Echotexte noch Anregungen und Anstöße bekommen hat.

Informationen beschaffen und auswerten → S. 74 ff.

Wenn du zu einem Thema (z. B. für ein Kurzreferat / eine Folienpräsentation) Informationen benötigst, kannst du
- in einer Bibliothek suchen,
- eine Expertin / einen Experten befragen,
- dich in verschiedenen Lexika informieren,
- im Internet mit Hilfe von Suchmaschinen zu dem Thema recherchieren. Durch die Eingabe mehrerer Suchbegriffe in eine Suchmaschine lässt sich dabei die Suche sinnvoll einschränken.

Du musst alle Informationen auswerten.
- Lies die Texte und verschaffe dir einen Überblick über den Inhalt.
- Überlege, welche Fragen zum Thema du beantworten möchtest.
- Suche/Markiere die Abschnitte, die wichtige Informationen zum Thema enthalten.
- Notiere die wichtigsten Informationen in Stichworten.
- Prüfe, welche Fragen zum Thema mit diesem Material nicht beantwortet werden, und suche ggf. weitere Informationen.

der Kurzvortrag

Bereite deinen Kurzvortrag so vor:
- Notiere das, was für den Vortrag wichtig ist, in Stichworten, z. B. auf Karteikarten.
- Bringe die Stichworte in eine sinnvolle Reihenfolge.
- Überlege dir eine neugierig machende Einleitung.
- Überlege dir einen passenden Schluss.
- Bereite Anschauungsmaterial (z. B. Bilder, Folien, Tafeltext, Gegenstände) vor.

das Lernplakat → S. 26

Ein Lernplakat präsentiert Lerninhalte zusammenfassend, anschaulich und einprägsam.
- Reduziert die Informationen zum Lernthema auf das Wesentliche, strukturiert sie und fasst sie prägnant zusammen. Formuliert die Überschrift sowie Zwischenüberschriften.
- Besorgt großes Papier, eine Tapetenrolle o. Ä. sowie Stifte in verschiedenen Farben.
- Schreibt die Texte in großer, gut lesbarer Schrift auf.
- Mit Hilfe von Bildern oder Zeichnungen könnt ihr das Plakat anschaulich gestalten.

Lesestrategien → S. 89 ff.

- **Überfliegendes Lesen:** Wenn du herausfinden willst, worum es im Text geht, brauchst du den Text nicht Wort für Wort genau zu lesen; es genügt, wenn du ihn überfliegst.
- **Genaues Lesen:** Wenn du alle Informationen eines Textes erfassen willst, musst du den Text langsam und genau lesen, vielleicht sogar mehrmals. Markiere wichtige Stellen und mache dir ggf. Notizen.
- **Gezieltes Lesen:** Wenn du nur eine bestimmte Information im Text suchst, dann überfliege die unwichtigen Textstellen und lies die Stelle genau, an der du die Information vermutest. Halte gezielt nach bestimmten Schlüsselwörtern Ausschau.
- **Reziprokes Lesen** (vgl. S. 94) ist eine Form der gemeinsamen Texterschließung in einer Arbeitsgruppe. Dabei bildet ihr Gruppen und geht arbeitsteilig vor.
- Jede/r liest den Text zunächst für sich.
- Geht dann wie folgt vor:
  Schüler/in 1 fasst den Text mit eigenen Worten zusammen.
  Schüler/in 2 formuliert Fragen zum Text.
  Schüler/in 3 weist auf schwierige Wörter oder Passagen hin.
  Schüler/in 4 notiert stichpunktartig Wichtiges zum Inhalt o. Ä.
- Ihr könnt die Aufgaben nach jedem Textabschnitt im Uhrzeigersinn weitergeben.

das literarische Gespräch → S. 127, 129

Das literarische Gespräch in der Gruppe verläuft in der Regel so:
- Ein Text(teil) wird vorgelesen bzw. vorgetragen.
- Die zuvor gesammelten Leitfragen werden wiederholt.
- Die Teilnehmer/innen erläutern ihre Ergebnisse aus der arbeitsteiligen Gruppenarbeit und diskutieren sie.
- In der Schlussrunde werden zentrale Aspekte des Textes sowie das Gesprächsverhalten reflektiert.

Beim „literarischen Quintett" diskutieren fünf Schüler/innen im Halbkreis vor der Klasse Leitfragen bzw. erarbeitete Ergebnisse zu einem literarischen Text. Die Lehrerin / Der Lehrer moderiert.

die Mindmap → S. 30

In einer Mindmap ordnest du deine Ideen oder Informationen:
- Schreibe in die Mitte eines Blattes das Thema / den Oberbegriff.
- Ergänze jetzt um das Thema herum weitere Schlüsselwörter.
- Erweitere diese Schlüsselwörter um Unterbegriffe, sodass Beziehungen deutlich werden.

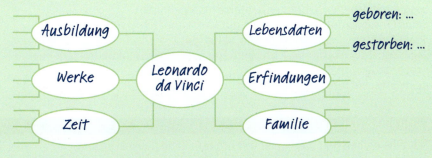

das Placemat-Verfahren

Das Placemat-Verfahren gehört zu den kooperativen Arbeitsformen.
- Dabei wird für einen Arbeitsauftrag / einen Untersuchungsauftrag ein großes Blatt in 3–4 Segmente geteilt, sodass jedes Gruppenmitglied ein Feld für seine „Lösung" hat.
- Ein „Lösungsfeld" in der Blattmitte bleibt zunächst frei.
- Das Blatt wird im Uhrzeigersinn gedreht, sodass jede/r die Beiträge der anderen lesen und kommentieren kann.
- Anschließend einigt sich die Gruppe auf ein Ergebnis, das in die Mitte geschrieben und dem Plenum vorgestellt wird.

Orientierungswissen

243

die Positionslinie → S. 14, 74

Mit dieser Methode lässt sich das Meinungsbild einer Gruppe zu einer Entscheidungsfrage (Ja-Nein-Frage) darstellen, z. B. zu der Frage *Sollten Kinder im Haushalt helfen?*
- Stelle dich an das „Ja-Ende" der Positionslinie, wenn du auf die Frage mit Ja antworten würdest.
- Stelle dich an das „Nein-Ende" der Positionslinie, wenn du auf die Frage mit Nein antworten würdest.
- Wenn du unentschieden bist, stelle dich zwischen „Ja"- und „Nein-Ende". Je nachdem, wie weit du dich von einem der beiden Endpunkte wegstellst, gibst du zu erkennen, dass du eher dafür bzw. eher dagegen bist.

das Portfolio

Ein Portfolio ist eine Mappe, mit der du zeigst, was du z. B. im Betriebspraktikum oder im Deutschunterricht über einen bestimmten Zeitraum oder zu einem bestimmten Thema getan oder gelernt hast. Du kannst damit anderen erklären oder auch für dich festhalten, wie und was du gelernt hast und wie du deine Ergebnisse einschätzt.
Im Portfolio kannst du abheften:
- besondere Arbeiten, Übungen, Unterrichtsergebnisse,
- deine Einschätzung, was du schon gut kannst oder noch üben musst.

Im Praktikumsportfolio kannst du u. a. abheften:
- Tagesberichte, Wochenberichte, Beiträge aus deinem Praktikumstagebuch,
- Arbeitszeugnisse,
- deine Einschätzung des Praktikums.

die Schreibkonferenz

- Schreibe deinen Text auf Papier mit breitem Rand (Korrekturrand).
- Setzt euch zu dritt oder zu viert zusammen.
- Einigt euch, wer welchen Überprüfungsschwerpunkt übernimmt.
- Jemand aus der Gruppe liest seinen Text vor. Die anderen hören aufmerksam zu.
- Die Zuhörer/innen geben Rückmeldungen. Bei Unklarheiten fragen sie nach.
- Anschließend wird das Textblatt in der Schreibkonferenz herumgegeben. Alle notieren Verbesserungsvorschläge auf den Korrekturrand.
- Reihum werden so die Texte aller Gruppenmitglieder bearbeitet.
- Jede/r überarbeitet anschließend auf der Basis dieser Vorschläge ihren/seinen Text.
- Am Schluss überprüft jede/r noch einmal Rechtschreibung und Zeichensetzung.

das Think-pair-share-Verfahren   S. 7, 129

- **think:** Jeder denkt für sich über die Aufgabenstellung nach und sucht nach Lösungen.
- **pair:** Die Überlegungen und Lösungsansätze werden mit einem Partner / einer Partnerin ausgetauscht, die individuellen Ergebnisse ggf. ergänzt.
- **share:** Die Ergebnisse werden nun der Klasse vorgestellt und dort vertieft.

Zitieren → S. 29, 53, 193

- Mit Zitaten (Wörter, Wortgruppen oder Sätze aus einem Text) kannst du belegen, was du selbst schreibst. Gib die Textstellen unverändert wieder, setze sie in Anführungszeichen und nenne Seitenzahl und Zeile(n), z. B.: *Mara verliebt sich in den Jungen, denn „seine Stimme klang umwerfend" (S. 19, Z. 5 f.).*
Kennzeichne Auslassungen durch das Zeichen *[…]*.
- Eine Alternative zum Zitieren ist die sinngemäße Wiedergabe von Textstellen, z. B.: *Mara verliebt sich in den Jungen wegen seiner schönen Stimme (vgl. S. 19, Z. 5 f.).*

Lösungen der Tests

Teste dich selbst!
Zu literarischen Texten schreiben
Seite 87/88

1 Die Kurzgeschichte „Mittagspause" von Wolf Wondratschek handelt von einer berufstätigen jungen Frau, die ihre Mittagspausen in einem Straßencafé verbringt.
Hier setzt sie sich durch ihr Äußeres in Szene, um auf Männer zu wirken.
Die Eltern machen sich deswegen Sorgen um ihre Tochter.
In den kurzen Momenten der Mittagspause kann die junge Frau ihrem Alltag im Büro entfliehen und sich ihren Träumen hingeben. Obwohl sie die Mittagspausen als anstrengend empfindet, sehnt sie sie herbei.

2 *Mögliche Überlegungen zu den Textstellen:*
A „Die Mittagspause ist ein Spielzeug."
- „Spielzeug" klingt wie das Gegenteil von „Arbeit", insofern passt es gut zur Pause.
- In der Mittagspause spielt die junge Frau ein Spiel: Sie spielt die Rolle einer selbstsicheren und anziehenden Frau, die Männerblicke auf sich zieht.
- Will sie wirklich in der Pause jemanden kennen lernen? Oder geht es nur ums Spiel?

B „Sie antwortet, die Mittagspause ist ungefährlich."
- Mit dieser Antwort beruhigt sie ihre Eltern, die sich um sie sorgen.
- Ihre Antwort bezieht sich auf das „Spiel": Das meiste, was in der Pause passiert, passiert nur in Gedanken. So gesehen, ist die Mittagspause ungefährlich.
- Die Eltern werden die Antwort kaum verstehen, die Tochter verrät nichts über ihre Wünsche und ihre Unzufriedenheit. Sie zieht ihre Eltern nicht ins Vertrauen.

C „Ohne das Lieblingswort wäre die Mittagspause langweilig."
- Das Lieblingswort ist „Katastrophen" – sie wünscht sich wohl kaum eine echte Katastrophe. Was soll der Begriff also?
- Die „Katastrophen" meinen Veränderungen im Leben, die sich die junge Frau wünscht, weil sie mit ihrem jetzigen Leben unzufrieden ist. Sie hofft z.B., dass sie sich verliebt.
- Ohne diese Tagträume wäre ihre Mittagspause genauso monoton wie ihre Arbeit.

3 *So könnte dein Schreibplan aussehen:*
Einleitung
Titel des Textes: Mittagspause
Autor: Wolf Wondratschek
Textsorte: Kurzgeschichte
Thema: Alltagsflucht/Tagträume; Verstellung/Rollenspiel
Hauptteil
Hauptfigur:
- Aussehen: jung, hübsch, trägt oft Röcke
- Lebensumstände: Büroangestellte, verrichtet offenbar monotone Arbeit, wohnt noch bei ihren Eltern, eventuell wegen ihres geringen Gehalts
- Eigenschaften: eher schüchtern/distanziert, unzufrieden mit ihrem Leben, hat viel Fantasie (Tagträume)
- Verhalten, Wünsche und Ziele: setzt ihr Äußeres in der Mittagspause in Szene, entflieht mit Tagträumen vom Sich-verlieben ihrem langweiligen Alltag, wünscht sich Abwechslung
- Verhältnis zu den Mitmenschen: hat offenbar keine echten Freunde, eher oberflächliche/flüchtige Männerbeziehungen, ihre Eltern sorgen sich um sie

Schlussteil
zusammenfassendes Urteil

4 *Deine Charakterisierung könnte so lauten:*
Im Mittelpunkt der Kurzgeschichte von Wolf Wondratschek steht „sie": eine junge Frau, die als Schreibkraft in einem Büro in einer Stadt arbeitet (vgl. Z.37f., Z.49). Der Text thematisiert den Versuch, aus dem als langweilig erlebten Arbeitsalltag auszubrechen („An der Schreibmaschine hat sie viel Zeit, an Katastrophen zu denken", Z.49f.). Dafür nutzt die junge Frau ihre Mittagspause in einem Café als „Spielzeug" (Z.18) und spielt die Rolle einer selbstbewussten und aufreizenden Dame. Sie betont ihr Äußeres durch modische Kleidung („Der Rock ist nicht zu übersehen", Z.42) und setzt sich in Pose: „Sie schlägt sofort die Beine übereinander" (Z.1), „blättert in einem Modejournal" (Z.3). Dabei verbirgt sie ihre Augen hinter einer Sonnenbrille, um ihre Unsicherheit zu verdecken (Z.15) und wohl auch, um andere beobachten zu können. Sie will Männerblicke auf sich ziehen, was ihr auch gelingt. Doch wenn jemand sie tatsächlich anspricht, reagiert sie unsicher: „Sie würde eine ausweichende Antwort geben. […] Gestern war sie froh, dass in der Mittagspause alles sehr

schnell geht", Z. 23 f.). So bleibt eine Kluft zwischen Träumen und Wirklichkeit. Die Einsamkeit der jungen Frau zeigt sich auch in der eher distanzierten Beziehung zu ihren Eltern, bei denen sie lebt. Diese machen sich Sorgen um ihre Tochter (Z. 25–29), doch anstatt über ihre Probleme und Hoffnungen zu sprechen, versucht die Tochter nur zu beruhigen: „Sie antwortet, die Mittagspause ist ungefährlich." (Z. 29 f.)

Der Autor hat bewusst auf einen Namen für seine Hauptfigur verzichtet und stellt sie so als stellvertretend für viele andere junge Frauen dar oder noch allgemeiner für Menschen, die mit Tagträumen aus einem eintönigen Alltag flüchten. Der Text macht deutlich: Dieses Verhalten bringt nicht viel, da sich so nicht wirklich etwas ändert.

5 *Dein Tagebucheintrag aus Sicht der jungen Frau könnte so lauten:*
Ich bin noch ganz aufgeregt und ärgere mich über mich selbst.
Heute hat sich ein richtig netter Typ auf den freien Stuhl neben mir gesetzt und ein Gespräch angefangen. Endlich! Wie oft habe ich mir das ausgemalt und überlegt, wie ich reagieren würde. Aber ich habe alles vermasselt! Ich wusste nicht, was ich mit meinen Händen anfangen sollte, war total nervös. Ich habe gekichert wie ein kleines Mädchen und konnte weder witzig noch schlagfertig sein. Was muss der von mir gedacht haben! Dabei war er echt sympathisch und es hatte alles so gut angefangen.
Zum Schluss war ich einfach froh, als die Pause vorbei war und ich mich schnell verabschieden konnte. Schade, schade, schade!!

6 Die Eltern machen sich Sorgen um ihre Tochter: „Die Eltern wissen, dass sie schön ist. Sie sehen es nicht gern." (Z. 3 f.) Sie äußern ihre Sorgen in einem Gespräch („Beim Abendessen sprechen die Eltern davon, dass sie auch einmal jung waren", Z. 25 f.). Der Vater betont, es nur gut zu meinen (Z. 27 f.), die Mutter gibt zu, Angst um die Tochter zu haben (Z. 28 f.). Doch das Verhältnis zwischen Eltern und Tochter ist zu oberflächlich für ein ehrliches Gespräch und die Tochter belässt es bei einer vagen Antwort: „Sie antwortet, die Mittagspause ist ungefährlich." (Z. 29 f.) Eltern und Tochter sind sich offenbar zu fremd, als dass die Sorgen und Hoffnungen offen besprochen werden könnten.

7
A „Obwohl sie regelmäßig im Straßencafé sitzt, ist die Mittagspause anstrengender als Briefeschreiben."

Das Briefeschreiben gehört zum Berufsalltag der jungen Frau, die offenbar als Sekretärin arbeitet. Hier kennt sie die Aufgaben und Abläufe, muss selten spontan reagieren. Anders im Straßencafé, wo sie jederzeit angesprochen werden könnte und entsprechend aufgeregt ist.
B „Sie spürt sofort, dass sie Hände hat."
Sie ist nervös, sodass sie nicht weiß, was sie mit den Händen anfangen soll.
C „Der Rock ist nicht zu übersehen."
Die junge Frau trägt ihren – vermutlich modischen und figurbetonenden – Rock bewusst, um die Aufmerksamkeit von Männern auf sich zu ziehen.

8 *Deine Interpretation der sprachlichen Merkmale könnte so lauten:*
Wolf Wondratscheks Kurzgeschichte „Mittagspause" beginnt mit einem offenen Anfang („Sie sitzt im Straßencafé", Z. 1), die Handlung setzt also unmittelbar ein. Auch der Schluss der Geschichte ist offen. Der Text ist im Präsens verfasst, bis auf eine kurze Rückblende (Z. 22 ff.). Die Figuren haben keine Namen: Sie sind keine individuellen Persönlichkeiten, sondern repräsentieren Typen. Wie bei Kurzgeschichten üblich, wird nur ein kurzer Ausschnitt aus dem Leben der Figur geschildert.
Beim Beschreiben seiner Hauptfigur wählt der Autor einen einfachen Satzbau, der in erster Linie von kurzen Hauptsätzen geprägt ist („Sie hat wenig Zeit. […] Sie blättert in einem Modejournal", Z. 2 f.). Viele Sätze wirken wie Regieanweisungen in einem Theaterstück. Der Sprachstil ist schlicht und direkt, mit einfacher Wortwahl und ohne Ausschmückungen. Der Autor verwendet einige wenige sprachliche Bilder: Er spricht von einem „Mädchen mit Beinen" (Z. 10), um anzudeuten, dass auch dieses Mädchen sich in Szene setzen will, vermutlich durch eine entsprechende Kleidung und Beinhaltung. Die zentrale Metapher steckt in dem Satz: „Die Mittagspause ist ein Spielzeug." (Z. 18). Mit diesem „Spielzeug" flieht die junge Frau in Gedanken immer wieder aus ihrem eintönigen Alltag. Ihre etwas klischeehaften Wunschvorstellungen beschreibt der Autor im Konjunktiv II (Z. 18–23, Z. 45 f.). Wolf Wondratschek lässt viele Leerstellen, die die Leserin / der Leser mit eigenen Gedanken füllen kann.

Teste dich selbst!
Sachtexte erschließen
Seite 131/132

1 richtige Antwort: B, da der Text Ergebnisse der Shell-Jugendstudie zusammenfasst.
A passt nicht, da ein Kommentar Meinungsäußerungen der Autorin / des Autors enthält.
C passt nicht, da der Text nicht die Studie (Anlass, Durchführung ...) beschreibt.

2 Die Shell-Jugendstudie hat gezeigt, dass Jugendliche 2010 insgesamt optimistisch und selbstbewusst sind. Sie gehen pragmatisch mit gesellschaftlichen und beruflichen Herausforderungen um. Dabei verbinden sie Leistungsdenken und Sinn für soziale Bindungen im persönlichen Umfeld.

3
- *pragmatisch*: bedeutet hier ein sach- und handlungsbezogenes Verhalten
- *taktisch*: bezieht sich darauf, dass die Jugendlichen eine Situation sinnvoll nutzen
- *die Flexibilität*: Anpassungsbereitschaft, Anpassungsvermögen

4
- in Bezug auf die Zukunft hoffnungsvolle, positive Grundhaltung (Z.3 f.)
- sachlicher Umgang mit gesellschaftlichen und beruflichen Anforderungen (Z.5–10)
- legen Wert auf soziale Bindungen (Familie, Freundschaften) (Z.8 f.)
- ehrgeizig, zupackend, ausdauernd (Z.12 ff.)
- hilfsbereit, anpassungsfähig (Z.14 f.)
- lockere Einstellung (Freizeit/Spaß haben) (Z.18–22)
- selbstbewusst, können Druck aushalten, besitzen Durchhaltevermögen (Z.23 ff.)

5 Der Text berichtet sachlich: Er informiert ohne Bewertungen oder Handlungsappelle über die Ergebnisse der Shell-Studie.

6
A: falsch. Die meisten Jugendlichen vertrauen sich einem Freund an.
B: falsch. Viele Jugendliche vertrauen auf einen guten Ausgang, die wenigsten ziehen sich grundsätzlich zurück (vgl. Aussagen 8 und 12).
C: richtig. 46 Prozent machen sich „immer" oder „öfter" einen Plan, 30 Prozent immerhin „manchmal" (vgl. Aussage 4).
D falsch. 31 Prozent der Jugendlichen besprechen Probleme „immer" mit Freunden (vgl. Aussage 1), nur 28 Prozent lenken sich „öfter" mit Fernsehen und Computerspielen ab (vgl. Aussage 6).

7 *Folgende Textstellen könntest du genannt haben:*
- ausgeprägter Sinn für soziale Beziehungen (Text Z.8 f., 14, Schaubild-Aussagen 1, 2)
- pragmatisch-taktische Flexibilität (Text Z.15, Schaubild-Aussagen 4, 10)
- eher lockere Art (Text Z.19, Schaubild-Aussagen 3, 5, 8)

Teste dich selbst!
Sprache und Sprachgebrauch untersuchen
Seite 163/164

1 *Deine Auflistung könnte so lauten:*
Funktionen von Fremdwörtern sind zum Beispiel:
- inhaltlich nuancieren
- ein bestimmtes Lebensgefühl ausdrücken
- die Stilebene wechseln
- Haltungen und Einstellungen ausdrücken
- unangenehme Sachverhalte verharmlosen oder beschönigen, das Sprechen über heikle Themen ermöglichen
- Aufmerksamkeit erreichen (z.B. in der Werbung)
- Abwechslung im Ausdruck ermöglichen
- Genauigkeit und Kürze ermöglichen

2 *Das sind die Nebensätze:*
Z.2–4: Nebensatz mit eingeschobenem weiterem Nebensatz (Relativsatz):
..., sollte man sich über die vielfältigen Funktionen, die Fremdwörter in unserer Sprache haben, klar werden.
Z.34 f.: ..., was in bestimmten Rede- und Schreibsituationen wünschenswert ist.

3 Hier wird jeweils ein eingeschobener Nachtrag durch Kommas abgetrennt:
Z.22 ff.: Fremdwörter, und das ist ein wichtiger Gesichtspunkt, können versachlichen und das taktvolle Sprechen über heikle, unangenehme Themen ermöglichen.
Z.36 ff.: Manche Fremdwörter, vor allem Fachwörter, lassen sich nicht durch ein einziges deutsches Wort ersetzen.

4 *Deine Erklärung könnte so lauten:*
Mit Fremdwörtern kann man feine Unterschiede machen und bestimmte Assoziationen hervorrufen, die beim Fremdwort und beim deutschen Wort unterschiedlich sein können.

5 *Deine Satzbeispiele könnten so lauten:*
Er hat ein *faires* Spiel geliefert. – Es war sehr *anständig* von dir, das Geld zurückzugeben.

Heute beginne ich mein *Praktikum* im Betrieb. –
Das ist eine leichte *Übung*!
Ich nenne jetzt ein ganz *simples* Beispiel. –
Die Aufgabe ist nicht ganz *einfach*, aber lösbar!

6 Anglizismen; Beispiele: *Fun, Hobby, Team, Coach, Flash …*

7 die Abendrobe (Abendkleid), das Kuvert (Briefumschlag), differenzieren (unterscheiden)

8 Z. 23: Das Wort *dadurch* betont den Bezug zu *versachlichen*, verdeutlicht damit die Satzaussage und verstärkt die positive Wertung des Fremdwortgebrauchs.
Z. 36: Das Wort *überhaupt* verstärkt die Satzaussage zur Leistung des Fremdworts im Vergleich zu deutschen Umschreibungen.

9 Euphemismus; Beispiele: Entsorgungspark (Müllhalde), Nullwachstum (gleichbleibender Wert des Bruttoinlandsprodukts)

10 Fremdwörter (Subjekt) ermöglichen (Prädikat) Variation im Ausdruck (Akkusativobjekt)

11 Z. 45–48: All diese Funktionen <u>müsse</u> man bei der Diskussion um Fremdwörter <u>berücksichtigen</u>, fordern Sprachwissenschaftler. Nur so <u>könne</u> man den Gebrauch von Fremdwörtern angemessen <u>beurteilen</u>. –
Verwendung des Konjunktiv I bei der Wiedergabe von Äußerungen in indirekter Rede

Teste dich selbst!
Richtig schreiben
Seite 195/196

1 Es handelt sich um Nominalisierungen. Das erkennt man im Text am Artikel, der hier mit der Präposition verschmolzen ist (*zu + dem = zum*): zum Erleben und (zum) Entspannen, zum Jobben.

2 *Dein Satzbeispiel könnte so lauten:*
Wir möchten im Voraus anfragen, ob in Ihrer Jugendherberge im genannten Zeitraum noch acht Doppelbetten frei sind.

3 Früh- oder Spätschichten (Z. 5), 15- bis 18-Jährige (Z. 11), Arbeitsende und -anfang (Z. 18 f.), an Sonntagvormittagen und -nachmittagen (Z. 26 f.), Musik- oder Sportevents (Z. 28)

4 a) maximal (Z. 11), die Agentur (Z. 13), die Theorie (Z. 13), die Gastronomie (Z. 15)

4 b) *Wortbeispiele:*
- die Finanzen: finanziell, die Finanzierung, finanzieren …

- die Firma: die Firmenchefin, der Firmengründer, firmieren …
- der Service: servieren, die Servicekraft, serviceorientiert …
- die Produktion: produzieren, produktiv, die Produzentin …
- babysitten: die Babysitterin, die Babysitteragentur …
- extrem: der Extremsport, die Extremwetterlage, extremistisch …
- informieren: der Informant, die Information, informativ …

4 c) *Satzbeispiele:*
- <u>Ferienjobber</u> sind in der Industrie immer gerne gesehen.
- Dieses <u>Restaurant</u> ist mir zu teuer.
- Auf dieses <u>Sportevent</u> habe ich mich schon lange gefreut.
- Bei <u>extremer</u> Hitze bleibe ich lieber im Haus.
- Mit Feuerwerkskörpern zu <u>hantieren</u> ist nicht ungefährlich.

5
- maximal, Agentur, Theorie, Gastronomie: Fremdwörter, deren Schreibung man sich einprägen muss
- im Wesentlichen, auf dem Laufenden (sein): feste Wendungen, deren Schreibung man sich einprägen muss (meist werden feste Wendungen großgeschrieben)
- abends: Zeitadverbien (oft mit -s) schreibt man klein

6
- an Samstagen (Z. 25), an Montagen, an Freitagen, an Sonntagen …:
  Diese Zeitangaben sind Nomen und werden daher großgeschrieben.
- samstags (Z. 26), montags, dienstags, donnerstags …:
  Zeitadverbien, oft mit -s am Ende, schreibt man klein.
- an Sonntagvormittagen (Z. 26 f.):
  Montagabend, Samstagmorgen …:
Diese Zeitangaben bestehen aus zusammengesetzten Nomen und werden daher großgeschrieben.

7 Z. 11 f.: „15- bis 18-Jährige dürfen in den Schulferien maximal 20 Tage und höchstens 8 Stunden am Tag jobben", erläutert eine Mitarbeiterin …
Z. 29 ff.: Ein Sprecher des Verbraucherministeriums ergänzt jedoch: „Mindestens zwei Samstage im Monat sollen, zwei Sonntage im Monat müssen beschäftigungsfrei bleiben."

8 Z.2f.: Da bleiben meist auch ein paar Wochen zum Jobben, um die eigenen Finanzen aufzubessern. (Infinitivgruppen mit „um zu" werden durch Kommas abgetrennt.)

Z.7f.: Denn für Ferienjobber, die noch zur Schule gehen, gilt ... (Ein eingeschobener Nebensatz wird durch Komma abgetrennt.)

Z.8ff.: Hier sollten sich potenzielle Ferienjobber im Voraus darüber informieren, wie viel sie legal arbeiten können. (Satzgefüge, der Nebensatz wird durch ein Komma abgetrennt.)

Z.33ff.: Verboten sind Jobs bei extremer Hitze, Kälte, Nässe, das Gehör schädigendem Lärm, die Gesundheit gefährdenden Strahlen oder Erschütterungen. (Glieder einer Aufzählung, die nicht durch „und/oder" verbunden sind, werden durch Komma/s abgetrennt.)

Z.35f.: Jugendliche dürfen auch nicht mit toxischen, ätzenden oder die Atemwege reizenden Stoffen hantieren. (Aufzählung, vgl. Z.33ff.)

Teste dein Wissen!
Lernstandstest Klasse 9
Seite 217–220

1 Im Text wird der Frage nachgegangen, wer von Fußballweltmeisterschaften profitiert. Den größten finanziellen Erfolg streicht die Fifa ein durch TV-Gelder in Milliardenhöhe und Marketingrechte für Großsponsoren und Lizenzgeber, ebenfalls in Milliardenhöhe. Neben der Touristenbranche und der Bauindustrie in den Gastgeberländern sind es vor allem auch die Sportartikelhersteller und die Produzenten von Fanartikeln, die an Fußballweltmeisterschaften gut verdienen. Verläuft die WM reibungslos, kann das ausrichtende Land auf einen Imagegewinn hoffen. Der Einfluss eines solchen Imagegewinnes auf die wirtschaftliche Zukunft eines Gastgeberlandes lässt sich jedoch nicht exakt feststellen.

2
kalkulieren: D (zahlenmäßig schätzen)
lukrativ: B (einträglich)
Label: B (Herkunftsnachweis)

3
B: Die Prämien für die beteiligten Spieler werden nicht genannt; sie sind Sache der nationalen Verbände.
D: Auswirkungen auf die Menschen im Gastgeberland werden nur in Z.20ff. angedeutet (Trubel rund um das Großereignis) oder können indirekt über die Aussagen zur Wirtschaft erschlossen werden (z.B. Arbeit für Beschäftigte in der Bauindustrie, Z.25ff.).

Wie ein möglicher Imagegewinn sich auswirken wird, bleibt offen.

4 A: J, B: J, C: N, D: J

5 a) Mit *absahnen* verbindet man die Vorstellung, dass ein großer Gewinn mühelos und ohne wesentliche Eigenarbeit abgeschöpft wird. In der Überschrift wird diese Bedeutung durch den Zusatz „so richtig" noch verstärkt. Im Gegensatz zum Verb *verdienen* hat *absahnen* eine negative Bedeutung: Der Gewinn wird als ungerechtfertigt dargestellt.

5 b) Umgangssprache

5 c) Vgl. 5 a: Der Autor ist offenbar der Ansicht, dass die finanziellen Vorteile ungerecht verteilt sind, z.B., indem die Gastgeberländer, die einen hohen finanziellen Aufwand betrieben haben, im Vergleich zur Fifa zu wenig bekommen.

6 a) Mit dem Wort *bescheren* verbindet sich die Vorstellung von einem (unerwarteten) Geschenk. Im Text ist gemeint, dass Branchen Aufträge erhalten, die ohne die WM nicht möglich gewesen wären.

6 b) Es gibt zweifelsohne Wirtschaftszweige, denen eine WM zusätzliche Aufträge *einbringt*.

7 Der Text informiert in erster Linie (A), obwohl er auch kommentierende Passagen enthält. Er liefert Fakten, Daten und Zusammenhänge zum Thema.

8 *Imagegewinn* bedeutet, dass das Gastgeberland eine positive Außenwirkung erfährt, z.B:

- Verläuft eine WM reibungslos und sicher, können Touristen angezogen werden, die sich bislang in diesen Ländern nicht sicher fühlten.
- Zeigt die WM ein gut ausgebautes Verkehrsnetz, können hierdurch Wirtschaftsunternehmen zu Investitionen motiviert werden.
- Überzeugt die WM durch einen gut organisierten Ablauf und begeisterte Zuschauer/innen, kann dies dazu führen, dass künftig weitere Großveranstaltungen ins Gastgeberland verlegt werden.

9 *Beispiele für Anglizismen im Text:*
- das Mega-Event (Z.2): Großveranstaltung
- die Marketingrechte (Z.8): Vermarktungsrechte, z.B. für Fanartikel, werden an bestimmte Firmen vergeben
- der Look (Z.42): bestimmtes Aussehen, Moderichtung

10 Z. 20 ff.: Wie viele Touristen bleiben wegen des Großereignisses weg, weil sie zum Beispiel den Trubel meiden wollen? (Kausalsatz)

Z. 24 f.: Es gibt zweifelsohne Wirtschaftszweige, denen eine WM zusätzliche Aufträge beschert. (Relativsatz)

Z. 32 ff.: Welchen Einfluss die positivere Außendarstellung eines Landes dann auf die Entscheidung internationaler Investoren oder den Tourismus in der Zukunft hat, lässt sich jedoch nicht exakt feststellen. (Subjektsatz)

Z. 48 ff.: Das asiatische Land gehört also auch zu den Gewinnern, obwohl es am Turnier in Südafrika gar nicht teilgenommen hat. (Konzessivsatz)

11 Der Konjunktiv I wird in allen drei Sätzen zur Wiedergabe von Äußerungen in der indirekten Rede verwendet.

Z. 58 f.: Das Geschäft mit den Fußballstickern mache 2010 rund ein Drittel des Verlagsumsatzes aus, sagte ...

Z. 60 f.: Zur WM seien mehr als 100 Millionen Tüten mit Sammelbildern verkauft worden.

Z. 61 ff.: Im kommenden Jahr werde das Geschäft mit Fußballstickern voraussichtlich nur 10 Prozent zu den Erlösen beitragen.

12 Z. 18 ff: Dabei sind allerdings so genannte Verdrängungseffekte nicht berücksichtigt.

13
- stattfinden: Zusammenschreibung; der erste Wortteil des Verbs ist nicht mehr eindeutig einer Wortart zuzuordnen, vgl. *fehlgehen, wettmachen, kundtun, heimkommen ...*
- kassieren: Das Doppel-*s* steht nach kurz gesprochenem Vokal, vgl. *Tasse, hassen, lassen, Masse ...*
- profitieren: Fremdwortendung *-ieren*, vgl. *sortieren, laminieren, blamieren, rotieren ...*
- Außendarstellung: Wortverwandtschaft mit *außen*, daher Schreibung mit *ß*
- ein Drittel: Großschreibung von Nominalisierungen, hier erkennbar am Artikel, vgl. *ein Viertel, ein Achtel ...*
- feststellen lassen: Getrenntschreibung: Verbverbindungen mit *bleiben* und *lassen* werden getrennt geschrieben.

14 b) Was wird nach der WM für das Gastgeberland bleiben? Natürlich, wie bei jedem Großturnier, Zählbares: riesige Fußballstadien, Straßen, Autobahnen, Infrastruktur eben. „Wir werden von diesen Investitionen noch viele Jahre lang profitieren", sagte einmal der südafrikanische Finanzminister. „Die WM kommt und geht, aber viele Entwicklungsprogramme bleiben." Immerhin: Infrastruktur und Stadien waren rechtzeitig fertig geworden, wenn auch unter großem Druck der Fifa.

Textquellenverzeichnis

S. 27: Stan van Elderen: Warum Charlie Wallace? Carl Hanser Verlag, München 2009, S. 16 f.

S. 28 f.: Ebd., S. 9 f.

S. 31 f.: Ebd., S. 66 ff.

S. 33: Ebd., S. 177 f.

S. 37: Ebd., S. 65 f.

S. 38: Ebd., S. 176 f.

S. 39: Die Wette. In: Fjodor M. Dostojewski: Die Brüder Karamasoff. Aus dem Russischen von E. K. Rahsin. Vierter Teil. Zehntes Buch: Knaben. I. Kolja Krassotkin. Piper Verlag, München / Zürich 2002, S. 835 f.

S. 40 f.: Ebd., S. 836 f.

S. 45 f.: Irmela Brender: Eine. In: dies.: Fenster sind wie Spiegel. Erzählungen Edition Pestum. Franz Schneider-Verlag, München 1987, S. 11 f.

S. 47 ff.: Max Frisch: Vorkommnis. In: ders.: Tagebuch 1966–71. Suhrkamp Verlag, Frankfurt a. M. 1972, S. 366 f.

S. 56: Kurt Marti: Happy End. In: ders.: Dorfgeschichten. Luchterhand, Darmstadt / Neuwied 1983, S. 20

S. 74: Schüler leisten Sozialarbeit. Online unter: http://www.geo.de/GEO/heftreihen/geo_wissen/62280.html (Stand vom 12.05.2011)

S. 87 f.: Wolf Wondratschek: Mittagspause. In: Früher begann der Tag mit einer Schusswunde. Hanser Verlag, München 1969, S. 52 f.

S. 90 f.: Bundeszentrale für politische Bildung (Hrsg.): Entscheidung im Unterricht 1/10: Die Schulstunde als Talkshow. Privates im Netz? Bonn 2010, S. 8

S. 92 ff.: Allgemeine Geschäftsbedingungen für die Nutzung der Plattform schülerVZ. Online unter: http://www.schuelervz.net/l/terms_new (Stand vom 17.03.2011)

S. 95: Allgemeine Geschäftsbedingungen für die Nutzung von schülerVZ. Online Unter: http://www.schuelervz.net/l/terms (Stand vom 17.03.2011)

S. 96: Experten heben positive Aspekte sozialer Netzwerke hervor. Nach: http://www.rp-online.de/digitales/internet/soziale-netzwerke-bereichern-freundschaften_aid_947249.html (Stand 17.03.2011)

S. 98 f.: Markus Reiter: Urheberrecht im Internet. Das Prinzip der Gier. Online unter: http://www.stuttgarter-zeitung.de/inhalt.urheberrecht-im-internet-das-prinzip-gier.e38d3244–12b0–4617-a14c-2cf65b7231a3.html (Stand vom 17.03.2011)

S. 100 f.: Webseite der Piratenpartei Deutschland: Urheberrecht und nicht-kommerzielle Vervielfältigung. Online unter: http://www.piratenpartei.de/navigation/politik/urheberrecht-und-nicht-kommerzielle-vervielfaeltigung (Stand vom 17.03.2011)

S. 102: Musikbranche: Downloads im Kommen. Bundesverband Musikindustrie / Institut der deutschen Wirtschaft Köln Medien. Original: © 2010 IW Medien · iwd 19. IW Medien GmbH, 13.05.10, S. 8 f. Online unter: http://www.iwkoeln.de/Portals/0/grafiken/iwd/2010/19/02_10_19_musikbranche.gif

S. 104: Street View. Nationale Gesetze nutzen gegen Google nichts. Online unter: http://www.zeit.de/digital/datenschutz/2010–08/street-view-vzbv (Stand vom 17.03.2011)

S. 105: Thomas Brussig: Am kürzeren Ende der Sonnenallee. Verlag Volk & Welt, Berlin 1999, Klappentext

S. 106 f.: Ebd., S. 7 f.

S. 107 f.: Ebd., S. 11 f.

S. 108 f.: Ebd., S. 16 ff.; S. 27 ff.

S. 113 f.: Ebd., S. 135 ff.

S. 116 ff.: Josef Reding: Apotheke Vita Nova. In: Elisabeth Antkowiak (Hrsg.): Die Stunde dazwischen. Leipzig (St. Benno) 1969.

S. 121 f.: Sibylle Berg: Hauptsache weit. In: dies.: Das Unerfreuliche zuerst. Herrengeschichten. Verlag Kiepenheuer & Witsch, Köln 2001, S. 123 ff.

S. 125: Nach: Unbekannter Verfasser: Nahtegel, sing einen don mit sinne. In: Deutsche Lyrik von den Anfängen bis zur Gegenwart. Band 1: Gedichte von den Anfängen bis 1300. dtv, München 1978, S. 159

S. 126: Marie Luise Kaschnitz: Am Strande. In: Der ewige Brunnen der Liebe. Gedichte. C. H. Beck, München 2007, S. 120

S. 128: Erich Kästner: Sachliche Romanze. In: Conrady. Das Buch der Gedichte. Deutsche Lyrik von den Anfängen bis zur Gegenwart. Cornelsen Verlag, Berlin 2006, S. 379

S. 130: Wilhelm Busch: Kritik des Herzens. In: Und wenn ich sonst nichts von Belang mehr täte. Gedichte aus Lyrikmail 1–100. Koall Verlag, Berlin 2005, S. 117

S. 130: Johann Wolfgang von Goethe: Freudvoll und leidvoll. In: Lexikon Goethe Zitate. Auslese für das 21. Jahrhundert aus Werk und Leben. Iudicum Verlag, München 2004, S. 543

S. 131 f.: Die 16. Shell-Jugendstudie 2010. Hrsg. von M. Albert, K. Hurrelmann u. a. Frankfurt a. M. 2010. Zusammenfassung S. 131 f. sowie Abb. 5.19

S. 133: Unbekannter Verfasser: Dû bist mîn. In: Deutsche Gedichte. Von den Anfängen bis zur Gegenwart. Auswahl für Schulen. Cornelsen Verlag, Berlin 1993, S. 30

S. 133: Matthias Claudius: Die Liebe. In: Deutsche Gedichte. Von den Anfängen bis zur Gegenwart. Auswahl für Schulen. Cornelsen Verlag, Berlin 1993, S. 153

S. 133: Aus: Clueso: Fanpost. Aus dem Album: „Gute Musik", 2004. © Four Music (Sony Music)

S. 134 ff.: Nach: Friedrich Kluge: Etymologisches Wörterbuch der deutschen Sprache. De Gruyter, Berlin / New York 2002; sowie nach: Duden, Bd. 7: Das Herkunftswörterbuch. Etymologie der deutschen Sprache. Dudenverlag, Mannheim / Leipzig u. a. 2007

S. 137: Nach: Fenja Mens: Was guckst du, bin isch Kino? Online unter: http://www.spiegel.de/wissenschaft/mensch/0,1518,556366,00.html (Stand vom 10.03.2011)

S. 139: Nach: Sönke Krüger: Kolumne „Wortgefecht". Warum Leser keine Anglizismen mögen. Online unter: http://www.welt.de/debatte/kolumnen/wortgefecht/article2678288/Warum-Leser-keine-Anglizismen-moegen.html (Stand vom 10.03.2011)

S. 141: Nach: Tobias Haberl: Authentisch. In: Süddeutsche Zeitung Magazin. Heft 44/2010. Online unter: http://sz-magazin.sueddeutsche.de/texte/anzeigen/34916 (Stand vom 10.03.2011)

S. 143: Nach: Angelika Sanktjohanser: Euphemismen. Schön reden bringt Segen. Online unter: http://www.focus.de/wissen/diverses/euphemismen/euphemismen_aid_22909.html (Stand vom 10.03.2011)

S. 148: Nach: http://aubi-plus.de/berufsbilder/berufsbild/389/Sport-und-Fitnesskaufmann.html (Stand vom 29.03.2011)

S. 149: Nach: http://berufenet.arbeitsagentur.de (dort unter „Podologe/Podologin")

S. 151: Nach: planet-beruf.de, Mein Start in die Ausbildung. Ein Servicemagazin der Bundesagentur für Arbeit, Heft 10, 2010, S. 16–17.

S. 152: Nach: http://berufenet.arbeitsagentur.de (dort unter „Biokosmetiker/-in")

S. 156: Nach: http://www.freiepresse.de/THEMEN/Die-Qual-der-Wahl-des-Traumberufs-artikel1492469.php (Stand vom 29.03.2011)

S. 162: Nach: http://www.wolbeck-muenster.de/wirtschaft/tipps-fuer-firmen/fernsehserien-vermitteln-falsches-bild-der-berufswelt-201101044915/ (Stand vom 29.03.2011)

S. 163 f.: Abgeändert nach: Fremdwörter – eine Stilfrage. In: Duden, Bd. 5: Das Fremdwörterbuch. Bibliographisches Institut & F. A. Brockhaus AG, Mannheim 2001, S. 620 f.

S. 165: Nach: www.welt.de/print-welt/article 668819/Psychologin_eroeffnet_erste_Berliner_Lachschule_html (Stand vom 11.04.2011)

S. 173: Nach: Waltraud Moegle: Das Labyrinth des Wissens. Sport und Rekorde. Carlsen Verlag, Hamburg 2010, S. 12

S. 192: Louis Sachar: Löcher. Die Geheimnisse von Green Lake. Geltz & Gelberg, Weinheim / Basel 2002, S. 33 f.
S. 194: Ebd., S. 10

S. 195: Nach: Carina Frey: Die Ferienjob-Paragraphen. In: Yaez: die Jugendzeitschrift. Stuttgart. Ausgabe Juni/ Juli 2010, S. 17

S. 197: Georg Britting: Grüne Donauebene. In: Deutsche Dichtung der Neuzeit. Verlag G. Braun, Karlsruhe 1965, S. 423

S. 197: Joseph von Eichendorff: Mondnacht. In: Deutsche Gedichte. Von den Anfängen bis zur Gegenwart. Auswahl für Schulen. Cornelsen Verlag, Berlin 1993, S. 379

S. 198 f.: Sibylle Berg: Nacht. In: dies.: Das Unerfreuliche zuerst. Herrengeschichten. Kiepenhauer & Witsch, Köln 2001

S. 200 ff.: Sarah Kaschuba: Umweltzerstörung durch Massentourismus. Online unter: http://www.goethe.de/ ins/ru/lp/prj/drj/leb/uui/de7328347.htm (Stand vom 13.04.2011)

S. 204: Verkehrsmittelnutzung deutscher Urlauber. In: WWF Deutschland (Hrsg.): Der touristische Klima-Fußabdruck. WWF-Bericht über die Umweltauswirkungen von Klima und Reisen. Frankfurt a. M. 2009, S. 5. Originalquelle: FUR - Forschungsgemeinschaft Urlaub und Reisen (2009): Reiseanalyse 2009. Erste Ergebnisse, ITB 2009, Kiel

S. 205: Buchungsverhalten und Umweltkriterien. In: Ebd., S. 7. Originalquelle: FUR - Forschungsgemeinschaft Urlaub und Reisen (2009): Reiseanalyse 2009. Erste Ergebnisse, ITB 2009, Kiel

S. 208: Friedrich Schiller: Hoffnung. In: Schillers Werke in zehn Bänden, Bd. 1, Hg. v. Ernst Jenny, Birkhäuser Verlag, Basel 1963, S. 215 f.

S. 209: Alfred Lichtenstein: Die Zeichen. In: Große Mausefalle. Eulenspiegel Verlag, Berlin 1996.

S. 210 f.: Reinhold Ziegler: Version 5 Punkt 12. Beltz & Gelberg, Weinheim / Basel 1997, S. 21 f., 23, 26 ff.

S. 212 f.: Arthur Brehmer (Hrsg.): Die Welt in 100 Jahren. Georg Olms Verlag, Hildesheim / Zürich / New York 2010, S. 35 f., 37 f.

S. 214 f.: Nach: Tim Folger: Revealed World. Online unter: http://ngm.nationalgeographic.com/big-idea/14/augmented-reality (Stand vom 29.03.2011)

S. 216: Dorothée Enskog: Zeitfragen. Michio Kaku über Tapeten-TV und Wunder-Kontaktlinsen. Online unter: https://infocus.credit-suisse.com/app/article/index. cfm?fuseaction=OpenArticle&aoid=298072&lang=DE (Stand vom 4.5.2011)

S. 217 f.: Jens Witte: Wer bei der WM so richtig absahnt. Online unter: http://www.spiegel.de/wirtschaft/ 0,1518,732330,00.html (Stand vom 18.05.2011)

Bildquellenverzeichnis

Umschlagabbildungen, S. 7, 8, 13; 14, 18, 19, 20, 21, 23, 61, 67, 73, 93: Thomas Schulz, Teupitz; S. 27: Buchcover: Stan van Elderen: Warum Charlie Wallace? dtv, Reihe Hanser, Hanser Verlag, Hamburg 2011; S. 57 oben: Thomas Schulz, Teupitz (mit freundlicher Genehmigung von ARS VITALIS – Fitnessclub GmbH); S. 57 unten: Thomas Schulz, Teupitz; S. 62: © Fatman73-Fotolia.com; S. 65: Marianne Steigner, Altenglan; S. 76: picture-alliance/ZB, Frankfurt a. M.; S. 81, 82: © alex-Fotolia.com; S. 87: corel library; S. 89: © Kory Merritt; S. 92: VZnet Netzwerke Ltd., Berlin; S. 97: picture-alliance/Guido Bergmann dpa/bn, Frankfurt a. M., S. 105 links: Cinetext Bildarchiv, Frankfurt a. M.; S. 105 rechts: Buchcover: Thomas Brussig. Am kürzeren Ende der Sonnenallee. Fischer Verlag, Frankfurt a. M. 2001; S. 106: ullstein-bild/Mehner, Berlin; S. 110, 112: © Bojebuck, Delphi Filmverleih, Berlin; S. 125: akg-images, Berlin; S. 133 oben: akg-images, Berlin; S. 133 unten: © AiA-Fotolia-com; S. 138: © Cheryl Casey-Fotolia-com; S. 147: © Valua Vitaly-Fotolia. de; S. 148: ©Kzenon-Fotolia.com; S. 152: © bilal h-Fotolia. com; S. 153: © Alexey Achepovsky-Fotolia.com; S. 155: picture-alliance/ZB, Frankfurt a. M.; S. 156: picture-alliance/ ZB, Frankfurt a. M.; S. 157: © Jürgen Fälchle-fotolia.com; © MNStudio-Fotolia.com; S. 169: © Stefan Gräf-Fotolia. com; S. 170: © lightpoet-Fotolia.com; S. 173: picture alliance/Augenklick/Rauchensteiner, Frankfurt a. M.; S. 174: Joss-Fotolia.com; S. 180 links: © JLV Image Works-Fotolia.com, rechts: © CandyBoxPhoto-Fotolia.com; S. 184: Foto sapiens-Fotolia.com; S. 187: picture-alliance/ Augenklick/Pressefoto Baumann, Frankfurt a. M.; S. 188: © el lobo-Fotolia.com; S. 191: Birkenstock/Werksfoto; S. 192 Buchcover: Louis Sachar: Löcher. Die Geheimnisse von Green Lake. Beltz Verlag, Weinheim & Basel 2011; S. 200: picture-alliance/Reinhard Kungel, Frankfurt a. M.; S. S. 202: picture-alliance/maxppp, Frankfurt a. M.; S. 205: © JackF-fotolia.com; S. 207 links: Patrizia Tilly-Fotolia.com; rechts: © guentermanaus-Fotolia.com; S. 209: © Ernst Barlach Lizenzverwaltung Ratzeburg.

Sachregister

A

Ableitung 234
Ableitungsprobe 238
Adjektiv 148, 167 f., 175, 185, **231, 239**
adressatengerechtes Sprechen 7 ff., **221**
Adverb 176 f., 178, **231**
adverbiale Bestimmung **156,** 157, **235**
Adverbialsatz 158 ff., **236**
Akkusativ 148, **232**
Akkusativ-Objekt 159, **235**
Aktiv **152,** 153, **234**
Alliteration 230
Althochdeutsch 134 f., 145
analysieren
    Argumentation 100 f.
    Buch 105–114
    Film 105–114
    Gedicht 126 ff.
    Kurzgeschichte 116 ff.
    Lebenslauf 61
    literarischer Text **50,** 48–56
    Protokoll 66 f.
Anapher 230
Anglizismus 139 f., **140,** 144
Anrede 223
appellativer Sachtext 98 ff., 200 ff., **229**
Argument/argumentieren **13–20, 73–80,** 84, 204, **221**
Argumentation(skette) 100
argumentativer Sachtext 97–104, **229**
Artikel (Begleiter) 148 f., 179, **232**
Artikelprobe 165, 168, **238**
Assessment-Center **25, 221**
Attribut 236
Attributsatz → Relativsatz
Aufzählung **188,** 194
auktoriale Erzählsituation 46, **48, 228**
Auslassung (beim Zitieren) 193
äußere Form **127,** 208 f.
äußere Handlung **30,** 49, 122

B

Ballade 230
Bedeutungserweiterung 135
Bedeutungsverbesserung 135
Bedeutungsverengung 134 f.
Bedeutungsverschlechterung 135
Bedeutungswandel **134 ff.,** 145
Begleiter → Artikel
Begleitwort 179 ff., **232, 238**
belegen → Textbeleg
Beobachtungsbogen 10, 17, 222
Bericht 149, 153, 159, **224, 228**
Berichten 21, 57–72; **225 f.**
Beschreiben 115, 199, **223**

Bewerbung / bewerben 21–26, 57–64, **221**
Bewerbungsgespräch **21–26,** 206, **221**
Bewerbungsschreiben **57–64,** 205 f., **223**
Bild, sprachliches → Metapher
Brief **58 ff.,** 62, 64, 151, 161
Buch untersuchen 105–114

C

Charakterisierung / charakterisieren 27 ff., **34–36,** 118, 124, 199, **226**
Checkliste 22 f., 36, 44, 46, 53, 62, 72
Cluster 125, **241**
Collage 207

D

dass-Satz 150, 168, 194, **240**
Dativ 232
Dativ-Objekt 235
debattieren 216, **222**
Demonstrativpronomen 149, **233**
Diagramm 97–103, **204, 257**
Dialog 11, 119, 145, 199, **228**
direkte Rede 234
Diskussionsleiter/in 221
Diskussionsregeln **7 ff.,** 13 ff., **221**
diskutieren 7–20, 96, 128, **221 f.**
dramatische Texte 228
Du-Botschaften 11, 222

E

Eigenname 185, 239
Einleitung **36,** 52, **60,** 67, **79,** 85, **225 ff.**
Einschub 191, **240**
Einstellungsgröße 110 f., **228**
Ellipse 230
Ergebnisprotokoll 67 ff., **225**
Erörtern 73 ff., 81 ff., 204, **225**
erzählende Texte 27 ff., 39 ff., 47 ff., 105 ff., 115 ff., 198 f., 210 f., **228**
Erzählperspektive 228
Erzählsituation 48, **119,** 124, **228**
    → auch auktoriale E., personale E., Ich-E.
erzählte Zeit 47, **49, 228**
Erzählzeit 228
Euphemismus 143 f., **229**

F

Fachbegriff/Fachsprache 95, 168
Fehleranalyse 165 ff., 236
feste Wendungen 179, **182**
Figur, literarische **27–38,** 34 ff., 42, 48, 52, 107 ff., 118, 124, 199, **226 ff., 241** → auch: Hauptfigur
Figuren charakterisieren **27–38,** 39 ff., 47 ff., 107, 118, 124, 199, **226**
Figurenkarte 30 ff., 226
Figurenkonstellation 32, 42, 108, **226 ff.**
Figurenskizze 42, **226**

253

Film 105–115
Filmsprache 228
Finalsatz 158, **236**
Fishbowl-Diskussion 18
Form, äußere (Gedicht) 126, **127**
Frageprobe 158 f., **236**
Fremdwort 95,169 ff., **232, 238**
Fünfsatz 16, 19 f., **241**
Futur 233

G

Gedankengitter **125 ff.,** 197, **241**
Gedicht **125–132,** 208 f., **230**
Gedicht erschließen 126 ff.
Gedichtvortrag 126
genaues Lesen 242
Genitiv 231
Gespräch, literarisches 127, 129, **243**
Gespräch, persönliches → Vorstellungsgespräch
Gesprächsregeln/Diskussionsregeln **7 ff.,** 13 ff.,
    221
Gesprächsverhalten 8 f., 129, **243**
gestaltend zu einem lit. Text schreiben 39 ff.,
    226
Gestaltung, sprachliche 53, 59, 127, **223, 227**
Gestaltungsmittel, filmische 110 ff.
Gestik 10, 23, **228**
Getrenntschreibung 168, **173 ff., 239**
gezieltes Lesen 242
Gliederung → Schreibplan
Großschreibung 165 ff., **168,** 174, 179, 181, **232, 239**
Grundform → Positiv
Grundzahl 184, **240**
Gruppenanalyse 127, **241**

H

Handlungsablauf 41, 52, 118
Handlungsaufbau → Handlungsablauf
Handout 222
Hauptfigur 31 ff., 45, 118, 122
Hauptsatz 158 ff., 189, **234, 239**
Hauptteil **36, 52,** 56, **60,** 67, 78, **224 ff.**

I

Ich-Botschaft 10, 222
Ich-Erzählsituation 29, 210, 212, **228**
Indefinitpronomen 149, **233**
Indikativ 233
indirekte Rede 49, **150 f., 234**
Infinitiv 233
Infinitivgruppe 190, 240
Infinitivsatz 240
Informationen auswerten 34, 89 ff., 97 ff., **242**
Informationen beschaffen 242
Inhalt erschließen/untersuchen 40, 126, 128,
    208 f., 212, **229**

Inhaltszusammenfassung → Textzusammen-
    fassung
innere Handlung 122
Internet 89–96, 242
Interpretieren von Texten 27–46, **47–56, 227**
Interview 115 f., 216

J

Jambus 230
journalistische Sachtexte 74, 96, 98 f., 104, 137,
    139, 141, 162, 195, 216, **229**
Jugendsprache 133, 137 ff.
juristischer Text 161

K

Kamera 110, **228**
Kasus 148, 154
Kausalsatz 158, **236**
Kleinschreibung 165 ff., 168, **239**
Kommasetzung 168, **187 ff.,** 194, **240**
Kommentar/kommentieren **229**
Komparativ 148, **231**
Konditionalsatz 158, **236**
Konfliktgespräch 7 ff., **222**
Konjunktion 155, 158 f., 168, 187, 189, 223, **231**
Konjunktiv I 150 f., 233
Konjunktiv II 150 f., 234
Konsekutivsatz 158, **236**
Kontra-Argumente 76, 204
Konzessivsatz 158, **236**
Körpersprache **10 f.,** 23
Korrekturhinweis 84
Kugellagergespräch 13
Kurzgeschichte 50, **115–124,** 198
Kurzreferat 7 f., **222, 242**
Kurzvortrag → Kurzreferat

L

lautliches Merkmal 10
Lead-Stil 229
Lebenslauf 61, 223
Lernplakat 26, **242**
Leserbrief 229
Lesestrategie 89 ff., 115, **242**
Lexikon 242
Liebesgedicht 125–130
lineare Erörterung **76,** 80, **225**
literarisches Gespräch 127, 129, **243**
lyrische Texte 125–132, 197, 208 f., **230**
lyrisches Du 127
lyrisches Ich **127,** 133, **230**
literarisches Quintett → literarisches Gespräch

M

Meinung 13 ff., 100, **221, 225, 229, 241**
Metapher 118, **230**
Metrum (Versmaß) 230

Mimik, 10, 23, **228**
Mindmap 30, 207, **243**
Mittelhochdeutsch 134 ff., 145 f.
Modalsatz 236
Modewort 141 f.
Modus 152
Monolog (Drama) 228
Monolog, innerer 226
Motiv (Leitthema) 208

N

Nachdenken über Sprache → über Sprache
    nachdenken
nachgestellte Erläuterung 191, **240**
Nachricht → Zeitungsnachricht
Nachschlagen 237
Nachsilbe → Suffix
Nachtrag 191
Nebensatz 155 ff., 189, **236**
Nomen 148, 145, **231, 239**
Nomenbegleiter 148 f., **232**
Nominalisierung 174, 179 ff., **232, 237, 239**
Nominalstil 160
Nominativ 231

O

Objekt 235
Objektsatz 159, **236**
offener Schluss 120
Online-Bewerbung 62, **224**
Ordnungszahl 184, **240**
Ort 118, 120
Ortsangabe 191

P

Partizip I 175, 185, **234**
Partizip II 152 f., 175, 185, **234**
Partnerdiktat 166, 170, 181, **237**
Passiv **152,** 153, **234**
Perfekt 149, **233**
personale Erzählsituation 48, **119, 228**
Personalform 233
Personalpronomen 149, 233
Personenbeschreibung 27
Personifikation 230
Perspektive 110, **228**
Placemat-Methode 243
Pluralform 232
Pluralprobe 238
Plusquamperfekt 149, **233**
Portfolio 55, **244**
Positionslinie 14, 74, **244**
Positiv 148, **231**
Possessivpronomen 149, **233**
Prädikat 235
Präfix 234
Praktikum 21, 24, **224**

Präposition 156, **232**
Präpositionalobjekt 156, **235**
Präsens 36, 48, 52, **233**
Präsentieren/Präsentation **222**
Präteritum 149, **233**
produktiv zu einem Text schreiben 39 ff., 199,
    226
Pro-Argumente 75, 204
Pro-Kontra-Erörterung 73 ff., 81 ff., 216, **225**
Pronomen 149, 185, **233, 239**
protokollieren 65–73, **225 f.**

R

recherchieren/Recherche 213
Rechtschreibkonferenz 237
Rechtschreibprobe 238
Rede → direkte/wörtliche Rede, indirekte Rede
redeeinleitende Verben 151
Redewendung 135
Reflexivpronomen 233
Refrain 230
Regieanweisung 32
Reim(schema) 230
    Binnenreim 230
    Kehrreim 230
    Kreuzreim 230
    Paarreim 230
    umfassender Reim 230
Relativpronomen 149, **233**
Relativsatz 159, 190, **236, 240**
reziprokes Lesen 94, **242**
rhetorische Frage 229
richtig schreiben 165–172
Rollenkarte 109
Rollenspiel 24
Roman 106, 192

S

Sachtext **89–104,** 100, 131 f., 165, 200 ff., 212 ff.,
    229 → auch: argumentativer Sachtext
Satzart 158
Satzgefüge 155 ff., 189 f., 194, **236, 240**
Satzglied 155 f., **235 f.**
Satzreihe 155 ff., 189, **236**
Satzteil 193
Schaubild 100, 132, **229**
Scheinanglizismus 140, 144
Schluss(teil) **36,** 49, **53,** 55, **60,** 67, **79,** 85, 123, 199,
    226
Schlüsselwort 127
Schreiben, produktives **39–46,** 199, **226**
Schreibkonferenz 72, **244**
Schreibplan 51, 56, 80 ff., **225**
s-Laut 168
Sprache → Standardsprache, Umgangssprache,
    Jugendsprache
sprachliches Bild → Metapher

sprachliches Mittel 78, 188
Sprachvariante 134 ff., **234**
Standardsprache 133, 138
Statement 16
Statistik auswerten 207
Steigerungsprobe 165 ff., **238**
Stellung nehmen 57, 95, 216
   mündlich → diskutieren
   schriftlich → erörtern
Stil 26, 44, 46, 64, 140, **225, 227**
Stilmittel von Gedichten 230
Stoffsammlung 76, 80, **225**
Straßenname 185, 239
Strophe 126, **127**, 208, **230**
strukturierte Kontroverse 15
Subjekt 235
Subjektsatz 159, **236**
Suffix 171, **234**
Superlativ 148, **231**
Symbol 126, **230**

T

tabellarischer Lebenslauf → Lebenslauf
Tagebucheintrag 43–46, **44, 226**
Temporalsatz 158, **236**
Tempus 35, 48, 126, 149, **233**
Textanalyse 48, 50
Textbeleg 27, **36**, 42, 46, **53**, 96, 124, 128 ff., 192,
   199, 204, **226 f. , 244**
Texte interpretieren 27–46, **47–56, 227**
Texte überarbeiten → überarbeiten
Texte zusammenfassen → Textzusammen-
   fassung
Textsorte 50
Textstellen interpretieren → interpretieren
Textzusammenfassung 52, 199, 203, **227, 257**
Theater 7 ff.
These 77, 100, 139, **221, 225**
Think-pair-share 7, 129, **244**
Trochäus 230

U

überarbeiten **54 f.**, 60, 76, **81 f.**, 206, **257**
überfliegendes Lesen 214, **242**
Überleitung **77 f.**, 81, **225**
Überschrift 48, 99, 199, **229**
über Sprache nachdenken **231**
Uhrzeitangaben 183, **240**
Umgangssprache 137
Umstellprobe 155
untersuchen → analysieren

V

Verb 175, 178, 208, **233, 239**
Verbalstil 160
verbinden/verknüpfen, Sätze 155–164

Verbindung aus
   Adjektiv und Verb **175,**178, **239**
   Adverb und Verb **176,** 178, **239**
   Nomen und Verb **174,** 178, **239**
Vergleich
   Buch und Film 105–114
   Gedichte 128 ff.
   Stilmittel 230
Vergleichsform → Komparativ
Verknüpfung, sprachliche 78, 83
Verlängerungsprobe 165 ff., **238**
Verlaufsprotokoll **67 f.**, 71 f., **226**
Vers **127**, 136, **230**
Versfuß 230
Versmaß (Metrum) 230
Vertragstext 92–95
Vorgangspassiv 153, 234
Vorsilbe → Präfix
Vorstellungsgespräch **21–26,** 58 ff., 75, 206, **221**

W

Wechselpräposition **232**
Wendepunkt 123 f.
Wendung, feste 182, **239**
W-Fragen 29, 65, 67
Wortart **147–154,** 179–186, **231, 234**
Wortbedeutung 170, 172
Wörterbuch 168, **237**
Wörterliste 238
Wortfamilie 170 f., **235**
Wortfeld 235
Wortform 147–154
Wortgrenze 173 ff.
wörtliche Rede → direkte Rede
Wortverbindung 173 ff.

Z

Zahlwort 179,**184 f., 240**
Zeichensetzung 187 ff., **240**
Zeitadverb 183, **240**
Zeitangabe **183 ff.,** 191, **240**
Zeitform → Tempus
Zeitleiste 49
Zeitungsartikel 139, 146, 200
Zeitungsnachricht 229
zitieren/Zitat **29, 52 f.,** 55, 192 ff., **193,** 203, **244**
zusammenfassen 114, 118
Zusammenschreibung 173 ff., **239**
Zusammensetzung 234
Zustandspassiv **153,** 154, **234**